GUSTAVE THÉ

Exploiteurs
et
Salariés

PARIS

LIBRAIRIE VICTOR LECOFFRE

RUE BONAPARTE, 90

—

1895

Exploiteurs

et

Salariés

TYPOGRAPHIE FIRMIN-DIDOT ET Cie. — MESNIL (EURE).

GUSTAVE THÉRY

Exploiteurs
et
Salariés

PARIS

LIBRAIRIE VICTOR LECOFFRE

RUE BONAPARTE, 90

1895

AU LECTEUR

« Donnez-moi quatre lignes d'un homme et je me charge de le faire pendre, » disait, jadis, un lieutenant criminel. N'est-il pas, dès lors, bien imprudent à un auteur de livrer au public quatre cents pages de trente lignes chacune; ne s'expose-t-il pas à être pendu cent fois?

J'ai d'autant plus raison de redouter aujourd'hui pour moi ce sort peu enviable, que, l'an dernier, mon nom figurait sur la liste des *réfractaires*, dont l'*Univers* (1) prétendait mettre les paroles en contradiction avec l'encyclique *Rerum novarum*.

De plus, il me revenait de bonne source, ces jours derniers, que déjà, bien que mon livre n'eût pas encore paru, on a deviné que je devais y attaquer l'autorité pontificale, en sorte que le voilà suspect avant même que de naître.

(1) *Univers* des 8, 10 et 12 octobre 1891.

On m'a souvent accusé d'être intransigeant ; j'ai pris ce reproche pour un éloge ; j'avoue que lorsqu'un principe me paraît clair je m'y attache avec énergie, et ne me suis jamais senti pour l'opportunisme aucun attrait ; mais je ne m'attendais guère à avoir un jour à me défendre d'être un révolté contre les enseignements pontificaux.

Ai-je besoin de protester de ma complète et absolue soumission de cœur et de volonté à tous les enseignements de l'Église ?

J'ajoute que c'est aussi une soumission de raison, *rationale obsequium,* car, jusqu'à présent au moins, je le dis en toute simplicité, les enseignements pontificaux ont confirmé les idées que je m'étais faites par l'étude et la réflexion, ce qui me donne l'espoir d'être resté dans le droit chemin.

En ce qui concerne notamment l'encyclique *Rerum novarum,* mon premier soin, lorsqu'elle parut, fut naturellement de rapprocher des principes posés par le Souverain Pontife la déclaration des jurisconsultes catholiques réunis à Angers en octobre 1890, sous la présidence de Mgr Freppel (1), déclaration à laquelle j'avais pris part.

Cette déclaration, soigneusement étudiée, for-

______

(1) *Revue des Institutions et du droit.* 1890. 2ᵉ sem., p. 392 et 402.

mulait, en un certain nombre de propositions, la pensée unanime des membres du Congrès sur la question sociale.

Le rapprochement auquel je me livrai me donna la preuve que les idées émises alors recevaient de l'encyclique une éclatante confirmation.

Par quelle singulière aberration repousserais-je donc les enseignements du Pape, au moment même où sa parole vient justifier pour moi les indications que m'avaient précédemment données ma conscience et ma raison?

Mais, par contre, je me déclare absolument réfractaire aux nouveautés que l'on prétend abriter sous le couvert de l'encyclique *Rerum novarum*. Or, c'est là ce que j'ai combattu et ce que je continue à combattre.

Je cherche, comme je l'ai fait précédemment, en consultant les textes, en remontant aux précédents, en recourant au besoin aux règles ordinaires de l'interprétation, à dégager les principes posés par l'encyclique et les conseils qu'elle renferme, et à mettre ainsi en lumière le sens et la portée des enseignements pontificaux.

En faisant ce travail, je me suis heurté dans le passé, comme je vais le faire encore, à des commentateurs qui, soutenant des thèses passablement étranges, ont cru se mettre au-dessus de toute contestation en se couvrant de l'autorité pontificale.

La tactique est commode; s'en prendre à eux désormais, combattre leurs idées, démontrer leurs erreurs, c'est s'attaquer à l'Église, répudier l'autorité du Pape et repousser ses enseignements :

> Qui méprise Cotin n'estime pas son roi,
> Et n'a, selon Cotin, ni Dieu, ni foi, ni loi.

Vieux procédé qui réussit cependant quelquefois à tromper ceux qui, n'allant pas aux sources, ne lisant pas les textes, s'en réfèrent à des commentaires intéressés.

Il n'était donc pas inutile de faire au début de ce travail ma profession de foi. En terminant, je demande au lecteur de me juger, non sur des opinions que l'on a pu ou que l'on pourra m'attribuer, mais sur ce que moi-même j'ai mis dans le livre que je lui présente aujourd'hui.

Juillet 1895.

EXPLOITEURS

ET SALARIÉS

CHAPITRE PRÉLIMINAIRE

Exploiteurs et salariés sont les deux termes, qui à la fin du xixe siècle, tendent à remplacer dans la langue française ce que l'on appelait jadis : maîtres et serviteurs, patrons et ouvriers.

Le mot maître éveillait la pensée de l'autorité légitime sans exclure cependant une certaine bienveillance dans les rapports de supérieur à inférieur. L'idée de protection s'attachait au mot patron ; mais on a répudié tout cela. La nouvelle formule sonne comme une déclaration de guerre ; celui qui fait travailler exploite, celui qui travaille est exploité.

Serait-ce donc pour en arriver à ce résultat que l'on a tant disserté sur les relations du capital et du travail ?

Jamais peut-être on ne s'est plus occupé de cette question. Chacun a apporté sa solution, et bien que le contrat de louage d'ouvrage soit vieux comme le monde, il semble qu'un problème nouveau et inconnu se soit imposé subitement à l'attention du public.

L'un, sans études ni pratique, se révèle tout à coup économiste, « monte dans le train » et jette d'un ton superbe et dédaigneux l'anathème à ses prédécesseurs ; un autre, frappé des désordres que présente l'humanité, prétend réformer l'œuvre de la Providence et, plus sage que le Créateur, organiser le monde sur des bases absolument nouvelles.

Au milieu de ce déluge d'arguments et de systèmes, avez-vous appris quelque chose? Si j'en juge par les bruits venus jusqu'à moi, à mesure que la discussion avance l'obscurité se fait, le doute grandit dans les esprits, et l'on met en question des solutions sur lesquelles personne n'hésitait jusqu'à présent.

D'où vient donc cette situation, comment se fait-il que le contrat, qui de tout temps a réglé les relations du capital et du travail, donne lieu tout à coup à des divergences d'idées aussi considérables?

Ne serait-ce point que les questions se rattachant à ce contrat, jadis du domaine exclusif des théologiens, des jurisconsultes et des industriels, sont depuis vingt ans devenues à la mode. Le public, sans préparation, a voulu les résoudre, et, manquant des connaissances que donne l'étude ou la pratique, il s'en est référé aux lumières d'un prétendu bon sens qui n'était bien souvent qu'ignorance et présomption.

Des hommes à l'âme généreuse, mais absolument étrangers aux choses de l'industrie, se sont fait du monde du travail un tableau de fantaisie. Pour eux, l'ouvrier, modèle de toutes les vertus, est d'avance condamné à la noire misère par un patron cruel et inhumain, qui, libre de toute inquiétude, se donne uniquement la peine de vivre du travail de son prochain.

Et quand des orateurs ou des écrivains ont bien rempli leur imagination de ce sombre tableau, ils demandent à leur cœur de résoudre la question sociale, et se donnent la mission de dévoiler au peuple l'état lamentable dans lequel, par la faute des patrons, se traîne sa malheureuse existence.

Si quelqu'un leur objecte que les questions agitées par eux relèvent du droit et de la justice et se résolvent non par le cœur mais par la raison, ils protestent. N'a-t-on pas entendu dans un congrès, à propos d'une question de chiffres, un orateur débiter cette phrase digne de passer à la postérité : « Je me moque bien des savants ou prétendus tels qui viennent me dire que deux et deux font quatre quand j'ai un cœur qui me dit que deux et deux font six. »

C'était une sottise retentissante. On l'applaudit naturellement. Ces déclamations créent pour la société un véritable danger.

L'homme heureux n'est point celui qui peut satisfaire tous ses désirs, car le désir assouvi en éveille
inévitablement un autre. L'homme heureux est celui qui n'a pas de désirs. Or, dites à un homme qu'il
est malheureux, répétez-le-lui chaque jour, il finira
par le croire et le deviendra réellement. Appelez
son attention sur ce qu'il pourrait désirer, sur ce
que d'autres possèdent et dont il est privé, vous
aurez éveillé ses appétits et créé pour lui des besoins
inconnus, son état lui deviendra pénible et odieux,
et, d'un homme tranquille et content, vous aurez
fait un malheureux dévoré de désirs qu'il est impuissant à satisfaire.

Voilà bien souvent l'unique résultat des déclamations dont le prétexte est de révéler à l'ouvrier
ses droits. On a résolu les questions avec son cœur,
on a oublié de consulter la raison pour apprendre
d'elle les principes immuables sur lesquels reposent les relations sociales.

Au milieu de ce chaos, il semblait cependant que,
si l'on entendait la voix de l'Église, la lumière jaillirait instantanément. On attendait donc avec impatience ces paroles qui devaient éclairer les
esprits, montrer à chacun la voie et s'imposer à
toutes les bonnes volontés.

Le Pape a parlé, non par définition dogmatique
il est vrai, mais il a adressé son enseignement au
monde catholique dans l'encyclique « sur la condition des ouvriers ».

Le calme s'est-il fait, la lumière a-t-elle apparu

avec cet éclat qui s'impose, les discussions ont-elles pris fin dans un accord unanime?

On l'affirme dans les adresses et les discours d'apparat. Les apparences cependant semblent démentir ces affirmations; les discussions ont repris plus ardentes que jamais, avec cette seule différence que chacun, accommodant à ses désirs le document pontifical, prétend désormais couvrir de l'autorité du Pape l'opinion qu'il professe.

Faut-il supposer pour cela que la parole pontificale se soit perdue dans le vide? Ce que nous voyons ne correspond-il pas au contraire à la marche ordinaire de l'esprit humain? Lorsque la vérité s'affirme, il semble d'abord que le bruit des discussions l'étouffe. Souvent même elle paraît donner aux controverses une nouvelle impulsion. C'est ce qui est arrivé après la promulgation du *Syllabus* et la proclamation de l'infaillibilité pontificale. Pour qui réfléchit, c'est au contraire la preuve que la vérité ne passe pas inaperçue, c'est en effet la voie par laquelle elle pénètre le plus profondément dans les esprits; aussi avec le temps le calme se fait, les discussions s'éteignent, la vérité reste, et l'on voit même la génération suivante se demander avec étonnement comment des choses qui ont pour elle l'éclat de l'évidence ont pu soulever jadis de si ardentes contestations.

Pour nous, dans le travail que nous présentons au lecteur, nous essayerons de mettre en lumière les principes immuables sur lesquels reposent les relations des hommes, nous en ferons ensuite l'application à la situation économique actuelle.

Qu'on ne s'attende pas à trouver ici du nouveau, ce n'est pas dans un contrat d'un usage aussi ancien que l'on peut avoir la prétention d'innover; ce sont au contraire les innovations modernes que nous aurons à combattre.

Nous ferons avant tout appel à la raison, sauf à contrôler ses indications à la lumière des enseignements de l'Église.

Si nous parlons de consulter d'abord la raison, ce n'est point à dire que l'homme doive en toute circonstance refouler les impulsions de son cœur. Celui-là seul fait de grandes choses qui, guidé par une raison droite, obéit à un cœur généreux.

Que ceux au reste qui veulent suivre les inspirations de leur cœur se rassurent, nous ne négligerons pas d'examiner aussi la question à ce point de vue, et nous tâcherons de leur indiquer le moyen de faire concourir utilement leur générosité à la solution de la question sociale.

CHAPITRE PREMIER

DU DROIT DE PROPRIÉTÉ.

Son origine. — Droit de disposer entre vifs ou par testament. — Successions *ab intestat*. — Propriété collective.

L'économiste, qui, faisant appel à la méthode expérimentale, étudie les rapports des hommes et des choses, constate que tous les hommes prétendent s'attribuer en propre certaines choses, et revendiquent en conséquence le droit exclusif d'en user et disposer comme bon leur semble.

L'expérience montre que ce droit a existé dans tous les temps et dans tous les lieux.

Ce droit a cependant été contesté. On a soutenu que la propriété était l'usurpation au profit de quelques-uns d'un droit qui appartient à tous; d'autres, sans méconnaître en théorie le droit de propriété, ne manquent pas une occasion de le saper par des mesures de détail qui en sont la négation pratique.

Il est donc intéressant de rechercher son origine ou de déterminer son étendue. C'est ce que nous allons essayer de faire.

Plaçons-nous d'abord au point de vue *rationnel :*

L'étymologie nous renseignera sur l'origine du droit de propriété *Propriété* vient de *appropriation*. On est donc *propriétaire* lorsqu'on a rendu *propre* à son service personnel une chose qui n'était à personne.

A l'origine, Dieu a donné la terre indivisément à tous les hommes ; mais que serait la terre si le travail ne venait la féconder ?

Dans nos vieux pays civilisés, où des siècles de travail accumulé ont fait disparaître les ronces et les épines, on n'a pas idée de ce que sont des terres incultes ; ceux au contraire qui mettent en culture des pays neufs savent ce qu'il faut dépenser de temps, de sueur et d'argent pour rendre la terre propre à porter des produits rémunérateurs.

Celui donc qui le premier s'est emparé d'une terre, l'a défrichée, nettoyée et cultivée, y a créé des routes, a régularisé le cours des eaux, en a fait, en un mot, au lieu d'une terre en friche une terre cultivable, a ajouté à cette terre quelque chose qui n'y était pas ; il y a mis du sien, il y a incorporé son travail, l'a rendu propre à des usages que précédemment elle ne comportait pas ; il se l'est *appropriée* et en est par conséquent devenu *propriétaire*.

La conscience me dit qu'il serait alors souverainement injuste de voir un autre homme venir s'emparer de cette terre, et profiter sans effort et sans fatigue du travail du premier occupant.

Objectera-t-on que la terre n'est à personne, qu'elle a été donnée indivisément à tous les hommes? Oui, la terre telle qu'elle était à l'origine, c'est-à-dire la terre en friche, la terre improductive, n'est à personne ; elle est offerte pour ainsi dire à tous les hommes; mais ce qui n'a pas été donné à tous, c'est cette terre défrichée, fertile et productive telle qu'elle existe actuellement et telle que l'a faite le travail de son propriétaire.

Ce qui est vrai de la terre est également vrai de toute propriété quelconque. A l'origine, c'est toujours l'appropriation résultant du travail qui rend propriétaire; on peut ultérieurement transmettre une propriété créée, mais il n'existe pas d'autre moyen de la créer à l'origine.

Pourquoi, en effet, le chasseur est-il propriétaire du produit de sa chasse, sinon parce qu'il se l'est approprié par son travail, soit qu'il ait tué l'animal sauvage, objet de sa poursuite, soit que, s'en étant emparé, il l'ait apprivoisé?

Pourquoi celui qui a construit une maison en est-il propriétaire, sinon parce que son travail a transformé en poutres les arbres de la forêt et en murailles les pierres répandues sur le coteau?

Pourquoi le forgeron est-il propriétaire de la pièce qu'il a forgée, sinon qu'ayant par son travail recueilli le fer renfermé dans les entrailles de la terre, l'ayant dégagé de ses impuretés, il en a façonné l'objet dont il est aujourd'hui le maître?

1.

A la base de toute propriété on trouve donc une chose *nullius* que le premier occupant, à l'aide de son travail, a rendue propre à son usage.

Il n'y a guère d'exception que pour la simple occupation d'une chose perdue dont le maître ne se retrouve pas; mais c'est là un cas tellement rare, qu'on peut le négliger.

Ce que m'affirme le sentiment de justice naturelle gravé dans ma conscience est, si l'action de l'homme n'a pas faussé l'œuvre de Dieu, nécessairement conforme à la justice absolue; aussi voyons-nous que Dieu, dans le 7ᵉ commandement, a proclamé le droit de propriété en défendant de prendre le bien d'autrui.

Remarquons en passant que le 7ᵉ commandement parle de la propriété individuelle; elle existe donc, puisque Dieu la sanctionne.

La propriété n'est pas une invention des hommes, une création du droit civil; ce n'est pas l'État qui nous fait propriétaire; nous nous faisons nous-même propriétaire en appliquant notre travail à une chose qui n'appartient à personne. Par conséquent, l'État n'a pas le droit de supprimer la propriété; son rôle se borne à assurer le respect des droits du propriétaire.

Le droit de propriété emporte, par voie de conséquence, le droit de disposer de la chose dont on est propriétaire; par cela même que j'ai créé une chose, j'ai le droit d'en faire ce que je veux, d'en user, d'en jouir, même de la détruire (1); j'ai *à fortiori* celui d'en disposer.

Qui donc pourrait m'empêcher de transmettre ma propriété? L'État? Mais la chose n'est pas à lui; il n'a sur elle aucun droit. Les tiers? Ils sont également sans droit sur ma chose. Que leur importe que j'en jouisse moi-même ou que je la cède à un autre?

Ce droit de transmission, conséquence du droit de propriété, est absolu et s'applique aux transmissions

(1) Le *jus abutendi*, qui fait partie du droit de propriété, a été l'objet de véhémentes mercuriales. Élever à la hauteur d'un droit l'abus de la propriété, n'est-ce pas le comble de l'abomination?

Cette vertueuse indignation repose cependant sur un simple contre-sens :

Le droit romain décomposait le droit de propriété dans le *jus utendi, fruendi, abutendi. Uti,* c'est se servir de la chose; *frui,* c'est en recueillir les fruits; *abuti,* c'est en faire un usage définitif quant au propriétaire, en disposer au sens le plus large du mot.

Uti et frui, c'est l'usufruit qui s'exerce *salva rerum substantia.*

Abuti, c'est disposer de la substance même de la chose en la vendant, en la donnant, en la transformant, en la détruisant, dans le cas par exemple où l'on démolit une vieille maison, un navire hors d'usage.

Le propriétaire peut abuser de sa chose (au sens français du mot), c'est une conséquence de son droit de propriété; mais si cet abus ne porte atteinte à aucun droit, nul ne saurait s'y opposer.

Cet abus, conséquence du droit de propriété, pourra, au point de vue de la conscience, constituer un acte coupable, comme tout mauvais usage des biens de ce monde. L'homme qui ferait des ricochets sur l'eau avec des pièces de cinq francs serait répréhensible, il en serait de même de celui qui emploierait cet argent à satisfaire sa gourmandise; mais l'un comme l'autre, en disposant ainsi, exercerait son droit de propriété.

entre vifs comme aux transmissions par acte de dernière volonté.

Dira-t-on que le décès met fin à tous les droits, c'est possible pour ceux que l'on n'a pas exercés de son vivant. L'impossibilité où l'on se trouve de manifester sa volonté peut, en pratique, équivaloir à la perte du droit; mais, lorsque le défunt a de son vivant fait acte de volonté, pourquoi l'État refuserait-il de sanctionner cet acte?

Le défunt était propriétaire, il avait le droit de disposer, il pouvait le faire immédiatement ou à terme. Il a disposé pour le jour où il n'existerait plus; c'est le terme qu'il a assigné à sa disposition. A quel titre l'État, qui n'a sur ce bien aucun droit, critiquerait-il l'usage que le propriétaire a fait de sa propriété?

Le droit de tester est donc une conséquence naturelle du droit de propriété.

Il en est de même des successions *ab intestat*. On se figure quelquefois que le droit de succéder *ab intestat* est une pure création du législateur, parce que ce droit se trouve écrit dans la loi. Le propriétaire n'ayant pas fait acte de disposition, l'héritier paraît trouver uniquement son titre dans la volonté du législateur; mais c'est là une erreur.

Les lois de succession ne font que sanctionner la volonté présumée du propriétaire dans la transmission de ses biens; et c'est précisément parce que ces lois existent, que le propriétaire s'abstient ordinairement de faire un testament. Il sait qu'il lui suffit de laisser opérer la loi pour que sa volonté s'accomplisse.

La preuve, c'est que les pères de famille généralement ne font pas de testament, quoique leur volonté formelle soit de transmettre leurs biens à leurs enfants. Aussi des lois de succession bien faites, doivent-elles s'inspirer uniquement de la volonté probable du propriétaire.

Ce n'est donc pas l'État qui crée le droit de succéder, ce droit est une conséquence naturelle du droit de propriété.

L'État qui supprimerait le droit de tester ou les successions *ab intestat* commettrait donc une injustice; et s'il s'emparait, à l'aide de cette prohibition, des biens délaissés par les défunts, il volerait le bien d'autrui.

Le droit de propriété plein, entier et absolu, est pour les hommes le plus puissant stimulant au travail; il inspire en même temps l'ordre et l'économie, sources de la richesse.

Pour s'en convaincre, il suffit de se demander ce que deviendrait le monde si ce droit était supprimé.

Supposons un État dans lequel la loi ne reconnaît au citoyen aucun droit sur le produit de son travail. Que vont faire les habitants de ce pays? Ils vivront au jour le jour, produisant juste ce qu'ils peuvent immédiatement consommer. A quoi bon, en effet, dépenser leurs sueurs et leur peine pour créer des valeurs dont eux-mêmes ne jouiront pas?

Les plus forts s'associeront pour enlever aux plus faibles les produits de leur travail, sauf à se disputer ensuite entre eux le fruit de leurs rapines.

Les gens intelligents seront fainéants et voleurs; seuls, les imbéciles auront la naïveté de faire des économies pour les autres.

La suppression du droit de tester et de succéder produirait des résultats identiques.

Le père de famille en effet travaille non seulement pour lui, mais surtout pour ses enfants. Ses efforts tendent à leur transmettre intacte, sinon améliorée, la situation qu'il a reçue de ses parents. C'est ainsi que chaque génération travaille pour la génération suivante, assurée de lui transmettre le fruit de ses efforts. La société elle-même y trouve son profit; car si l'intérêt particulier pousse à la production de la richesse, toute richesse produite profite cependant à l'intérêt général, car elle constitue un nouveau capital auquel pourra s'appliquer l'activité des travailleurs.

Supposons cependant que l'État s'empare des biens des défunts. Pourquoi l'homme économiserait-il? Sa seule précaution sera de jouir immédiatement; il placera son bien à fonds perdu, il en dépensera soigneusement chaque année les arrérages. Ou plutôt ce sera la ruine générale; car qui voudrait se charger d'un capital dont l'État seul profiterait au premier jour?

Supprimer les transmissions par décès, c'est supprimer du même coup dans la société le travail et l'économie, c'est faire de tous les citoyens de vieux célibataires égoïstes et jouisseurs.

Le droit de propriété avec toutes ses conséquences est donc la condition *sine qua non* de la production de la richesse.

A la propriété individuelle on oppose la propriété collective : c'est le collectivisme.

Dans ce système, tous les capitaux seraient la propriété de la collectivité; les membres de cette collectivité deviendraient tous de simples travailleurs appliquant leur activité sur le capital collectif, lequel s'augmenterait des produits non consommés par la collectivité.

Pour établir ce système il faudrait commencer par dépouiller, c'est-à-dire voler les propriétaires. Il y a bien là une difficulté pratique, car depuis le maître de vastes domaines jusqu'au paysan possédant un petit lopin de terre, depuis le millionnaire jusqu'au journalier qui a réussi à acheter une ou deux actions ou obligations, il y a beaucoup de propriétaires.

Supposons cependant le problème préliminaire résolu et voyons les résultats pratiques du système :

D'abord la collectivité, ne nous y méprenons pas, c'est l'État. On repousse le nom, et cependant, dans le système collectiviste, un pouvoir exerçant une action de chaque instant serait d'autant plus nécessaire qu'il y aurait non seulement à maintenir comme actuellement l'ordre et la paix publique, mais à régir et faire fructifier un capital considérable.

Il faudrait concentrer dans les mains de l'autorité non seulement le gouvernement de la chose publique, mais aussi ce qui constitue la direction de toutes les fortunes privées. Il faudrait donc une administration colossale.

L'État, seul capitaliste, deviendrait le patron universel; nul ne pourrait travailler que chez lui, dans ses bureaux, dans ses usines, sur ses propriétés.

Inutile d'insister, ce serait la servitude antique avec un surcroît de rigueur et de brutalité ; tous les citoyens seraient transformés en esclaves du fisc.

Ce serait en même temps la paresse universelle, ou, pour prendre une autre formule tout aussi significative, ce serait l'atelier national.

Pourquoi en effet, à moins que la violence ne vous y contraigne, déployer une énergie exceptionnelle, suer au travail, peiner à la besogne; en retirerait-on quelque profit? La collectivité, dira l'ouvrier, je m'en moque. Si je donne une somme de travail supérieure, il ne m'en reviendra rien ; si je fais quelques économies, l'État me les prendra : vivons au jour le jour et travaillons le moins possible.

Ces conséquences paraissent tellement évidentes, qu'elles sont, pour ainsi dire, devenues des lieux communs; et l'on serait tenté de se demander comment de pareilles théories peuvent encore trouver des défenseurs, si l'on ne savait l'audace avec laquelle des coquins spéculent sur l'inépuisable fonds de bêtise qui se rencontre dans l'humanité.

L'intérêt personnel est pour le grand nombre le seul et véritable stimulant de l'activité humaine; or, l'intérêt personnel est inséparable de la propriété individuelle.

Lorsque la propriété s'accroît aux mains d'un individu et dépasse ce qu'il peut mettre en valeur par son travail personnel, il s'adresse à d'autres hommes, leur offrant d'appliquer leur activité à son capital : de là naissent les relations du capital et du travail que nous allons maintenant examiner.

CHAPITRE II

CAPITAL ET TRAVAIL.

Richesse. — Monnaie. — Créances. — La terre premier capital. — Travail. — Produit. — Union nécessaire du capital et du travail.— Égalité entre eux.

La plupart des hommes, en travaillant, ont pour objectif l'obtention de la richesse.

La richesse peut se définir : toute chose qui sert directement à la satisfaction de nos besoins ou de nos plaisirs.

La richesse se compose de choses, c'est-à-dire d'objets matériels, comme des terres, des maisons, des matières diverses, de l'or et de l'argent monnayés.

La monnaie ne sert pas directement, il est vrai, à nos besoins; elle constitue cependant une véritable richesse en ce qu'elle nous donne à toute époque, à l'aide d'un échange, le moyen de nous procurer les objets qui constituent la richesse.

Il en est de même des créances : elles consistent en effet dans le droit pour le créancier de se faire remettre par son débiteur ce qui constitue ou procure la richesse; elles sont donc une véritable richesse puisqu'elles donnent aussi le moyen de se la procurer.

La richesse, avons-nous dit, est ce qui sert *directement* à nos besoins ou à nos plaisirs.

Les masses neigeuses qui couvrent les sommets des Alpes et alimentent les cours d'eau qui répandent la prospérité sur leur parcours, ne sont pas des richesses, car, si par leur splendeur elles récréent l'œil du voyageur et excitent son admiration, elles ne servent pas cependant directement aux besoins de l'homme; nul ne peut en effet se les approprier et en tirer, par un usage personnel, un plaisir ou un profit quelconque.

La richesse est le produit du travail appliqué au capital.

Le premier capital mis à la disposition de l'homme est la terre avec ses produits naturels et les animaux qui la peuplent.

Mais la terre, maudite après le péché du premier homme, ne donne spontanément que des ronces et des épines, les animaux, par leur sauvagerie naturelle, échappent à la domination de l'homme, en sorte que, pour satisfaire ses besoins et obtenir les choses nécessaires à l'utilité ou à l'agrément de son existence, celui-ci est dans la nécessité d'appliquer son travail à ce premier capital mis par la Providence à sa disposition.

Le travail est tout effort humain pour l'obtention d'un résultat.

Le travail intellectuel est celui dans lequel l'intelligence joue un plus grand rôle que le corps, comme écrire, calculer, diriger un travail matériel.

Le travail matériel est au contraire celui où le rôle du corps est supérieur à celui de l'intelligence; les travaux de force, les travaux purement mécaniques rentrent dans cette seconde catégorie.

Tout travail, même matériel, suppose chez celui qui l'accomplit une certaine intervention de l'intelligence et de la volonté. Aussi peut-on dire que l'homme seul travaille, c'est-à-dire met volontairement ses forces physiques en mouvement pour l'obtention d'un résultat.

L'animal ne travaille pas, mais l'homme le fait travailler; l'animal comme la machine ne sont que des instruments de travail que la volonté humaine met en mouvement.

Le capital primitif mis par Dieu à la disposition de l'homme serait inerte et inutile s'il n'était fécondé par le travail.

Que deviendrait l'humanité si elle était réduite à vivre des fruits naturels de la terre? Il faut d'ailleurs travailler pour les recueillir.

Que lui serviraient les arbres des forêts si elle ne leur faisait subir aucune manipulation?

La chasse elle-même, nécessaire pour s'emparer des animaux sauvages, ne nécessite-t-elle pas un véritable travail?

L'homme, en appliquant son travail au capital

primitif, crée des produits, et, s'il les économise, constitue de nouveaux capitaux qui, s'ajoutant au capital primitif, augmentent sa richesse. Il accroît ainsi le nombre des objets servant à son utilité.

Voyons en effet comment se passent les choses. C'est l'histoire de Robinson Crusoé. Pour satisfaire à ses premiers besoins, l'homme se fait chasseur et assure ainsi tout d'abord sa nourriture. S'étant emparé de quelques jeunes chevreaux, il les met à part, ne les consacre pas à son alimentation, mais construit un enclos, les y parque et forme les premiers éléments d'un troupeau.

Il vient ainsi d'économiser sur le fruit de son travail et s'est constitué un capital. Il continue cependant à travailler; l'hiver approchant, il abat quelques arbres et bâtit un abri; de plus il recueille des herbes, fait des fourrages pour le temps de la sécheresse, et, grâce à ses soins, voit son troupeau se conserver, se reproduire et s'accroître. Il arrivera même avec le temps à augmenter ainsi suffisamment son capital pour que le croît normal du troupeau assure la conservation de celui-ci et donne en même temps à son propriétaire, d'une manière normale et régulière, les vivres dont il a besoin, le dispensant de recourir désormais au rude labeur de la chasse et de courir les aléas d'une poursuite infructueuse.

Sa vie matérielle assurée, l'homme trouve le temps de se livrer à d'autres travaux et de créer de nouveaux capitaux.

Il a, dans ses excursions, découvert une terre

d'apparence fertile, mais couverte d'eaux stagnantes et d'herbes inutiles. L'idée lui est venue de la défricher : pour cela, il a creusé des canaux de dessèchement, arraché les herbes nuisibles, retourné le sol pour le fertiliser, et, au lieu d'un marais fiévreux et improductif, il a créé par son travail une terre qui désormais lui rendra au centuple les graines qui lui seront confiées.

Cet homme a donc, par du travail dont il n'a pas consommé le produit, créé un nouveau capital, la terre à labour prête à porter les récoltes.

Nous pourrions parcourir ainsi tout ce qui constitue la richesse et montrer que, sauf la terre dans son état primitif, toute richesse, sans exception, provient d'économies faites sur les produits du travail appliqué à un capital. Toute richesse est donc du produit économisé.

Une remarque se dégage de ce qui précède, c'est l'alliance intime et nécessaire du capital et du travail ; l'un sans l'autre ne peut rien.

Supposons un homme abandonné au milieu d'un désert ; pas d'arbres, pas de plantes, pas d'animaux, rien que du sable. Le malheureux veut travailler, mais le capital lui fait absolument défaut ; il sera réduit à l'impuissance et mourra misérablement à bref délai.

La chasse elle-même, qui paraît consister uniquement dans un travail : la poursuite du gibier, suppose cependant l'existence d'un capital : le gibier même que l'on poursuit.

Figurons-nous, au contraire, un homme propriétaire d'un pays tout entier. A quoi lui servira cette
propriété si le travail ne vient la féconder? Et, en le
supposant seul dans une île immense, pourra-t-il
se dire riche de millions d'hectares, alors que ses
forces ne lui permettent que d'en cultiver quelques-
uns?

Le capital et le travail sont donc deux alliés nécessaires; impuissants séparément à rien produire,
ils tirent réciproquement leur force de leur union.
Le capital seul est improductif, il en est de même
du travail; mais par contre le travail appliqué au
capital le produit et engendre la richesse.

On a prétendu établir une prééminence du travail
sur le capital.

« Le travail, a-t-on dit, est l'agent de la production, le capital n'en est que l'instrument(1); » et, de
ce que l'homme est supérieur à l'outil qu'il emploie,
on semble conclure qu'il existe une hiérarchie entre
l'ouvrier et le capitaliste, hiérarchie dans laquelle
l'ouvrier occuperait le premier rang.

Que l'homme soit supérieur à la matière, c'est indiscutable; mais qu'il s'établisse un ordre hiérarchique entre l'homme qui fournit le capital et
l'homme qui y applique son travail, c'est ce qui
n'apparaît nullement.

Il y a entre eux des rapports contractuels : le contrat peut renfermer expressément ou tacitement

(1) Discours de M. le Comte de Mun, *la Vérité*, 14 juin 1893.

l'obligation pour l'ouvrier d'obéir au maître en tout ce qui se rapporte à la bonne confection de l'ouvrage, il n'y a point de rapport hiérarchique résultant de la nature des choses ; car, si l'un fournit le capital et l'autre le travail, le rapport ne s'établit pas entre l'homme et la matière, mais entre deux hommes égaux en droit et se liant également par leurs engagements réciproques.

Cette prétendue prééminence rentre dans cette tactique très pratiquée de nos jours, et qui consiste à exalter en toute circonstance l'ouvrier aux dépens du patron.

Des explications qui précédent retenons donc que le capital et le travail, bien loin d'être des ennemis, sont forcément alliés. Impuissants séparément, leur union crée le produit dont l'étude va faire l'objet du chapitre suivant.

CHAPITRE III

DU PRODUIT.

Produit et bénéfice. — A qui appartient le produit. — Le travail produit seul. — L'usine à l'ouvrier. — La propriété est
faite pour le propriétaire. — Son utilité pour les autres.

Le travail appliqué à un capital crée un produit. Cette notion paraît fort simple ; aussi semble-t-il à première vue inutile d'insister sur la nature du produit. On a vu cependant surgir des réclamations étranges, dont le point de départ est une notion incomplète de ce qui constitue le produit. La prétention d'attribuer à l'ouvrier tout ou partie du bénéfice que recueille le patron, sous prétexte que l'ouvrier a droit au produit de son travail, est dans ce cas.

Au risque donc de démontrer l'évidence, il est nécessaire de préciser ce qui constitue ce produit.

Le produit est tout ce qui par le travail s'ajoute au capital mis en œuvre.

Prenons un exemple pour bien fixer les idées :

Un industriel achète pour 100,000 fr. de laine ;

c'est le capital auquel il va appliquer le travail. Cette laine manufacturée sort de l'usine à l'état de tissus valant 120,000 francs. Avant d'être travaillé le capital était de 100,000 fr., après il est de 120,000 fr; le travail appliqué au capital a produit 20,000 fr. (1).

C'est donc 20,000 francs de produit, 20,000 francs de bénéfice, car, dans la rigueur des mots, produit et bénéfice sont absolument synonymes. Le produit ou bénéfice est la richesse qui n'existait pas auparavant, et qui est née de l'application du travail au capital.

Mais ce mot : bénéfice, est précisément la cause de la confusion dans laquelle tombent certains esprits.

Dans la pratique le patron seul tient des comptes, l'ouvrier ordinairement n'en tient pas. Les écritures du patron ont pour but de lui révéler sa situation personnelle, et non celle de ses ouvriers; il s'occupe donc uniquement de sa part du produit, et, se plaçant à son point de vue exclusif, il appelle main-d'œuvre la part du produit qui revient aux ouvriers, et la considère, quant à lui et dans ses écritures, comme une charge de son entreprise, tandis qu'il réserve le mot bénéfice à ce qu'il gagne personnellement; en sorte que s'il a payé 15,000 francs à ses ouvriers pour produire avec son capital de 100,000 fr. une plus-value de 20,000 francs, il inscrit sur ses livres que l'opération, lui ayant coûté 100,000 fr. de matière première et 15,000 fr. de

____

(1) Pour simplifier, nous négligeons les frais généraux et l'amortissement qui devraient s'ajouter au capital mis en œuvre.

main-d'œuvre, lui a donné 5,000 francs de bénéfice.

C'est vrai pour lui, ce n'est pas vrai absolument.

L'opération a donné 20,000 francs de produit ou bénéfice, dont 15,000 francs aux ouvriers, touchés par eux sous le nom de salaires, et 5,000 francs au patron, recueillis par lui à titre de bénéfice.

Après avoir appliqué le travail au capital, les ouvriers en effet ont été plus riches de 15,000 francs, et le patron de 5,000 francs. Chacun a fait ce qu'il a voulu de son argent, l'appliquant d'abord aux besoins de son existence, faisant ensuite, s'il le peut, quelques économies.

Il est donc essentiel de ne pas se laisser tromper par le sens usuel du mot bénéfice et de se bien pénétrer au contraire de la définition du produit ou bénéfice : c'est toute la plus-value donnée au capital par le travail.

A qui appartient le produit ou bénéfice ?

La réponse est fort simple : à ceux qui l'ont créé, c'est-à-dire au capital et au travail. Puisqu'il est le produit des deux, il appartient aux deux.

On ne concevrait pas en effet qu'un patron consentît à fournir le capital sans aucun profit pour lui, ou que l'ouvrier donnât la main-d'œuvre sans rien retirer de son travail.

Aussi, toutes les fois qu'un travail s'applique à un capital, on trouve toujours un partage du produit entre le capital et le travail.

Dans quelle proportion et dans quelle forme se

fera ce partage? Cela dépend de la convention qui fait la loi des parties (1).

L'usage a introduit les modes de partage les plus divers.

Nous les examinerons dans le chapitre suivant.

L'essentiel est, quant à présent, de retenir que, du moment où la part du travailleur lui a été payée suivant la convention, il n'a aucun droit sur la part attribuée au capital.

Si cette dernière part est considérable, le travail ne saurait y rien prétendre, pas plus que le capital, s'il a peu gagné ou est en perte, ne saurait légitimement dire au travailleur : Je vous ai donné une part trop considérable, restituez-m'en une quote-part.

Il y a un contrat qui fait la loi des parties et doit s'exécuter.

Les explications que nous venons de donner nous permettent de saisir immédiatement la fausseté de la théorie sur laquelle les socialistes basent leurs revendications :

Le travail, disent-ils, est seul productif, par conséquent tout le produit lui appartient légitimement. Le capital est du produit volé au travailleur; ce que Proudhon exprimait dans cette formule de-

____

(1) Nous parlons, bien entendu, des conventions légitimement faites. Nous examinerons, en traitant du juste salaire, quelles sont les circonstances qui peuvent vicier les conventions entre patrons et ouvriers. Cette observation serait inutile, si nous parlions uniquement à des jurisconsultes ou à des théologiens ; mais l'expérience nous a montré la nécessité de prendre en ces matières des précautions exceptionnelles.

venue célèbre : la propriété, c'est le vol. Donc, disent les socialistes, la société doit confisquer ces capitaux pour les remettre à la disposition de leurs légitimes propriétaires : les travailleurs. C'est ce qu'ils appellent nationaliser les instruments de travail; d'où la formule: l'usine à l'ouvrier, la mine au mineur, la terre au laboureur. Il serait plus vrai d'appeler simplement cette opération : la confiscation de toute propriété.

En fait, dans la production de la richesse le travail est l'élément actif; on serait presque tenté de dire : celui qui fait du bruit. Le capital est l'élément passif. C'est en effet sur le capital que s'exerce l'activité humaine. Est-ce à dire que le travail seul est productif? Évidemment non. Le capital est, dans la production, un facteur tout aussi nécessaire que le travail; l'un ne peut rien sans l'autre, nous l'avons démontré; il est donc juste que le produit se partage entre les deux.

De plus, tout capital à son origine représente un produit non consommé, c'est-à-dire une économie faite par un travailleur. Exproprier le capitaliste, ce serait dépouiller des travailleurs actuels ou anciens du fruit de leur travail.

Les socialistes de bonne foi, s'il en existe, sont des gens qui ne réfléchissent pas, qui s'arrêtent aux apparences et se figurent que le travail produit tout, parce qu'ils ne voient de mouvement que dans le travail.

Quant aux autres, ils ont trouvé une formule sonore

et séduisante, et s'en servent pour exciter, au profit de leur ambition, les convoitises de ceux qui ne possèdent pas.

On a formulé encore beaucoup d'autres objections contre le capital ; elles viennent non seulement des socialistes proprement dits, mais encore de certains catholiques qui semblent s'être donné la singulière mission d'opérer une conciliation impossible entre le socialisme et le catholicisme et arrivent, en réalité, à un socialisme à peine déguisé. Ces objections se rencontrent notamment dans des journaux se disant catholiques, éclos dans ces derniers temps, et qui prétendent réformer le monde, se figurant qu'avant leur intervention tout allait au rebours du sens commun. Si nous voulions les suivre dans leurs élucubrations, il faudrait écrire des volumes. Celui-ci prétend faire de la propriété une fonction sociale ; celui-là la déclare injuste et haïssable, si elle excède ce qu'une famille peut cultiver. Il n'est point d'extravagance qui ne se rencontre sous la plume de ces théoriciens improvisés.

Ce que nous avons dit suffit à résoudre toutes les objections.

La propriété est faite par le propriétaire ; il a sur elle un droit absolu ; ce qui ne veut pas dire qu'il n'aura pas de compte à rendre à Dieu de l'emploi qu'il en fait, comme il rendra compte de l'usage de toutes ses facultés, bien qu'elles lui soient données pour son service personnel.

La propriété est au propriétaire ; il n'a, à raison de

ce titre, aucune fonction à remplir dans la société ; et cependant, dans le plan admirable de la Providence, par la force même des choses, la propriété sert également à ceux qui ne sont pas propriétaires.

Un homme possède une vaste étendue de terre, beaucoup plus qu'il n'en peut cultiver lui-même ; force lui sera de faire cultiver son bien s'il veut en tirer quelque profit. Il fournira ainsi à ceux qui ne possèdent rien le capital sur lequel ils exerceront leur activité.

Un ouvrier tisserand a le droit de monter chez lui un métier, d'acheter un moteur, de se procurer des matières premières, de fabriquer des tissus et de les vendre.

Mais il lui manque pour réaliser ce plan une chose essentielle : l'argent, le capital ; il n'a que ses bras.

Il se trouve, d'autre part, un homme qui possède de l'argent ; il a de quoi, s'il le veut, acheter cinq cents métiers ; mais il n'est pas tisserand, le fût-il, il ne pourrait en conduire qu'un seul. En vue de tirer profit de son argent, il bâtit une usine, y installe un outillage, et met le tout à la disposition d'ouvriers en quête de travail.

Ce capital, qui ne leur appartient pas, ne leur est-il point cependant aussi utile qu'à son propriétaire ? Évidemment oui, puisqu'il leur fournit ce qui précisément leur manquait pour travailler et gagner quelque argent.

Le propriétaire et le travailleur sont indispensables l'un à l'autre, l'ensemble des propriétaires est indispensable à l'ensemble des travailleurs et réciproquement ; c'est l'organisation providentielle de la société humaine. Si cette utilité réciproque n'existait pas entre tous les membres de la société, celle-ci ne serait plus une société nécessaire ; n'ayant pas de raison d'être, elle ne tarderait pas à se dissoudre. Mais de ce que cette utilité réciproque existe, il n'en résulte pas que tel ou tel groupe exerce une fonction sociale, chacun agit dans son intérêt privé. Toutefois la Providence a organisé les choses de telle façon, que le propriétaire est, par la force des choses, conduit à faire de sa propriété un usage correspondant à l'intérêt général.

Quant à limiter à un certain chiffre la fortune qu'un individu peut acquérir, ce serait une mesure absolument arbitraire. Dieu n'a pas dit : « Tu ne désireras pas le champ de ton prochain, à moins qu'il n'excède un ou deux hectares. » Il a dit d'une façon absolue : « Bien d'autrui tu ne prendras. » Or la fortune légitimement acquise par un homme est pour les autres, société ou individu, le bien d'autrui qu'il est défendu de prendre.

On peut concevoir, il est vrai, que l'extension illimitée de certaines fortunes devienne presque, dans certains cas, un danger social. Cela ne saurait légitimer cependant une injuste spoliation.

Toutefois l'histoire nous apprend que là où les hommes sont impuissants, les événements voulus ou permis par la divine Providence se chargent de parer au danger. Bien souvent elle ramène les sociétés aux conditions normales de leur existence, rien qu'en laissant, pour un temps, la perversité des hommes agir librement.

Ce qui s'est passé à la fin du dernier siècle en est une preuve éclatante. Les biens d'Église s'étaient accrus considérablement ; mais en même temps, la convoitise des grands les avait trop souvent détournés de leur fin, grâce à la complicité des princes.

Une grande partie des revenus ecclésiastiques était, sous forme de bénéfices, attribuée à des laïques et abbés de cour, gens qui n'étaient rien moins qu'ecclésiastiques (1), tandis que le prêtre remplissant effectivement la fonction se voyait réduit à la portion congrue (2). Le problème paraissait insoluble ; il est si difficile de conduire un homme à renoncer à une possession dont il croit trouver la consécration dans l'usage. Comment ramener les biens de l'Église à leur véritable destination ? Comment la débarrasser elle-même de ces parasites que n'attirait point à elle l'esprit d'abnégation et de sacrifice, et dont la seule préoccupation était de dévorer joyeusement sa substance ? La tourmente révolutionnaire est venue, procédant comme un vo-

---

(1) Le cardinal de Retz disait de lui-même qu'il avait l'âme la moins ecclésiastique du monde.

(2) Le bénéficier devait à son suppléant la portion convenable : *congruens ;* mais avec le temps les bénéficiers l'avaient tellement réduite, que de là est née la locution moderne : réduire à la portion congrue.

leur de grand chemin, la première république s'est brutalement emparée des biens d'Église (1). C'était une injustice évidente ; néanmoins la question en apparence insoluble s'est trouvée résolue indirectement. Le calme rétabli, l'Église de France s'est reconstituée et a repris sa mission sans se voir entravée par l'invasion des cadets de grande famille ou la nomination des abbés commendataires.

De même des droits féodaux : légitimes à l'origine, ils n'avaient plus leur raison d'être et n'apparaissaient désormais que comme des privilèges sans services correspondants. Comment dans un état normal sortir de cette situation? Ce fut encore l'œuvre de la Révolution.

Pareille chose arrive toujours lorsque les hommes sont impuissants à rétablir l'ordre en opérant par des moyens réguliers et légitimes les réformes nécessaires. La Providence s'en charge, dût-elle déchaîner les barbares pour détruire et balayer la vieille société païenne et jeter les fondements de la catholicité.

(1) La troisième république procède autrement. Elle a fait une loi supposant un accroissement là où il n'en existe pas, et compte ensuite sur ses tribunaux et le jeu normal de la procédure pour arriver, sans bruit et sans esclandre, à dépouiller légalement les propriétaires. Du brigand, nous avons passé au filou.

Espérons que cette fois le résultat sera de faire surgir et de grouper les résistances, et de nous débarrasser enfin des hommes qui se croient tout permis là où ils estiment n'avoir rien à craindre.

CHAPITRE IV

CONVENTIONS ENTRE CAPITALISTES ET TRAVAILLEURS.

Société. — Prêt à intérêt. — Louage des choses — Louage d'industrie. — Lois économiques des relations du capital et du travail.

Le capital et le travail peuvent se trouver réunis ; un homme peut cultiver lui-même son champ sans l'assistance d'ouvriers. Toutefois, si le propriétaire devait toujours travailler seul sur son propre capital, le produit serait essentiellement restreint et limité. Dans l'organisation de la société le capital se trouve inégalement réparti entre les hommes, en sorte que chacun fournit soit uniquement le capital ou le travail, soit le capital uni à une certaine somme de travail.

Au sens général, la réunion du capital et du travail forme une véritable association : les deux s'unissent pour l'obtention d'un résultat. Ce n'est pas cependant nécessairement un contrat de société.

Les contrats en effet ne tirent pas leur nom des caractères généraux qui peuvent être communs à une série d'opérations analogues, mais des circons-

tances spéciales qui les caractérisent, et les différencient des contrats portant un autre nom.

C'est ainsi que l'on distingue, en droit, la vente
de l'échange, bien que la vente soit l'échange d'une
chose contre de l'argent ; c'est ainsi que toute association quelconque n'est pas ce que l'on appelle un
contrat de société.

Aussi, serait-ce une erreur de prendre les règles
d'un contrat nommé pour les appliquer à un autre
contrat nommé, sous prétexte que ces deux contrats
ont entre eux certaines analogies.

Le capital et le travail peuvent s'unir par les
conventions les plus diverses :

Société. — D'abord la société proprement dite,
contrat par lequel deux ou plusieurs personnes
mènent une chose en commun pour en partager
les bénéfices. Cette chose mise en commun est le
capital apporté par un ou plusieurs des associés.

Dans la société en nom collectif, les associés ou
certains d'entre eux apportent de plus leur travail.
Dans la société en commandite, les commanditaires
apportent uniquement des capitaux, les gérants y
joignent leur travail avec ou sans capital.

Dans la société anonyme, les simples associés
apportent seulement leur capital, les administra-
teurs fournissent, de plus, leur travail avec ou sans
rémunération spéciale.

Dans le contrat de société, le produit se partage
entre les associés, sauf quelquefois certains prélè-

vements convenus; la seule prohibition légale est celle qui interdit de priver un associé de toute participation aux bénéfices, ce qui constituerait la société léonine, ou de soustraire les capitaux de l'un des associés à toute participation aux pertes. Dans ces deux cas, en effet, il n'y a pas de véritable société.

Telles sont les différentes formes que peut revêtir dans le contrat de société l'union du capital et du travail.

Prêt à intérêt. — Le prêt à intérêt est aussi une forme par laquelle le capital s'unit au travail pour obtenir un produit.

Nous ne parlons pas, bien entendu, de ce prêt à intérêt, véritable usure, qui consiste à fournir à chers deniers à un débiteur obéré, des fonds qui n'auront d'autre utilité que de prolonger de quelques jours une existence sans issue, ni de ces prêts à l'aide desquels un viveur décavé trouve moyen de continuer sa vie de débauche. Nous parlons du prêt d'argent qui, moyennant un intérêt légitime, fournit à un travailleur le moyen de monter une affaire dont les produits doivent normalement procurer au travail sa rémunération, et lui permettre en même temps de payer le loyer de l'argent emprunté.

On dit que l'argent ne produit pas; que si 100 francs restaient dans la caisse du propriétaire, il ne trouverait pas 105 francs au bout de l'année. Mais un champ sans culture, une machine arrêtée, un cheval à l'écurie produisent-ils? Et s'ils restaient un an dans cet état, le propriétaire aurait-il dans sa fortune au bout de l'année autre chose qu'un champ, une machine ou un cheval? Cependant personne n'hésite à trouver légitime le fait de donner en location un champ, une machine ou un cheval. Par le travail du locataire, ils donneront en effet un produit qui sera au bout de l'année la rémunération du travail et du capital. Pourquoi donc serait-il illégitime de louer la somme d'argent à l'aide de laquelle le travailleur se procurera ce champ, cette machine ou ce cheval, et par suite le produit que son travail en tirera?

L'usure commence lorsque le prêteur demande, pour son argent, une part du produit trop élevée par rapport au produit total que peut donner le travail appliqué à ce capital.

Louage. — Le louage des choses susceptibles de donner des fruits par le travail est une autre forme de l'union du capital et du travail.

Le propriétaire d'un champ le loue, moyennant un prix à forfait, à un travailleur qui le cultive et en recueille les fruits. Il y a là une réunion, une sorte d'association du capital et du travail pour obtenir un produit dont le capital a sa part sous forme d'un prix payé à forfait; mais, à raison des caractères spéciaux qui différencient ce contrat de celui de société, il a reçu un nom propre : *bail à ferme*, et se trouve, à raison de sa nature particulière, soumis à des règles qui ne sont pas celles de la société.

Nous remarquerons que, dans ce contrat, c'est le travail qui assume les aléas; le capital reçoit à forfait et en argent sa part du produit sous le nom de fermage. Que la récolte soit bonne, le fermier y a profit; qu'elle soit mauvaise, il y perd. Il est toutefois manifeste que le fermage est une part du produit, car, si la moyenne des produits n'excédait pas le fermage d'une quantité suffisante pour donner au travail sa légitime rémunération, le fermier à la fin du bail abandonnerait la terre ou demanderait une réduction de son fermage.

Le louage des terres affecte dans certains pays une forme qui le rapproche du contrat de société : c'est le *métayage* ou *colonat partiaire*. Le maître fournit le capital, le colon le travail; le produit se partage en nature, chacun supportant pour sa part les aléas de la récolte.

Louage d'industrie. L'une des formes les plus fréquentes de l'union du capital et du travail est le *louage d'industrie,* contrat par lequel un homme s'engage, moyennant un salaire, à travailler sur le capital fourni par un autre homme.

On a prétendu voir dans ce contrat une société, pour en déduire notamment le droit du travailleur au partage du bénéfice. Le travail et le capital, a-t-on dit, s'unissent pour gagner de l'argent.

C'est à peu près comme si l'on disait qu'un cheval est un âne, parce que tous les deux sont des quadrupèdes.

Le capital et le travail se réunissent pour gagner

de l'argent ; mais toute réunion n'est pas ce que l'on nomme, en droit naturel et en droit civil, une société ; toute réunion n'est pas soumise aux règles qui, en droit naturel et en droit civil, gouvernent le contrat par lequel deux ou plusieurs personnes mettent une chose en commun pour en partager les bénéfices. Si dix personnes, faisant ensemble une partie de campagne, entrent au milieu du jour pour prendre leur repas dans le *salon de société* d'une guinguette quelconque, elles ne forment pas pour cela une *société* au sens juridique du mot, et ne se soumettent pas aux dispositions des articles 1832 à 1873 du code civil. De même le patron et l'ouvrier, unissant leurs efforts pour gagner de l'argent, ne forment pas pour cela une société donnant droit au partage en nature des bénéfices à réaliser.

Je me sens, par moments, presque confus d'expliquer des choses aussi claires. Cependant, l'étrangeté des théories qui, depuis quelque temps, se produisent en ces matières, prouve combien peu ces notions sont familières à beaucoup de ceux qui s'en occupent. Ce sera mon excuse auprès des lecteurs qui pourraient, avec raison, me reprocher de démontrer l'évidence.

Le contrat de louage d'ouvrage est susceptible des formes les plus diverses.

Le capitaliste peut fournir une partie du travail, l'ouvrier une autre partie : c'est ce qui arrive dans les industries où le maître, soit seul, soit associé, fournit le capital et la direction et l'ouvrier, la main-d'œuvre. La direction elle-même peut, en tout ou en partie, être fournie par un travailleur au capitaliste ; c'est le cas des sociétés anonymes dont l'administration est confiée à un directeur étranger à la société ; c'est le cas également, dans une affaire industrielle, des directeurs, employés et contre-maîtres qui, sans donner de main-d'œuvre proprement dite, dirigent le travail des ouvriers.

Le salaire peut aussi affecter les formes les plus variées. Il peut se payer en nature ou en argent, à forfait ou suivant certaines règles proportionnelles ou aléatoires.

Les vignerons de certaines régions du Bordelais sont en partie payés par une fourniture de vin et de blé. Les khammès d'Algérie font les labours, les semailles et le battage, et reçoivent le cinquième de la récolte bonne ou mauvaise. Les hommes engagés pour la pêche d'Islande reçoivent, outre un salaire fixe en argent, une part du produit de la campagne que l'armateur leur reprend à prix convenu. Dans l'industrie on connaît le travail à la journée, c'est-à-dire indépendant de l'ouvrage fait et réglé seulement d'après le temps de la présence à l'usine ; le travail aux pièces, profitable aux bons ouvriers en ce que leur gain est proportionnel à leur travail, avantageux pour le patron puisque, sans augmenter les frais généraux, sa production augmente ; objet cependant des attaques incessantes des meneurs socialistes, tant il est vrai que le socialisme n'est que l'organisation de la paresse.

On connaît encore, dans l'industrie, le système des primes s'ajoutant au salaire pourrémunérer une production plus abondante ou plus soignée, le marchandage, qui fait presque un petit patron du marchandeur entreprenant un travail à forfait.

On connaît aussi le contrat qui donne à un travailleur soit une remise proportionnelle aux affaires faites par lui, c'est le contrat qui intervient avec les voyageurs de commerce, soit une part dans les bénéfices de l'entreprise, c'est la situation de ce qu'on appelle dans l'industrie : les employés intéressés.

La *Science catholique* posait dans son numéro du 15 octobre 1894 (p. 989) cette question :

« Le salaire est-il le prix de la location du travail ou bien le prix de la renonciation de l'ouvrier au produit du travail? Le travail a-t-il, de par la nature même, un droit sur le produit, comme la cause sur l'effet, ou bien doit-il être compté dans l'analyse économique de la production parmi les frais de fabrication qui sont à la charge du capital, seul maître du produit fabriqué? »

La *Science catholique* ajoutait : « Il n'est pas nécessaire, ni peut-être opportun, d'agiter ici ces questions délicates (1). »

Après les explications que nous venons de fournir,

______

(1) Nous nous gardons bien de rendre la *Science catholique* responsable de cet article. Il est l'œuvre personnelle d'un rédacteur dont elle n'a pas tardé à se séparer.

la réponse à cette question est cependant bien simple.

Quand on convient que l'on recevra sa part du produit en argent, on renonce par le fait même à la réclamer en nature.

Quand un travailleur fait cette convention, il est d'usage de dire qu'il loue son travail, et l'on appelle salaire le prix de cette location.

Il n'y a donc pas là deux choses à opposer entre elles, mais une convention unique avec sa cause : la renonciation à réclamer pour son travail une part en nature, et sa conséquence : l'allocation d'une part en argent. Pourquoi se demander alors si le salaire est le prix du travail ou celui de la renonciation à réclamer en nature une partie du produit? Le travailleur renonce à être payé en nature par cela même qu'il convient d'être payé en argent.

Avant le contrat, celui qui se propose pour travailler n'a de droit ni contre celui qui se demande s'il l'emploiera, ni sur un produit qui n'existe pas encore ; après le contrat, ils ont réciproquement les droits que leur donne la convention, et, comme le travailleur s'engage a déployer un effort en échange d'une somme d'argent, on dit que l'argent est le prix du travail. Quand le patron fait « l'analyse économique de la production », ce qu'on appelle vulgairement établir son prix de revient, il compte « le prix de la location du travail », autrement dit les salaires, comme une charge grevant le produit qu'il conserve à forfait et diminuant d'autant son bénéfice.

Si cette analyse est faite par un économiste, celui-ci dira : Le salaire est le bénéfice de l'ouvrier; le solde qui reste au patron, après avoir déduit de ce qu'il a reçu tout ce qu'il a payé, notamment les salaires, constitue son bénéfice. Les salaires additionnés avec les bénéfices égalent le produit.

Voilà à quoi se réduit cette question si délicate, tant il est vrai que certains esprits, à force de quintescencier sur des choses simples et claires, arrivent à n'y plus rien comprendre.

Des divers contrats que nous venons d'étudier, on peut déduire quelques règles générales qui constituent la loi économique des relations du capital et du travail.

1re *Règle*. — La rémunération du capital et du travail, quelle qu'en soit la forme, se prend toujours en principe sur le produit.

C'est là l'intention des parties. S'il en était autrement, si cette rémunération devait se prendre sur le capital fourni par le capitaliste, ou sur un capital précédemment économisé par le travailleur (le fermier par exemple), ce ne serait pas la peine pour le capitaliste de faire travailler ou pour le travailleur de travailler, car l'un ou l'autre se ruinerait nécessairement.

Ce résultat peut arriver, cependant, lorsque l'un prend le produit à ses risques et périls et s'engage à fournir à l'autre sa part à forfait. S'il calcule mal, si les circonstances trompent ses prévisions, si des événements de force majeure déjouent ses espérances, il pourra se ruiner, mais ce sera la conséquence de son erreur, et non le résultat normal et cherché de l'opération.

2° *Règle*. — Une seconde règle se dégage de ce qui précède : la société proprement dite est la forme la plus parfaite de l'union du capital et du travail. Elle répartit en effet également entre chacun les aléas de l'entreprise.

Mais, pour adopter cette forme, il faut que les deux parties puissent supporter ces aléas.

Or, l'ouvrier ne le peut pas. Ordinairement, il n'a pas de capital, il lui faut son salaire à jour fixe pour payer la subsistance de la quinzaine. Le capital lui fera-t-il des avances? Comment, en cas de perte, les recouvrerait-il? L'ouvrier d'ailleurs, vivant au jour le jour, ne peut se trouver en présence d'une année sans profit.

Aussi, au bas de l'échelle des travailleurs, trouvons-nous le salaire qui se traduit toujours par un prélèvement que le patron fait à forfait sur le produit et qu'il paie à bref délai.

A mesure que nous montons dans la hiérarchie des travailleurs, nous voyons apparaître le partage aléatoire du produit. C'est d'abord l'employé intéressé; son fixe lui assure la vie de chaque jour, son intérêt constitue une somme aléatoire qui généralement se paie en fin d'année. Puis vient l'associé qui, apportant uniquement son travail et ses connaissances, stipule un prélèvement mensuel à porter à frais généraux et une part des bénéfices. Enfin, nous trouvons l'homme qui, possédant une fortune suffisante pour lui permettre de courir les risques de l'entreprise, stipule simplement un partage de bénéfice.

Ce n'est donc pas arbitrairement que la forme du salariat a été adoptée pour la grande majorité des travailleurs; cette forme est la conséquence même de leur situation et des nécessités qu'elle leur impose.

C'est à quoi devraient tout d'abord réfléchir ceux qui, rêvant la suppression du salariat, déclarent qu'il a fait son temps et doit être remplacé par la participation aux bénéfices, dont nous allons maintenant nous occuper.

CHAPITRE V

DE LA PARTICIPATION AUX BÉNÉFICES CONSIDÉRÉE
COMME ACTE DE JUSTICE.

Bilan du travail et du capital. — Augmentation de salaires. — Ce que sont les bénéfices. — Rôle de l'ouvrier dans le bénéfice.

Indépendamment des socialistes, certains théoriciens ont critiqué l'attribution au seul capital de la partie du produit que l'on nomme bénéfice.

C'est le travail de l'ouvrier, a-t-on dit, qui est la source du bénéfice du patron, la justice n'exige-t-elle pas que l'ouvrier ait sa part d'un bénéfice dont il est le premier auteur?

Cette objection part d'un bon naturel, mais elle dénote un manque absolu de réflexion.

Rappelons tout d'abord les notions exposées aux chapitres précédents. Nous avons démontré que le travail seul ne peut rien, il devient productif si on l'applique à un capital. Par conséquent, le bénéfice, ou plus exactement le produit, est le résultat du travail appliqué à un capital.

Deux éléments concourent nécessairement à la création du produit : le travail et le capital.

Le travail n'est ni la source unique ni la source première du produit : il en est l'une des sources, le capital étant l'autre.

Donc, si le travail a des droits au produit, le capital en a de non moins certains.

Le produit, avons-nous dit, se partage toujours, sous une forme ou sous une autre, entre le capital et le travail.

La forme ordinaire de ce partage entre le patron et l'ouvrier est le salaire. Dans ce système le travailleur reçoit sa part du produit en argent, d'avance et à forfait. Le capitaliste ne reçoit rien s'il y a perte, entame même dans ce cas son capital, gagne gros au contraire si les affaires marchent bien.

La part du capitaliste, s'il lui reste quelque chose du produit, se nomme, avons-nous dit, bénéfice; dans le cas contraire, on dit qu'il est en perte.

Or, ceux qui demandent pour les ouvriers la participation aux bénéfices veulent tout simplement que l'ouvrier, après avoir touché, sous le nom de salaire, sa part du produit, vienne encore prélever quelque chose sur la part de ce même produit, attribuée au patron sous le nom de bénéfice.

C'est exactement comme si un propriétaire, après avoir touché son fermage, disait au fermier : Maintenant donnez-moi une part de la récolte.

Ils revendiquent en un mot pour l'ouvrier le droit de toucher deux fois sa part du produit.

Ce qui cause leur erreur est précisément ce mot : bénéfice, qu'ils n'ont pas compris; ils se figurent que le gain du patron est le seul bénéfice de l'opération et ne comprennent pas que le salaire est aussi un bénéfice, celui du travailleur.

C'est cependant bien simple, si l'on se réfère à ce que nous avons dit du salaire, qui en principe se prélève nécessairement sur le produit.

Pour connaître le bénéfice de tous ceux qui pendant l'année ont concouru à l'entreprise, il faut, aux bénéfices résultant de l'inventaire établi par le patron, ajouter les salaires payés aux ouvriers et employés, ainsi que l'intérêt attribué à ces derniers.

Le total représente *le produit* de l'exercice, c'est-à-dire la plus-value que le travail a pendant l'année donné au capital sur lequel il s'est exercé.

On verra en même temps comment ce produit s'est partagé entre le capital et le travail.

Il est intéressant de faire ce calcul pour éclairer ceux qui se figurent que, dans l'industrie, le patron prend à peu près tout, réduisant l'ouvrier à la portion congrue.

Supposons une usine pour l'établissement de laquelle le patron a engagé comme constructions, matériel et fond de roulement un capital d'un million.

Supposons que ce patron gagne 50,000 francs par an, plus l'intérêt à 5 pour % de son capital. Il retire donc, intérêt compris, 10 % de ses capitaux. Beaucoup d'industriels s'abonneraient à ce résultat. Il dirige lui-même son affaire et y donne tout son temps, son intelligence et ses soins.

Il a 500 ouvriers, comptons-les à 4 francs par jour pour 300 jours ouvrables : cela fait 600,000 francs par an.

Pour simplifier ne parlons pas des employés.

Le produit s'est donc partagé dans la proportion de 600,000 francs pour le travail et 100,000 francs pour le capital et la direction.

Le travail a donc pris dans le produit la très grosse part, puisqu'il a prélevé six pendant que l'autre recevait un.

On objectera que ces 600,000 francs sont partagés entre 500 personnes, tandis que le patron a pris à lui seul 100,000 francs. C'est vrai ; cela prouve que la direction, l'usage du capital, les risques valent beaucoup plus que le travail d'un ouvrier, ce qui se conçoit facilement ; mais il n'en reste pas moins vrai que la majeure partie du produit appartient à la main-d'œuvre.

Nous pourrions reproduire ici les statistiques données par certaines revues, notamment en ce qui concerne les sociétés anonymes qui chaque année publient leur bilan (1). Dans les établissements prospères la main-d'œuvre prend toujours

______

(1) La société des mines de Lens (Pas-de-Calais), la plus prospère du pays, a dépensé un capital de 60 millions ; elle a donné en 1893 aux actionnaires trois millions de dividende, soit 5 pour cent du capital engagé et à la main-d'œuvre 15 millions. (*La Croix* du 28 septembre 1893.)

la très grosse part du produit; dans les autres elle prend tout et même, s'il y a perte, elle finit par dévorer le capital.

Nous avons déjà signalé ce qui contribue à induire en erreur les gens qui ne réfléchissent pas. C'est la manière dont les patrons tiennent leurs écritures.

Pour compléter notre démonstration, passons, en les réduisant aux éléments essentiels, les écritures du patron que nous prenions ci-dessus comme exemple. Il a, nous le supposons, un capital de un million, 500 ouvriers à 4 francs par jour, et gagne, en sus de son intérêt, 50,000 francs. Nous passerons ensuite avec les mêmes chiffres les écritures du produit.

BILAN DU PATRON

PROFITS ET PERTES.

	Doit	Avoir
Vente des produits manufacturés.	2.800.000 fr.	
Achat de matières premières		2.000.000
Main-d'œuvre.		600.000
Frais généraux.		100.000
Intérêt d'argent		50.000
Bénéfice.		50.000
Totaux. . . .	2.800.000	2.800.000

Le patron a donc reçu 50,000 francs d'intérêt de son capital et gagné 50,000 francs de bénéfices.

BILAN DE LA PRODUCTION

PROFITS ET PERTES.

	Doit	*Avoir*
Vente de produits . . .	2.800.000 fr.	
Achat de matières premières		2.000.000 fr.
Frais généraux.		100.000 fr.
Produit		700.000 fr.
Totaux	2.800.000	2.800.000

RÉPARTITION DU PRODUIT.

Produit	700.000 fr.	
Aux ouvriers (salaires) . .		600.000 fr.
Au patron (intérêts). . . .		50.000
(Bénéfice).		50.000
Totaux.	700.000	700.000

Les ouvriers ont donc eu dans le produit 600,000 francs et le patron 100,000. La main-d'œuvre a donc bien, comme nous le disions, gagné six pendant que le capital et la direction gagnaient un : de quel droit la main-d'œuvre demanderait-elle en outre une part des 100,000 francs revenant au patron?

Ne serait-ce pas le cas de placer ici une observation qui découle des chiffres que nous venons de poser?

Les personnes étrangères à l'industrie se figurent que le patron n'auraitqu'àcéder àun bon mouvement et à diminuer un peu ses bénéfices pour donner, par contre, à ses ouvriers l'aisance et le bien-être qui leur manquent.

Faisons un simple calcul, et nous saurons à quoi nous en tenir.

Supposons que le patron des 500 ouvriers les augmente de 10 %, soit pour chaque ouvrier 0,40 centimes de plus par jour. C'est peu, me direz-vous.

Calculons cependant : 0,40 centimes, multipliés par 500 ouvriers, multipliés par 300 jours ouvrables, égalent 60,000 francs par an ; le patron aura donc travaillé pendant toute son année pour obtenir un peu moins que l'intérêt qu'il eût pu recevoir en prêtant simplement son capital.

En effet, au lieu d'avoir 5 0/0 de son argent, il sera réduit à 4 et n'aura pas de bénéfice.

On conviendra que ce ne serait guère la peine de se donner les soucis, les tracas et les risques de l'industrie pour arriver à pareil résultat. Voilà cependant ce que produit une simple augmentation de 0,40 centimes par jour et par ouvrier.

Dans les régions où l'industrie n'existe pas, on croit qu'il suffit de monter une usine pour voir l'or affluer dans sa caisse ; et parce que le nom de quelques industriels heureux s'est répandu au loin, on se figure que tous sont dans le même cas. Mais c'est là une grosse erreur. On voit ceux qui réussissent, on ne compte pas ceux qui sombrent. Combien, dans les villes industrielles, n'est-il pas de familles qui ont vu leur chef, après une vie de labeur, succomber sous le poids des inquiétudes et des soucis, pendant que leur patrimoine était dévoré par la main-d'œuvre.

L'industriel est obligé de calculer de très près, et son succès ou sa ruine dépendent souvent de quelques fractions de centimes qu'il a su ou n'a pas su économiser. Le résultat donné par une augmentation de salaire de 0,40 centimes en est la meilleure preuve.

Bien d'autres considérations accessoires condamnent, au point de vue de la justice, la participation des ouvriers aux bénéfices du patron.

On peut poser en principe qu'en industrie le fait personnel de l'ouvrier joue dans la production du bénéfice un rôle insignifiant, et n'est pour ainsi dire que l'occasion donnant naissance aux circonstances multiples qui en sont la véritable source.

Le bénéfice résulte d'abord de l'installation de l'usine. Les services sont-ils bien organisés? Évite-t-on toute main-d'œuvre inutile? Les métiers sont-ils du dernier modèle, procurant rapidement un travail irréprochable?

Comment s'exerce la surveillance? Y a-t-il des pertes de temps à l'entrée et à la sortie?

Combien fait-on de déchets, les perd-on, les recueille-t-on?

L'industriel est-il doublé d'un commerçant sachant acheter les matières premières au moment propice, vendre les produits à l'époque opportune, saisir les variations de la mode, liquider à point une mauvaise affaire? L'industriel est-il parvenu à s'imposer à la clientèle? S'est-il assuré des débouchés?

Telles sont, en industrie, les véritables sources du bénéfice.

Quel est dans tout cela le rôle de l'ouvrier? Les ouvriers passent continuellement d'une usine à une autre; leur travail est le même partout. Comment se fait-il cependant qu'avec un personnel ouvrier sensiblement identique, telle maison gagne de l'argent pendant qu'une autre en perd?

Précisons davantage si l'on veut.

Voici un fait que nous avons été à même de vérifier personnellement :

Un industriel, pour envelopper un poids de 170 grammes de marchandise, emploie 90 grammes de matière inerte : carton et papier.

Il a su conquérir une réputation qui le dispense de parer sa marchandise; on veut ses produits pour eux-mêmes et non pour leur enveloppe. Il réduit celle-ci à sa plus simple expression et en fait uniquement la protection nécessaire du contenu.

Un concurrent, moins heureux, se croit obligé pour faire prendre sa marchandise, d'attirer l'œil de l'acheteur par le luxe du contenant; pour le même poids de 170 grammes de marchandise, il emploie 800 grammes d'enveloppe : vignette, carton et papier.

Les deux, nous le supposons, vendent leur marchandise le même prix ; ce que le consommateur paye, en effet, c'est le produit et non l'enveloppe. Calculez, et vous verrez que, pour un même chiffre d'affaires, la seule économie faite sur l'enveloppe constitue au profit du premier, comparativement au second, un bénéfice considérable.

Direz-vous que les ouvriers ont droit à une part de ce bénéfice? Est-ce leur œuvre? Sont-ils pour quelque chose dans la réputation acquise par le patron?

Les ouvriers ont, sous forme de salaire, leur part du produit ; c'est justice, puisqu'ils ont concouru à son établissement. Par contre, il est souverainement injuste de réclamer pour eux une part du bénéfice commercial, auquel ils n'ont nullement contribué.

La seule différence entre l'usine prospère et celle qui ne l'est pas est généralement que, dans la première, le patron a su par un travail de sélection s'assurer un personnel de choix. Ce n'est certainement pas sans influence sur ses bénéfices; mais, en principe, un ouvrier doit faire du bon ouvrage. En écartant les mauvais ouvriers, le patron use de son droit et élimine de son industrie une cause de perte. Cependant le bon ouvrier n'empêchera jamais un patron de se ruiner, si ce dernier n'a su réunir ces conditions multiples que nous énumérions ci-dessus et qui sont la véritable source du bénéfice.

L'ouvrier d'ailleurs, travaillant dans une usine prospère, y trouve ordinairement cet avantage inappréciable d'être à l'abri des chômages. Aussi longtemps que l'ouvrage marche, l'ouvrier laborieux, avec de l'ordre et de l'économie, parvient à équilibrer son budget; que le chômage arrive, les dettes s'accumulent, il faut ensuite de longs mois pour les éteindre. Il y a donc grand intérêt pour l'ouvrier à travailler dans une usine dont la bonne organisation le met à l'abri du chômage.

Donc, en droit, l'ouvrier, quand il a reçu la part que la convention lui attribue dans le produit, ne saurait rien réclamer au patron sur la part qui appartient à ce dernier.

CHAPITRE VI

DE LA PARTICIPATION AUX BÉNÉFICES AU POINT DE VUE ÉCONOMIQUE.

La part de chacun.—Surprise des ouvriers. — Soupçons. — Éventualité de perte. — Dividendes fictifs.

Si la justice ne réclame pas la participation aux bénéfices, l'intérêt bien entendu du patron ne doit-il pas lui conseiller d'adopter cette mesure ?

On préconise en effet la participation aux bénéfices du patron, comme un moyen d'intéresser les ouvriers à la bonne marche de l'usine. L'ouvrier, dit-on, cesse ainsi d'être l'ennemi du patron, il ne voit plus en lui un adversaire, il devient au contraire jusqu'à un certain point son associé, directement intéressé à la prospérité de l'usine, puisqu'il en recueillera quelque profit.

L'association est certainement une chose très utile et de nature à stimuler l'activité individuelle par l'appât de l'intérêt; appliquée cependant à l'ouvrier sous forme de participation aux bénéfices, c'est une pure utopie et un danger très sérieux pour l'industriel.

L'intérêt de l'ouvrier est nécessairement trop minime pour stimuler efficacement son activité; et, d'autre part, il est dans tous les cas excessivement dangereux de faire connaître aux ouvriers d'une usine la situation exacte de leur patron.

C'est ce qu'il nous sera facile d'établir.

On invoque d'abord le profit que trouve le patron à intéresser l'ouvrier à la prospérité de l'usine.

Le vrai moyen d'obtenir d'un homme l'effort maximum dont il est capable est incontestablement de le prendre par son intérêt.

Plus l'intérêt sera puissant et immédiat, plus on pourra obtenir du travailleur.

Mais il n'est pas nécessaire d'intéresser le travailleur aux bénéfices du patron pour obtenir de lui l'effort maximum qu'on en attend.

Il suffit de l'intéresser à son propre bénéfice. Or pour cela il y a un moyen depuis longtemps pratiqué, c'est le travail aux pièces.

L'ouvrier a ainsi tout intérêt à ne pas perdre de temps; plus son habileté professionnelle est grande, plus il est actif, laborieux, plus il gagne et plus en même temps le patron diminue ses frais généraux, puisque, dans un temps donné, il voit augmenter sa production.

L'ouvrier a d'ailleurs intérêt également à faire du bon ouvrage pour ne pas s'exposer à des rabais, retenues ou amendes qui diminueraient son salaire.

Supposons cependant qu'un patron, séduit par l'idée d'intéresser ses ouvriers à la prospérité de son usine, leur annonce qu'il leur donnera 10 0/0 de ses bénéfices.

Il a 500 ouvriers. L'inventaire se fait; le patron réunit ses ouvriers pour leur annoncer le résultat. J'ai gagné, leur dit-il, 50,000 fr. dont vous aurez votre part. Chacun de se féliciter et d'applaudir. Pour des gens qui n'ont jamais vu que 20 ou 30 francs à la fois, 50,000 francs c'est une montagne d'or, c'est un rêve des Mille et une Nuits, c'est haut comme la tour Eiffel. Rentré chez lui, l'ouvrier annonce à sa femme cette bonne fortune, et chacun à qui mieux mieux se met, en dépensant largement, à escompter la part de bénéfices.

Le samedi on passe à la caisse. Le premier qui se présente reçoit dix francs. Comment! dix francs, s'écrie-t-il, c'est tout! Le patron a annoncé qu'il avait gagné 50,000 fr. C'est une plaisanterie; on nous trompe, on nous vole !

Le compte est cependant rigoureusement exact; 10 0/0 sur 50,000 fr. partagés entre 500 ouvriers, c'est dix francs par tête. L'acte de générosité du patron n'aura produit qu'un seul résultat : exciter les convoitises de l'ouvrier en lui apprenant qu'au prix de ses sueurs, son patron, en se promenant dans les ateliers les mains dans les poches, a gagné 50,000 fr. et lui en donne dix. L'ouvrier en effet ne comprend que le travail manuel, celui qui se voit; il n'a pas la notion du rôle de la direction et du capital.

Supposons cependant que le patron persévère dans sa généreuse résolution. Un nouvel exercice se clôture; l'année a été mauvaise, une baisse subite est survenue sur les matières dont il était largement approvisionné. Cette baisse a provoqué celle des produits; l'inventaire se solde en perte.

Que va faire le patron? Annoncer à ses 500 ouvriers qu'il a perdu de l'argent et que, par conséquent, il n'y a rien à distribuer. D'abord ses ouvriers le croiront-ils? Ne vont-ils pas se figurer que c'est une mauvaise excuse pour ne plus leur donner ce à quoi ils ont droit? Peuvent-ils s'imaginer qu'un industriel, qui forcément conserve un certain train de maison, un luxe relatif, qui leur apparaît comme un riche, perd de l'argent?

Ensuite, s'ils le croient, seront-ils discrets? Secret de trois, secret de tous, dit le proverbe. Qu'est-ce donc qu'un secret de 500 personnes? On apprendra nécessairement sur la place que ce patron a fait un mauvais inventaire. Immédiatement, vendeurs et banquiers vont restreindre les crédits; par contre, les acheteurs, sachant que cet industriel a besoin de vendre, feront leurs offres en conséquence.

Le malheureux industriel, s'il est prudent, en sera réduit, pour ne pas publier sa perte, à distribuer à ses ouvriers un dividende fictif représentant un bénéfice qu'il n'a pas réalisé.

La participation des ouvriers aux bénéfices, comme moyen de les intéresser aux succès de l'usine, est donc une dangereuse utopie.

CHAPITRE VII

DU CONTRAT DE LOUAGE D'INDUSTRIE.

Des obligations qui naissent du contrat. — Le contrat fait la
loi des parties. — Conditions générales de validité. — Stipula-
tions tacites. — *Do ut facias, facio ut des.* — Règlements d'a-
telier.

Les relations du patron et de l'ouvrier naissent :

1° Du contrat qui intervient entre eux.

2° A l'occasion de ce contrat, mais sans découler
du contrat lui-même.

Nous étudierons successivement ces relations.

Les conventions sont le moyen le plus ordinaire
par lequel les relations s'établissent entre les
hommes.

La convention est l'engagement que prend une
partie envers une autre de donner, de faire ou de
ne pas faire quelque chose.

Les conventions sont, en principe, abandonnées
à la libre volonté des parties; d'où cette règle de
droit : Le contrat fait la loi des parties.

On remarquera l'énergie de cette formule : *fait
la loi.* Le contrat, c'est-à-dire le lien de droit créé

par la libre volonté des contracteurs, produit entre eux le même effet que la volonté du législateur. C'est la loi qu'ils se sont faite à eux-mêmes. Ils doivent la respecter aussi exactement que la loi générale établie par l'autorité publique. Le respect des conventions est donc la première règle de justice dans les contrats.

Aussi, lorsque les vignerons de la première heure murmurent contre le père de famille de l'Évangile, que répond celui-ci : « Mon ami, vous fais-je tort, n'êtes-vous pas convenu avec moi d'un denier par jour? »

Ce n'est pas à dire cependant que tout ce qui affecte la forme d'un contrat soit nécessairement valable et obligatoire. Les contrats sont soumis à certaines règles générales, tant au point de vue de la validité de leur formation que de la légitimité de leur objet.

L'obligation contractuelle trouvant sa source dans l'accord des volontés, tout contrat doit être le fruit du libre consentement des parties. Si l'une d'elles avait été victime d'un dol ou n'avait consenti que par erreur ou sous le coup de la violence, on aurait bien la forme extérieure d'un contrat, il n'y aurait pas de véritable consentement, par suite pas de contrat valable.

De même l'obligation doit avoir une cause : par exemple, celui qui s'engage à payer une somme d'argent s'y oblige en échange d'un meuble ou d'un immeuble qu'on lui vend, ou pour obtenir un certain travail, un certain fait, ou même dans la seule intention de gratifier quelqu'un.

Un contrat sans cause, c'est-à-dire un engagement pris sans qu'on découvre aucun motif à cet engagement, ne peut être que le résultat d'une erreur ou un acte de folie.

Enfin certains contrats peuvent être contraires à la justice, comme serait l'engagement pris par un vendeur envers un acheteur de lui vendre un immeuble à vil prix. Ils peuvent aussi être contraires à l'ordre public, comme serait la stipulation que l'on ne sera pas responsable de ses fautes.

Les pouvoirs publics ont pour mission de déterminer les conditions de validité des contrats, mais ils ne peuvent le faire arbitrairement; ils doivent, au contraire, toujours se souvenir que la loi doit être un acte de raison édicté par le pouvoir dans l'intérêt de la communauté, et que toute loi qui ne répond pas à ce double caractère n'est pas une loi, mais un acte de violence et de tyrannie.

Sous le bénéfice de ces réserves, il est vrai de dire qu'en principe la convention fait la loi des parties.

Toute convention suppose un accord de volontés; il n'y a d'obligatoire entre les parties que ce dont elles sont convenues. Il ne faut pas confondre toutefois la volonté avec sa manifestation. La volonté est l'opération de l'esprit concevant une chose et la voulant. La manifestation de cette opération de l'esprit est expresse, lorsque les parties, par des paroles ou un écrit, ont énoncé ce à quoi elles s'obligent.

Mais il arrive souvent que les parties, en manifestant leur volonté de s'obliger, se soumettent cependant, sans l'exprimer, à une série de clauses qu'elles n'ont point énoncées dans leur contrat.

Elles s'obligent alors tacitement.

C'est ce qui arrive lorsqu'elles s'en réfèrent à la loi, ou à l'usage du pays, ou à leurs précédentes relations, ou enfin lorsqu'une convention étant expressément proposée par l'un, l'autre l'accepte en manifestant sa volonté non par des paroles, mais par des actes qui supposent nécessairement cette acceptation.

L'un des principaux buts de la loi est de déterminer l'effet des contrats lorsque la convention est silencieuse.

Presque tous les articles de notre code civil relatifs aux contrats et obligations pourraient, en effet, se ranger sous cette rubrique : Ce que les parties sont présumées avoir voulu lorsque, dans un contrat, elles n'ont pas dit le contraire.

Les parties en contractant sont censées s'en référer à la loi pour toutes les conséquences naturelles de leur contrat non exprimées par elles. Si elles veulent exclure l'une ou plusieurs de ces conséquences, elles doivent le dire formellement.

L'usage produit le même effet. L'usage diffère de la loi en ce que la loi est faite pour tout le pays. L'usage, au contraire est ce qui est généralement admis dans une ville ou une région, bien que n'étant écrit dans aucune loi.

Par exemple, il est d'usage dans une région que maîtres et domestiques se préviennent réciproquement huit jours d'avance, avant de rompre le contrat qui les lie. Cet usage, quoique non exprimé lors du contrat, fait cependant la loi des parties, comme si la clause de congé avait été stipulée expressément.

Les précédents ne sont que l'usage particulier existant entre deux contractants. Ces précédents, lorsque leur existence est nettement établie, lient les parties, quoique non exprimés dans chaque nouveau contrat, pourvu que les circonstances permettent de présumer qu'elles s'y sont référées.

Enfin, comme exemple de contrat formellement proposé par l'un, tacitement accepté par l'autre, on peut citer la carte du restaurant. Un consommateur entre, consulte la carte et commande son dîner; il ne fait expressément aucune convention quant au prix, mais par le fait même de la commande, il accepte tacitement le prix porté sur la carte.

Dans tous ces contrats on trouve toujours, de la part des contractants, la volonté de s'obliger; seulement cette volonté se manifeste tantôt d'une manière expresse, tantôt tacitement.

Faisons au contrat de louage d'industrie l'application de ces principes et voyons ce qu'il contient.

Le contrat de louage d'industrie contient essentiellement deux choses que le droit romain exprimait par cette double formule : *Do ut facias, facio ut des.* Je vous donne une somme d'argent, dit le patron, pour que vous fassiez un certain travail. Je fais un certain travail pour que vous me donniez une somme d'argent, dit l'ouvrier.

Travail contre argent, argent contre travail, tels sont les deux éléments essentiels du contrat, ceux sans lesquels le contrat ne pourrait exister. En effet, si l'ouvrier donne son travail gratuitement, ce n'est plus un louage d'industrie, c'est un acte de bienfaisance ; de même, la délivrance d'une somme d'argent sans rien recevoir en échange est une donation et non le prix d'un travail.

Argent contre travail, travail contre argent, c'est donc l'essence et le fond même du contrat ; le maître donne son argent pour avoir le travail, l'ouvrier donne son travail pour avoir l'argent.

La considération de l'homme n'entre pour rien dans le contrat, les parties sont mues uniquement par la considération de la chose : l'ouvrier contracte en vue de l'argent à recevoir, le patron en vue du produit à obtenir par le travail ; et s'il se préoccupe de la personnalité du travailleur, c'est uniquement au point de vue de sa capacité, c'est-à-dire finalement en vue de la production.

Le contrat de louage d'industrie est commutatif, puisque l'engagement de l'une des parties a pour cause l'obligation de l'autre et réciproquement ; il est commutatif, puisque aucun des contractants n'entend faire une libéralité à l'autre, mais recevoir au contraire l'équivalent de ce qu'il donne.

Les parties peuvent à ces deux éléments essentiels du contrat : argent et travail, ajouter telles conditions que bon leur semble.

Dans le for intérieur, le contrat sera légitime s'il est conforme aux règles de la justice.

Ce serait ici le lieu d'examiner la question du juste salaire; mais elle a pris, dans ces derniers temps, une telle importance, qu'il convient d'en faire une étude spéciale. Nous la renvoyons donc à un chapitre ultérieur.

Dans le for extérieur, le contrat est légal s'il n'est pas contraire à la loi.

Le principe en effet, lorsqu'il s'agit, comme dans l'espèce, d'un contrat de droit naturel, est que tout ce qui n'est pas défendu est permis.

La seule restriction que la loi civile française ait, en cette matière, apportée à la liberté naturelle des contractants est l'interdiction d'engager ses services à perpétuité.

Les parties peuvent donc, sous cette seule réserve, faire telles conventions que bon leur semble; elles jouissent dans le for extérieur de la liberté la plus complète.

Le contrat de louage d'industrie se fait ordinairement dans les termes les plus simples, bien souvent même toutes les conditions sont tacites.

Un ouvrier se présente comme fileur, par exemple, dans une usine : il est accepté et se met à l'ouvrage. Le prix sera conforme au tarif de l'usine, les conditions spéciales seront fixées par le règlement de l'usine, les conditions générales seront celles en usage sur la place.

Ces conventions tacites feront la loi des parties.

Le règlement d'atelier a été l'objet de nombreuses récriminations.

En fait, les règlements d'atelier sont-ils toujours équitables et n'ont-ils pas, par leur exagération même, motivé certaines critiques dont ils sont l'objet? Nous serions assez portés à le croire. On pourrait presque dire qu'il doit en être ainsi.

En effet, dans la pratique, le règlement d'atelier est l'œuvre exclusive du patron. Or, il doit arriver pour ce règlement ce qui arrive pour les polices d'assurance, par exemple. Les compagnies rédigent elles-mêmes, sous le nom de conditions générales, les clauses imprimées de leurs polices. Chaque fois qu'une difficulté se présente, ces compagnies ajoutent une clause pour y parer ; elles arrivent ainsi à insérer dans leurs polices une série de conditions absolument draconiennes et disent à l'assuré : C'est à prendre ou à laisser.

La pente naturelle de l'esprit humain, aiguisé par l'intérêt, doit conduire le patron à faire de même. Il a dû, en faisant son règlement, veiller beaucoup à son intérêt, très peu à celui de ses ouvriers. Quand un ouvrier se présente, il faut qu'il accepte le règlement ou qu'il renonce à entrer dans l'usine.

En l'état actuel, le seul moyen pour les ouvriers de faire modifier le règlement est de se mettre en grève.

Les patrons, intéressés comme les ouvriers à éviter ces commotions violentes agiraient donc prudemment en discutant avec leurs ouvriers les clauses du règlement, comme un contrat ordinaire se discute entre deux contractants.

Quant au moyen pratique d'établir cette discussion contradictoire et d'arriver à en faire sortir un règlement réciproquement accepté, nous l'étudierons dans le chapitre consacré aux conseils d'usine.

Si, en fait, certains règlements doivent susciter les réclamations des ouvriers, le droit pour le patron d'établir tel règlement d'atelier que bon lui semble est cependant indiscutable, sauf aux ouvriers, si le règlement ne leur convient pas, à ne pas entrer chez lui, car eux, de leur côté, ont un droit non moins incontestable à ne pas accepter un règlement qui leur déplaît.

Le règlement est une proposition de convention, l'autre partie est libre de refuser son consentement à la convention proposée. Si elle l'accepte, les parties seront réciproquement liées pour la durée du contrat. Par conséquent, si le délai de prévenance est de quinzaine, le patron ne pourra modifier le règlement que quinze jours après avoir prévenu les ouvriers, qui seront libres de répondre à l'avertissement en donnant leur quinzaine. De même si le règlement existant leur déplaît, les ouvriers auront toujours le droit d'en demander la modification, sinon de quitter l'usine après avis préalable donné quinze jours d'avance.

Ne perdons pas de vue, en effet, que le règlement fait partie du contrat de louage d'industrie, et qu'il est comme tel soumis à toutes les règles qui régissent ce contrat.

On a proposé d'obliger par une loi les patrons à soumettre les règlements d'atelier à l'approbation du conseil des prudhommes; n'a-t-on même pas été jusqu'à demander que les règlements fussent établis législativement?

C'est tout simplement absurde. Le règlement d'atelier est un contrat, et la loi chargerait un tiers de faire entre le patron et l'ouvrier un contrat obligatoire? C'est absolument contraire à l'idée même de contrat. Le principe de tout contrat est la liberté. Ne contracte qui ne veut. Tout contractant appose à son consentement telles clauses que bon lui semble, sauf à l'autre à ne pas les accepter. Mais nul ne peut se substituer aux contractants pour consentir à leur place.

Ces propositions rentrent au reste dans un système général que nous aurons à exposer et à apprécier ultérieurement, et qui consiste à faire du patron le serviteur et l'esclave de l'ouvrier.

On a prétendu déduire du contrat d'autres obligations, notamment celle de sauvegarder les ouvriers contre les accidents. Nous nous en occuperons dans le chapitre consacré aux accidents de fabrique. Ces prétentions rentrent dans les diverses théories émises au sujet de ces accidents. De plus, l'étude préalable des obligations qui naissent à l'occasion du contrat de louage d'industrie nous fournira des lumières indispensables pour l'étude de ces questions.

CHAPITRE VIII

DES OBLIGATIONS DE JUSTICE QUI NAISSENT A L'OCCASION DU CONTRAT DE LOUAGE D'INDUSTRIE.

Fin de l'homme. — Droit de l'atteindre. — Devoir de respecter ce droit. — Occasions d'accomplir ce devoir.

L'obligation contractuelle que nous venons d'étudier dans le contrat de louage d'industrie a pour base le devoir qu'a tout homme de respecter ses engagements. L'obligation contractuelle a ceci de particulier, que le débiteur n'était pas obligé de contracter; mais s'il contracte, il doit respecter son obligation. Celle-ci a donc sa source et sa mesure dans le consentement donné.

Mais à défaut de convention, l'homme n'est pas libre de tous ses actes au regard des autres hommes.

Dieu, en créant l'homme, lui a donné pour fin le bonheur. On peut définir le bonheur : la satisfaction des désirs légitimes de l'homme.

Le bonheur parfait n'est pas de ce monde.

Dieu, ayant créé l'homme pour le connaître, l'aimer et le servir, lui a gravé profondément dans le cœur le désir de réaliser cette fin. Aussi le bonheur n'est-il jamais complet sur cette terre, parce que toujours il reste au fond du cœur de l'homme un désir non satisfait, celui de voir et d'aimer Dieu comme les bienheureux le voient et l'aiment dans le ciel.

Néanmoins l'homme a, dès ce monde, le droit de chercher la satisfaction de ses désirs légitimes, et de se procurer ainsi un bonheur relatif et passager. L'homme qui mange quand il a faim, qui boit quand il a soif, qui se repose quand il est fatigué, satisfait à des désirs légitimes et se procure une certaine somme de bonheur.

Par cela même que Dieu a donné à l'homme une fin, il lui a nécessairement conféré le droit de l'atteindre, sinon sa sagesse infinie se trouverait en défaut.

Nous disons le droit. Le droit, c'est ce qui est conforme à la volonté divine, c'est ce dont on peut user légitimement, c'est ce à quoi un tiers ne peut mettre obstacle sans commettre une injustice.

L'homme a donc le droit absolu d'atteindre sa fin dernière qui consiste, en sauvant son âme, à parvenir au Ciel. Il a également le droit de se procurer le bonheur temporel aussi complet que possible, à condition de se le procurer légitimement, c'est-à-dire en ne faisant rien qui l'éloigne de sa fin éternelle.

En effet, si l'homme a le droit d'atteindre sa fin, il n'a pas le droit de s'en écarter; d'autre part, la raison et le bon sens nous indiquent qu'un bonheur fini, quant au temps, est essentiellement subordonné à un bonheur qui n'aura jamais de fin. Par suite, s'il est impossible d'atteindre simultanément l'un et l'autre, il faut renoncer au premier pour obtenir le second.

Le droit de l'homme peut donc se résumer en cette formule : Droit absolu d'arriver au bonheur éternel, droit tout aussi absolu d'arriver au bonheur temporel, à condition toutefois d'employer uniquement des moyens qui n'écartent pas du bonheur éternel.

Cela ne ressemble guère à la déclaration des droits de l'homme de 1791 : c'est plus court et plus vrai.

L'homme, pour arriver au bonheur tel que nous venons de le définir, peut rencontrer deux genres de difficultés :

1° Difficultés de la part des autres hommes l'entravant dans l'exercice de son droit.

2° Difficultés du fait de ses propres passions, du fait des circonstances et des événements.

Le premier genre de difficultés relève de la justice, le second donne lieu à l'exercice de la charité.

Nous traiterons de la justice dans le présent chapitre. Nous réserverons à la charité le chapitre suivant.

La justice consiste dans le respect du droit. Ce respect est un devoir.

Le droit chez un homme ne serait en effet qu'un vain mot, s'il n'avait pour contre-partie chez les autres hommes le *devoir* de le respecter.

Toute violation du droit d'autrui suppose un fait positif accompli alors qu'on devait s'en abstenir (1). La pure abstention, lorsqu'il n'y a pas obligation contractuelle, ne saurait jamais constituer une violation du droit.

Quelques exemples élucideront cette observation.

Celui qui volontairement blesse un autre homme dans son corps, viole le droit qu'a ce dernier de conserver ses membres intacts et sa personne en bonne santé.

Mais une autre hypothèse peut se présenter. Un industriel installe dans son usine un métier insuffisamment garanti ; un ouvrier s'y blesse. On appelle cela blessure involontaire, c'est vrai en ce sens que l'industriel n'a pas eu la volonté de blesser l'ouvrier. Cependant la blessure a pour cause première un fait positif du patron ; le placement dans son usine d'un métier dangereux.

____

(1) On pourrait se demander si l'enfant n'a pas le droit d'être élevé par ses parents et en déduire qu'une abstention peut constituer une violation du droit. Le devoir des parents envers leurs enfants rentre-t-il dans la charité ou dans la justice proprement dite? Il serait sans intérêt de discuter ici cette question; on peut toutefois trouver une exception au principe posé dans l'obligation alimentaire qui s'impose, en vertu du droit naturel, aux enfants au regard de leurs parents incapables de pourvoir à leurs besoins, à un époux au regard de l'autre époux. Mais ces cas, comme le premier, sont tout à fait spéciaux et n'infirment en rien le principe général ci-dessus posé.

Supposons maintenant qu'un homme s'arrête juste au-dessous d'un bâtiment où une pierre branlante menace la sécurité publique. Un passant considère ce spectacle, il ne dit rien, ne crie point : gare, mais attend, au contraire, avec curiosité la catastrophe qui ne peut manquer de se produire. Ce passant, me direz-vous, est un monstre. C'est vrai, il manquera de la manière la plus grave à la charité ; mais il ne commettra aucun délit, car il ne viole en rien le droit d'autrui ; il n'est point cause de l'accident, il ne détourne pas un autre homme de sa fin, mais se borne à ne pas l'aider à l'atteindre en négligeant de le préserver du danger qui le menace. Or, si la justice oblige à ne pas détourner un homme de sa fin, la charité seule fait un devoir d'aider le prochain à l'atteindre.

Ce devoir de ne pas détourner le prochain de sa fin s'applique non seulement aux choses matérielles, mais aussi à tout ce qui intéresse la fin morale de l'homme.

Comment en serait-il autrement? Le premier de tous les droits, le plus nécessaire et le plus précieux, est celui d'atteindre sa fin dernière et de faire son salut. Par conséquent, tout fait qui détourne un homme de sa fin dernière est une violation de son droit.

Tout scandale, c'est-à-dire tout acte qui porte le prochain à offenser Dieu, toute prédication d'une doctrine contraire à la vérité religieuse, toute incitation d'une autre personne à l'immoralité, est une violation du droit d'autrui, puisque, par tous ces moyens, on détourne le prochain de sa fin.

Nous aurons au reste à revenir sur ce sujet en étudiant spécialement le rôle de l'État.

Appliquons ces principes aux relations qui naissent à l'occasion du louage d'industrie.

Le devoir général que nous venons d'indiquer, de ne pas violer le droit qu'a tout individu d'atteindre sa fin, existe entre tous les hommes; mais l'occasion ne se présente pas ordinairement de l'accomplir envers tous nos semblables; il faut pour cela qu'une circonstance quelconque nous mette en rapport avec eux.

Celui qui vivrait dans une île déserte aurait, en principe, le devoir de ne pas violer le droit d'autrui; mais ce devoir serait pour lui purement platonique, car sa solitude le mettrait dans l'impossibilité pratique d'y manquer. Le contrat qui lie au patron les ouvriers employés dans son usine, engendre au contraire de nombreuses occasions de l'accomplir.

Par le contrat l'ouvrier s'est engagé à faire, moyennant un prix convenu, un travail déterminé; mais l'exécution de ce contrat introduit l'ouvrier dans l'usine; là il y a d'autres ouvriers, des hommes, des femmes, il y a des contre-maîtres; des exemples immoraux, des propositions indécentes vont peut être devenir pour l'ouvrière qui travaille dans cette usine une cause de tentations.

Son corps aussi peut être exposé; il y a des générateurs qui, négligés dans leur entretien, peuvent faire explosion; il y a des métiers au milieu desquels on circule; s'ils ne sont pas protégés, on s'y blesse inévitablement. Le contrat et son exécution sont donc l'occasion qui met l'ouvrier en présence de tous ces dangers.

Les devoirs de justice qui naissent pour le patron, à l'occasion du contrat, seront ceux que nous avons indiqués au début de ce chapitre : ne rien faire qui détourne l'ouvrier de sa fin.

Ainsi, tout d'abord, le patron, directement et par ses actes ou propositions, ne doit porter aucune atteinte à la moralité de ses ouvrières.

Il ne doit, non plus, poser aucun acte qui indirectement produise le même effet. S'il permet à des contre-maîtres de s'introduire, pour les besoins du service, dans des ateliers de femmes, il doit veiller à ce que leur autorité ne devienne pas pour les ouvrières une cause de démoralisation; il doit veiller de même d'une manière spéciale sur les ateliers où travaillent des hommes et des femmes; il doit se préoccuper des dangers résultant de la sortie simultanée des ouvriers et ouvrières.

Bien entendu, nous posons des principes; nous n'entendons pas résoudre des questions d'espèces, ni prétendre que tout patron qui ne fait pas de son usine un couvent commet une injustice. Il faut, nous le savons, compter avec les nécessités de la pratique, qui souvent ne permettent pas d'atteindre l'idéal.

En ce qui concerne les dangers d'accident, le patron, s'il place dans son usine un métier où l'homme d'une prudence ordinaire est exposé à se blesser, doit protéger ce métier, sinon il accomplit un fait positif qui devient la cause première des accidents.

On dit souvent, c'est même la formule de la jurisprudence, que le patron est tenu de protéger l'ouvrier. La formule n'est pas juridique, bien que l'application en soit généralement exacte.

En principe, un homme n'est pas tenu par un devoir de justice d'en protéger un autre; mais ce à quoi il est tenu, c'est de ne pas créer pour les autres de causes de danger, car en agissant ainsi il viole leur droit à l'intégrité de leurs membres. Or, celui qui place dans un lieu de passage une machine dangereuse crée cette cause de danger, tandis qu'en protégeant le métier, il la fait disparaître. Aussi, ce qu'on est en droit de lui reprocher, ce n'est pas le défaut de protection, mais le danger même qu'il a créé; et au lieu de lui dire : vous devez protéger l'ouvrier, on devrait dire : vous ne devez pas créer de danger. Et l'on pourrait ajouter : cette obligation est d'autant [plus stricte que l'ouvrier, habitué à vivre au milieu des métiers, voit sa prudence s'émousser par l'habitude.

L'essentiel est de bien remarquer que les obligations dont nous nous occupons actuellement ne naissent pas du contrat, mais seulement à l'occasion du contrat.

Cette distinction entre les obligations qui naissent du contrat et celles qui naissent à l'occasion du contrat, peut sembler actuellement purement théorique.

Son utilité apparaîtra lorsque nous étudierons la question de la responsabilité des accidents.

On verra alors que cette distinction a une partie pratique considérable.

Les obligations de justice, qui naissent à l'occasion du contrat de louage d'industrie, ne sont donc que les obligations générales qui existent entre tous les hommes et qui se résument pour chacun en cette formule : devoir de respecter le droit d'autrui. Le contrat n'est que la circonstance qui, mettant deux hommes en présence, leur donne occasion de respecter leurs droits réciproques.

Tous les événements qui rapprochent les hommes produisent au reste le même effet ; le voisin doit respecter le droit de son voisin, le voyageur doit respecter le droit d'un autre voyageur, et ainsi de suite, toutes les fois que les multiples relations de la vie mettent les hommes en contact.

CHAPITRE IX

DES OBLIGATIONS DE CHARITÉ.

Devoir de charité. — Différence entre la charité et la justice. — Il y aura toujours des pauvres. — L'orgueil repousse la charité. — Devoir du patron.

Nous avons vu, dans les chapitres précédents, en quoi consistent les obligations de justice qui naissent du contrat de louage d'industrie ou à l'occasion de ce contrat.

Elles se résument dans cette double formule :

Exécuter ses engagements.

Ne point violer le droit d'autrui.

L'homme qui accomplit ce double devoir satisfait à tout ce que la justice réclame de lui. Il n'a pas accompli, cependant, tous ses devoirs, car s'il est un commandement de Dieu qui nous défend de prendre le bien d'autrui et ordonne, en conséquence, le respect de tous les droits, il en est un autre qui nous dit : Tu aimeras ton prochain comme toi-même pour l'amour de Dieu. Ce second commandement établit le devoir de charité.

Le précepte de charité est aussi formel et obligatoire que le précepte de justice ; cependant il existe entre eux des différences notables qui ne permettent pas de les confondre.

L'homme, avons-nous dit, rencontre indépendamment de l'action des autres hommes, de multiples obstacles qui l'entravent dans la poursuite de sa fin : au point de vue moral ce sont ses passions ; au point de vue matériel, les misères si nombreuses qui accablent l'humanité : souffrance, maladie, pauvreté.

Il lui faut aide et assistance ; la justice ne lui fournit aucun secours. Ses semblables ne lui *doivent* rien, parce qu'il n'a pas de *droits* à faire valoir contre eux.

Cette aide, cette assistance, il la trouvera dans la charité des autres hommes. La charité est donc l'assistance que, par amour de Dieu, on donne au prochain pour l'aider à atteindre sa fin.

La justice dans les relations humaines est quelque chose de négatif ; elle consiste à ne pas détourner le prochain de sa fin ; la charité au contraire est active, puisqu'elle l'aide à atteindre cette fin.

La justice engendre des obligations que l'on appelle *parfaites*, ce qui veut dire qu'au devoir de l'un correspond le droit d'un autre.

Cette existence d'un droit à défendre, motive l'intervention de l'autorité publique, en vue d'en assurer le respect, lorsqu'une injuste aggression vient le menacer.

La charité, au contraire, crée pour l'un un devoir, mais n'engendre aucun droit chez les autres (1). L'obligation de charité est dite *imparfaite*, ce qui ne veut pas dire que la charité soit moins obligatoire que la justice. Cette dénomination vient de ce qu'il n'existe aucun droit corrélatif au devoir de charité.

Aucun pauvre en effet ne peut réclamer la charité comme un droit. Prenons la charité dans son sens le plus vulgaire qui consiste à donner aux pauvres une partie de sa fortune. A quel titre le pauvre réclamerait-il cette charité? Ma fortune n'est-elle pas à moi? Pour les tiers, riches ou pauvres, n'est-ce pas le bien d'autrui? Le commandement de Dieu : Bien d'autrui tu ne prendras, n'est-il pas absolu, et fait-il exception lorsque celui qui prend est un pauvre, celui à qui l'on prend, un riche (2)? L'état de pauvreté où il se trouve ne donne au pauvre aucun droit sur le bien d'autrui.

De ce que le pauvre n'a pas de droit à la charité, il en résulte que l'autorité publique, ne trouvant aucun droit à défendre, n'est aucunement fondée à intervenir pour imposer la charité au riche. A

(1) D 'a nécessité extrême naît le droit de se servir de la chose d'autr   jue celui-ci ne saurait légitimement refuser ; mais alors ce n'est pl   ; la charité qui est en jeu.

(2) Nous ne parlons pas du cas exceptionnel d'absolue nécessité ; il est admis par tous les moralistes que celui qui se trouve dans un cas de nécessité urgente peut, sans violer le septième commandement, disposer du bien d'autrui dans la mesure nécessaire pour subvenir à la nécessité où il se trouve.

quel titre le ferait-elle? La puissance publique n'a pas mission d'assurer l'accomplissement de tous les devoirs ni de toutes les vertus, mais seulement de défendre les droits. Pas de droit violé, pas d'intervention de l'autorité publique.

Nous insistons sur ces observations, parce que trop souvent on confond les devoirs de justice et de charité.

Cette confusion a deux causes : la première est le désir d'assurer par la contrainte extérieure l'exercice de la charité; on appelle justice ce qui est charité pour pouvoir ajouter : l'État, gardien de la justice, a le droit d'imposer tel acte qui, en réalité, rentre dans la charité. La seconde est un sentiment d'orgueil qui fait repousser la charité.

Certes, une société dans laquelle existerait la seule justice sans la charité, serait une société monstrueuse; ce serait la société païenne, ce serait la Rome des empereurs, aussi avancée que nous dans la connaissance des principes du juste et de l'injuste, mais ignorant tellement la charité, que sa langue n'avait même pas de nom pour l'exprimer, Rome tenant en esclavage une multitude d'êtres humains, livrés comme des choses aux brutales passions de leurs maîtres, forcés de s'entretuer dans le cirque pour le plaisir des citoyens, et que finalement on abandonnait dans une île du Tibre pour se débarrasser de leur importune vieillesse.

Ce qui a fait nos sociétés chétiennes si différentes des sociétés païennes, ce n'est pas une no-

tion plus exacte de la justice et du droit, c'est la
charité apportée au monde par N.-S. J.-C. et
enseignée par son Église. La justice, c'est l'é-
goïsme ; la charité au contraire, c'est le dévouement.
Nos sociétés modernes, même lorsqu'elles font la
guerre à l'Église et croient la détruire, sont si profondément imprégnées de sentiments charitables,
que, malgré leurs égarements, elles conservent une
civilisation incomparablement supérieure, au point
de vue moral, à celle de l'antiquité païenne.

Mais, de ce que la charité est nécessaire, absolument nécessaire au bonheur de la société, il faut
bien se garder de la confondre avec la justice pour
donner à l'État, au moyen de ce changement d'é-
tiquette, le droit de l'imposer.

D'ailleurs, la charité imposée cesse d'être la charité. La charité est un sentiment essentiellement libre
et généreux, elle part du fond du cœur ; on ne
commande pas les sentiments ; la loi civile est impuissante à les faire naître ; elle peut prendre dans
ma bourse quelques impôts nouveaux, elle ne peut
m'imposer l'amour et le dévouement.

L'Église seule, par l'autorité qu'elle possède et
les grâces dont elle est la dispensatrice, a ce pouvoir.

Si la charité diminue dans le monde, au grand
préjudice de la société, ce n'est pas à l'État qu'il
faut s'adresser, mais à l'Église ; il faut lui rendre sa
liberté, aider son action, étendre son influence, et ce
que l'Église a fait en présence de la société païenne,

elle saura le faire encore à l'égard de nos sociétés modernes, restaurant par la charité une civilisation qui menace de retourner à la barbarie.

La charité ne relève que de Dieu, lui seul a le droit de demander à chacun l'usage qu'il a fait de sa fortune. Souvent Dieu ajourne ce compte à l'heure de la mort, mais, pour être retardé, il n'en sera pas moins rigoureux. Témoin la parabole du mauvais riche (1).

L'Évangile ne nous dit pas que la fortune du mauvais riche fût du bien mal acquis, ou qu'il manquât aux devoirs de justice.

Il était vêtu de pourpre et banquetait tous les jours, avec son argent vraisemblablement et en payant ses notes. Il ne lésait personne, mais il n'était pas charitable et laissait à sa porte le pauvre Lazare, lui refusant même les miettes de ses festins.

Voilà son seul tort et cependant il fut précipité dans les enfers.

La seconde cause qui pousse à transformer en obligations de justice les devoirs de charité, est un sentiment d'orgueil qui fait repousser la charité comme une humiliation.

Je me souviens qu'exposant dans un congrès le rôle de la charité, j'entendis des murmures éclater dans une partie de l'auditoire et un jeune abbé me lança cette interruption : Dieu a dit : « Tu man-

____

(1) Saint Luc, XVI, 19.

geras ton pain à la sueur de ton front, » il n'a pas dit : « Tu mendieras ton pain. »

Non, mais Dieu a dit aux chrétiens : Il y aura toujours des pauvres parmi vous. Or le pauvre, c'est celui qui, pour des causes diverses, ne réussit pas à gagner son pain, même à la sueur de son front.

Le rôle de l'État consiste à s'efforcer, par des mesures générales, de procurer ou de maintenir la prospérité dans le pays, pour permettre au plus grand nombre possible de citoyens de vivre de leur travail ; mais, quoi qu'il fasse, l'État n'arrivera jamais à supprimer la pauvreté, l'Évangile est formel ; l'expérience, au reste, montre que toujours il y aura des malades, des infirmes, des orphelins, des veuves, des ménages chargés d'enfants que le salaire ne réussira pas à faire vivre ; toujours il y aura des pauvres obligés de mendier leur pain en s'adressant à la charité de leurs frères.

La pauvreté est dans les desseins providentiels, elle est l'une de ces épreuves que Dieu envoie aux hommes pour les sanctifier. La pauvreté est certainement en elle-même une humiliation, mais une humiliation voulue de Dieu. Le pauvre qui repousse la charité dont il a besoin, parce qu'il aime mieux être misérable que d'accepter un don qui l'humilie, fait un acte d'orgueil. Au contraire, celui qui accepte humblement et chrétiennement la charité, accomplit une action méritoire, parce que, faisant taire sa fierté naturelle, il se soumet à la volonté divine.

Or, à mesure que le sentiment religieux diminue,

l'orgueil, qui est au fond du cœur de tout homme, se réveille. On devient trop fier pour accepter la charité, et comme, malgré tout, le besoin est là qui talonne les malheureux, comme avant tout il faut vivre, on réclame, au nom d'un prétendu droit, ce qu'on ne veut plus recevoir d'une main charitable.

Ce sentiment d'orgueil est absolument contraire aux enseignements de Notre-Seigneur Jésus-Christ, qui lui-même a pris soin de réhabiliter la pauvreté, d'une part, en apprenant au riche que dans le pauvre qui lui tend la main il doit voir Dieu lui-même, de l'autre, en donnant au pauvre le droit de répondre suivant la vieille formule chrétienne au riche qui lui fait l'aumône : Dieu vous le rende, chargeant ainsi Dieu lui-même d'acquitter la dette de reconnaissance que lui, pauvre et malheureux, vient de contracter.

Quels sont les devoirs de charité du patron envers ses ouvriers ?

On a dit que le patron exerçait une fonction sociale, avait au regard de ses ouvriers des devoirs de paternité, avait charge d'âmes.

Gardons-nous de ces exagérations qui constituent une sorte de jansénisme économique, dont le résultat est d'imposer à la conscience du patron un tel fardeau, que désespérant de pouvoir le porter, il se décourage et renonce à tout effort.

Le patron n'exerce aucune fonction sociale, pas plus que le propriétaire dont nous parlions ci-dessus ;

son entreprise est une affaire essentiellement privée, montée par lui dans le but, très légitime d'ailleurs, de gagner honnêtement le plus d'argent
possible.

Sa profession, il est vrai, a cela de commun
avec toutes les autres qu'en travaillant pour lui il
rend service au public : il achète en effet aux producteurs ses matières premières, donne du travail
aux ouvriers, livre ses produits aux consommateurs ;
de même l'avocat et le médecin, en travaillant pour
eux, rendent service à leurs clients. La société, dans
le plan providentiel, a été constituée de telle façon
que tous ont besoin de tous et que, en agissant dans
son propre intérêt, chacun coopère à la prospérité
générale. Mais cette circonstance ne saurait transformer en fonction sociale une industrie privée.

Le seul but de l'industriel est de gagner de l'argent et, par ce moyen, de vivre, d'élever et de pourvoir sa famille, sauf, si Dieu le bénit, à faire à la
charité la part qui lui est due.

Cette idée si simple et si évidente scandalise, paraît-il, le Conseil des études de l'OEuvre des cercles ;
il lui attribue tous les maux de l'époque actuelle.
Dans l'une de ces encycliques, qu'il lance *Urbi et
Orbi*, sous le nom d'*avis* (1), on lit en effet cette phrase
véritablement phénoménale (2) : « Une entreprise

(1) Conseil des études, avis et rapport sur le salaire. Avis nᵒ XVIII,
adopté dans la séance du 20 avril 1893. Paris, 262, boulevard Saint-
Germain, 1893.
(2) Page 28.

industrielle n'est pas, comme il conviendrait, une utile application des forces et de l'intelligence humaines suffisant à l'entretien d'une vie honorable. *C'est un moyen de faire fortune;* or, faire fortune, c'est accroître indéfiniment sa richesse ; c'est pratiquer une sorte d'accaparement. L'argent attire l'argent, il est le maître du monde. »

Oui, c'est un moyen de faire fortune ; ce qui n'empêche pas certains industriels d'employer ensuite très chrétiennement et très noblement une fortune acquise dans l'industrie. L'industriel a le droit d'aspirer à faire, honnêtement bien entendu, de très gros bénéfices, pour cette raison qu'en se mettant dans l'industrie il assume un risque considérable. Quiconque devient industriel se soumet d'abord à un travail incessant, à des préoccupations constantes ; il y engage tout ce qu'il possède, même son honneur que la faillite peut atteindre. Il a, par contre, le droit d'aspirer à un bénéfice qui compense ces préoccupations et ces dangers.

« Faire fortune, c'est accroître indéfiniment sa richesse, » disent les membres du Conseil des études ; mais dans quel Eldorado vivent-ils donc ? Pour prononcer sur les choses de l'industrie, n'ont-ils parmi eux aucun industriel, tout au moins quelqu'un ayant vécu au milieu de l'industrie ?

« L'argent attire l'argent ; » il n'y a en effet, dit le proverbe, que le premier million qui coûte ; mais combien se sont ruinés avant de l'avoir atteint ? combien même l'ont perdu avec plusieurs autres, fruit d'une longue existence de labeur et d'économie?

L'industrie est une lutte perpétuelle ; bien rares sont ceux qui triomphent toujours. Ne voit-on pas bien souvent les plus heureux s'endormir dans leur succès, se laisser distancer par de nouveaux venus et ne se réveiller que sur le bord de l'abîme, heureux si, par un redoublement d'efforts, il est encore temps d'y échapper?

Dans les villes commerçantes, le monde industriel se renouvelle complètement en moins de cinquante ans, et l'on pourrait presque poser en principe que toute usine finit par la liquidation ou la faillite. C'est une question de temps, et bien rarement l'on dépasse deux ou trois générations.

On conçoit que l'espoir seul et l'appât d'un gros bénéfice puissent faire affronter de pareils risques.

Le patron n'a, au regard de ses ouvriers, aucun des devoirs de la paternité. Le père a pour fonction de procurer à ses enfants l'éducation morale et physique ; le patron n'a, en tant que patron, et à raison du contrat intervenu, aucun devoir d'éducation au regard de ses ouvriers (1). La fonction sociale du patron, sa paternité sont de ces grands mots

____

(1) Je crois devoir rappeler ici que je ne parle en disant cela que du devoir de justice, car tout homme a, lorsqu'il peut l'exercer, le devoir de charité d'enseigner les ignorants.

On s'étonnera peut-être de mon excès de précaution ; mais la manière dont certaines personnes pratiquent l'art de découper les textes (*Univers* des 10 et 13 octobre 1894) me force à une prudence toute particulière pour qu'on ne puisse défigurer ma pensée.

qui, lancés à point dans une séance plénière de congrès catholique, excitent l'enthousiasme d'un auditoire bienveillant et font éclater de bruyants applaudissements. Au fond, ce ne sont que des mots dont la vague solennité fait seule tout le mérite.

Le patron n'a pas charge d'âmes dans son usine, comme le curé dans sa paroisse; le contrat de louage d'industrie n'a pas pour but de sauver les âmes. Les ouvriers qui traitent avec un patron ne le chargent pas de leurs intérêts spirituels; s'ils lui reconnaissent une autorité et s'engagent à lui obéir, cette autorité, se mesurant à sa fin, a uniquement pour but la bonne exécution du travail et se limite à cette exécution.

Nous insistons sur ces divers points, non pour dire aux patrons : Ne faites rien pour vos ouvriers, désintéressez-vous de leur sort, mais dans le but de leur bien montrer que l'industrie ne crée pas à ceux qui l'exercent une situation spéciale et intolérable, mettant tout industriel dans la dure alternative de renoncer à l'industrie ou de risquer son salut éternel.

Quelles sont donc les obligations de charité qui naissent pour le patron à l'occasion du contrat de louage d'industrie?

Il n'y a pas pour le patron d'obligations de charité spéciales; elles sont en principe celles de tous les hommes et se résument dans cette formule : *Unicuique Deus mandavit de proximo suo.*

Telle est la grande règle de charité qui s'impose

à tous sans exception, *unicuique*. Ce n'est donc pas parce qu'il est patron que celui qui porte ce nom doit veiller sur son ouvrier, c'est parce qu'il est homme et se trouve en présence d'autres hommes. Qu'il soit rentier, militaire, cultivateur, négociant, tout homme est soumis à la même loi. Chacun doit exercer la charité dans la mesure de ses moyens et suivant les circonstances. Il doit l'exercer à l'égard de son prochain, mot qui traduit incomplètement le terme latin *proximus, le plus proche*. *Proximus* indique en même temps l'ordre de la charité. La charité doit s'appliquer d'abord à ceux que les circonstances font plus proches de nous. L'homme, en effet, qui distribuerait sa fortune en aumônes aux Chinois, et laisserait les malheureux mourir de faim à sa porte, n'exercerait pas une charité bien ordonnée.

Le *proximus* n'est pas seulement celui qui matériellement se trouve rapproché de nous, c'est tout homme sur lequel les circonstances nous donnent une influence quelconque : liens d'amitié, relations d'affaires, position sociale, autorité dans un but déterminé. En un mot, le devoir de charité commande à tout homme de saisir toutes ces occasions d'aider son prochain pour l'amour de Dieu.

Dans quelle mesure la charité doit-elle s'exercer? C'est une question de conscience qui se résout diversement suivant les situations. Au point de vue matériel, cela dépend de la fortune dont on dispose; au point de vue moral, cela varie suivant les circonstances. Le zèle doit, au reste, toujours s'allier à la prudence. On ne peut en effet tracer de règle générale. Un industriel ne saurait *a priori* dire à tous les autres : Faites comme moi. Telle mesure, excellente dans un pays profondément chrétien, serait désastreuse au milieu d'ouvriers nourris de préjugés hostiles à la religion.

On peut toutefois poser en cette matière quelques principes généraux.

Tout d'abord l'ouvrier est au premier chef pour le patron son *proximus*, son premier pauvre. Le patron ne peut donc, sans manquer à la charité, s'en désintéresser.

L'autorité que le patron possède sur l'ouvrier, en vertu du contrat, lui donne sur ce dernier une influence qu'il ne saurait négliger et dont il doit se servir dans la mesure du possible. Toutefois, il faut reconnaître que les excitations socialistes, de gauche comme de droite, ont singulièrement diminué cette influence, et que bien souvent il suffit que le patron conseille une chose pour que l'ouvrier s'en défie en disant : Notre ennemi, c'est notre maître !

Le fait que l'ouvrier travaille dans un immeuble appartenant au patron donne encore à ce dernier l'autorité d'un chef de maison dans son domicile ; c'est une force dont le patron peut user et qu'il doit mettre au service de sa charité.

Enfin, l'ouvrier qui aura quelque besoin exceptionnel, quelque malheur de famille, se trouvera naturellement attiré vers son patron, surtout si l'expérience lui a appris qu'il peut compter sur un accueil bienveillant et favorable. L'ouvrier donc ouvrira son cœur au patron, lui exposera ses besoins, sollicitera son aide. Ce peut être pour le patron l'occasion de faire une aumône matérielle et morale et d'acquérir sur son ouvrier une influence dont la charité saura bien profiter ensuite.

Nous pouvons donc résumer ce chapitre en disant :

Le contrat de louage d'industrie n'impose, par sa nature, au patron aucun devoir spécial de charité; mais il est l'occasion donnant à un homme, le patron, la possibilité, dans certains cas, d'exercer sa charité envers d'autres hommes, ses ouvriers. Le patron doit profiter de ces occasions pour accomplir à leur égard le devoir de charité.

Avant de terminer ce chapitre, et comme conclusion de l'étude de ces deux grands éléments des relations humaines, justice et charité, ne convient-il pas de jeter un regard sur le plan de la Providence qui a imposé à l'homme cette double loi?

La justice, c'est le respect du droit; mais c'est en même temps l'égoïsme, *suum cuique;* c'est presque la guerre. Le tien et le mien seraient une source de querelles interminables, si l'État n'apparaissait avec son gendarme pour maintenir l'ordre et la paix.

Aussi, n'y a-t-il pas grand mérite à être juste dans tous les cas où l'autorité publique vous y contraint.

Mais à côté de ce premier élément, Dieu a voulu en placer un second : la charité. La charité, libre et méritoire, puisque la loi de charité n'a, dans ce monde et immédiatement, aucune sanction ; la charité qui tempère les rigueurs de la justice, et substitue aux brutalités du droit la bienveillance et l'amour.

CHAPITRE X

DU JUSTE SALAIRE.

Du salaire. — De ses diverses formes. — Le salaire se mesure au travail. — De la valeur des choses. — Le cours.

Le salaire est la somme payée par le maître à l'ouvrier dans le contrat de louage d'industrie.

Ce salaire peut affecter diverses formes.

Il peut consister dans une somme proportionnelle au travail fait. On dit alors que l'ouvrier travaille aux pièces. Il peut au contraire être proportionnel à la durée du travail : c'est le travail à la journée.

Le travail aux pièces, toutes les fois qu'il est possible, est certainement le plus profitable à l'ouvrier habile et laborieux. En manufacturant dans le même temps une quantité plus considérable de matières premières, l'ouvrier recueille plus complètement le fruit de son activité et de son talent.

C'est également plus avantageux pour le patron qui se trouve ainsi dispensé d'une partie de sa surveillance, et utilise mieux ses machines en obtenant dans le même temps plus de produit.

Certains travaux, que l'on peut appeler généraux,

ne peuvent cependant se faire qu'à la journée ; tels sont : la surveillance des contre-maîtres, le service du chauffeur, du mécanicien et celui des hommes de peine.

Les patrons et les bons ouvriers sont d'accord pour développer autant que possible le travail aux pièces ; par contre, les meneurs socialistes lui font une guerre implacable, tous leurs congrès en demandent la suppression, et, s'il était en leur pouvoir, ils le feraient immédiatement disparaître.

Le salaire dans l'industrie se paie ordinairement en monnaie ; il est la représentation en argent du travail fait, comme dans la vente le prix est la représentation en argent de la chose vendue.

La seule base équitable du salaire est la valeur du travail. L'un doit se mesurer sur l'autre. *Do ut facias*, disait le droit romain. La cause de la numération des espèces, c'est l'exécution du travail, le travail a comme conséquence le paiement du salaire. L'effet doit se proportionner à la cause.

Si le patron paie un salaire supérieur à la valeur du travail, il dissimule sous cette forme une charité faite à son ouvrier. Si le travailleur donne à un voisin un coup de main pour un salaire inférieur à la valeur du travail, il accomplit aussi un acte de charité.

Mais si aucune idée de bienfaisance ne vient s'ajouter au contrat de louage d'industrie, on doit poser comme règle absolue que le salaire, étant le prix du travail, doit se mesurer au travail fourni.

La considération de la personne du travailleur n'entrera donc pour rien dans la valeur du travail. Qu'un même travail soit fait par un ouvrier jeune ou vieux, célibataire ou chargé d'enfants, si le travail est identique, il aura la même valeur, quelle que soit la main qui l'a produit.

On dit bien qu'un habile ouvrier vaut plus qu'un maladroit. C'est vrai, mais parce que le premier fait plus ou mieux que le second. Dans ce cas, c'est en réalité le travail que l'on considère encore ; on tient compte de l'ouvrier dans son travail, et non de l'ouvrier indépendamment de son travail.

Retenons donc bien cette règle qui gouverne le contrat de louage d'industrie et forme la base des relations du patron et de l'ouvrier : *La mesure du salaire, c'est le travail.*

Une seconde règle domine le contrat de louage d'industrie. Ce contrat est commutatif. On nomme commutatifs les contrats dans lesquels chacun entend recevoir l'équivalent de ce qu'il donne ; tels sont la vente, le contrat de société. On les oppose aux contrats de bienfaisance dans lesquels celui qui donne ou fait quelque chose, le fait ou le donne sans chercher un profit ; tels sont la donation, le cautionnement, le dépôt, le prêt à usage.

Dans les contrats commutatifs, l'équité requiert que chacun reçoive l'équivalent de ce qu'il donne. S'il en était autrement, celui qui recevrait moins serait *lésé*. On appelle *lésion*, en droit, la situation de celui qui dans un contrat commutatif ne reçoit pas l'équivalent de ce qu'il donne.

Le louage d'ouvrage est essentiellement un contrat commutatif; il suffit de rappeler sa formule : *do ut facias, facio ut des*.

Par conséquent, les deux éléments salaire et travail doivent, dans l'intention commune, s'équilibrer. On peut dès lors poser cette seconde règle, qui découle de la première et la complète :

Le salaire sera juste lorsqu'il équivaudra au travail.

Mais comment calculer cette équivalence entre deux choses aussi dissemblables qu'une pièce d'argent et l'effort volontairement développé par un homme?

A priori, c'est évidemment impossible, puisque les deux choses ne sont pas de même nature. Le travail n'est pas une valeur que l'on puisse immédiatement traduire en argent. On compare directement les choses semblables, celles qui sont divisibles l'une par l'autre, cinq francs avec un franc; les autres ne sont pas directement comparables entre elles.

Remarquons, au reste, que cette difficulté n'est pas spéciale au travail; il en est de même de toutes les choses dont la valeur s'apprécie en argent. L'estimation ne peut s'en faire directement. Les choses n'ont pas de valeur absolue. La même chose, le même travail se paieront très diversement en France, au Japon ou en Amérique; aussi un Japonais arrivant en France trouvera tout d'un prix exorbitant, tandis qu'un Américain chez nous estimera que l'on vit pour rien ; tant il est vrai qu'il n'existe pas de relation absolue entre une chose et l'argent.

Consultez le plus grand savant, le premier statisticien, l'industriel le plus expert , il leur sera impossible d'établir, directement et *a priori,* le prix des choses.

Néanmoins, puisque l'ouvrier et le patron entendent échanger une somme de travail contre une valeur équivalente en argent, il faut bien arriver à établir cette équivalence.

Or, ce que personne individuellement ne peut faire, le public le fait par une sorte de travail instinctif, sans raisonnement bien précis et par une véritable intuition des éléments qui établissent la juste relation entre les choses et l'argent.

Dans la pratique, le prix de tout ce qui est usuel est fixé ; il y a, comme l'on dit : un cours, autour duquel, et sans s'en éloigner beaucoup, graviteront nécessairement les prétentions des contractants. Si l'un des deux voulait s'en éloigner, il n'arriverait pas à conclure ; or, la nécessité d'aboutir le ramènera forcément à se rapprocher du cours.

Cette estimation publique est précisément ce qui, dans la pratique, établit la valeur des choses.

Cette estimation ne crée pas la valeur des choses ; elle en est bien plutôt déclarative.

C'est-à-dire que, si l'on voit la majorité des vendeurs et des acheteurs accepter un prix, la majorité des maîtres et des ouvriers traiter pour un salaire déterminé, on doit se dire que ce prix comme ce salaire correspondent à la vraie valeur des choses ; car il est inadmissible que la majorité des patrons et la majorité des ouvriers se trompent sur cette valeur, ou que la majorité des patrons commette l'injustice de donner un salaire insuffisant et que la majorité des ouvriers l'accepte sans protester.

On doit raisonnablement supposer que tel prix est devenu le prix courant, précisément parce qu'il est le juste prix.

Dans tout ce qui précède nous supposons toujours que le prix courant s'est librement établi, par suite du jeu naturel de l'offre et de la demande. Le prix courant d'une localité pourrait ne pas être le juste prix, s'il était le résultat de la violence, de la grève ou de la coalition se produisant dans certaines conditions, et venant fausser le résultat des événements économiques d'où découle naturellement le prix des choses.

La seule règle pratique pour savoir si un salaire est juste est donc de rechercher s'il est conforme au cours librement établi ; en d'autres termes, s'il correspond à l'estimation commune.

CHAPITRE XI

LE COURS SEULE RÈGLE PRATIQUE DU JUSTE SALAIRE.

Confession d'un patron. — La bibliothèque du jésuite.

Les questions que soulève le paiement du salaire sont avant tout pratiques. « *In confessionibus sunt quotidiana,* » dit Molina.

Il faut donc, pour le confesseur comme pour le pénitent, une règle simple, facile à appliquer, qui permette de répondre à toutes les questions posées et de dire d'une façon précise : c'est juste ou ça ne l'est pas.

De plus, la question ne se pose pas théoriquement et *in abstracto* sous forme de thèse à développer dans une conférence. C'est M. X..., patron, qui vient, par exemple, trouver son confesseur et lui dit : « Je sors de la conférence de l'abbé Z... Il a fait au milieu d'un nombreux auditoire composé surtout d'ouvriers, le procès de la société actuelle. Mais, une phrase m'a surtout frappé. « Au problème « du travail, a-t-il dit, s'ajoute le problème du sa- « laire insuffisant, l'ouvrier peut à peine nourrir sa « famille et il est incertain du lendemain. Après

« avoir donné à la société son intelligence, sa volonté
« et sa force, le travailleur n'est pas sûr d'avoir du
« pain dans ses vieux jours et de mourir sous son
« toit (1). »

« Le salaire que je paie à mes ouvriers est-il
donc insuffisant? Commettrais-je sans m'en douter
une injustice?

« Je n'y avais jamais songé, je l'avoue : je payais
mes ouvriers comme tout le monde les paye. Les
paroles que je viens d'entendre ont jeté le trouble
dans ma conscience.

« Je suis inquiet, éclairez-moi. »

Voilà le confesseur mis en demeure de répondre
par oui ou par non.

Si M. X... paie ce qu'il doit, c'est très bien ; mais,
dans le cas contraire, il est incontestablement tenu
de parfaire la somme légitimement gagnée par ses
ouvriers. M. X... a, dans tous les cas, le droit d'être
éclairé par une réponse nette et formelle.

Le confesseur nourri, nous le supposons, aux
doctrines les plus en vogue de l'école moderne,
consulte, par précaution, ses auteurs et répond :
« L'évaluation du travail a pour point de départ la
somme des biens nécessaires pour répondre *à la
moyenne des nécessités de la vie humaine prise
dans son ensemble.* » C'est-à-dire que « le taux du
salaire doit être fixé de façon que, bien administré
par l'ouvrier, il lui fournisse de quoi satisfaire aux

____

(1) *La Dépêche* (Lille), 5 mars 1895.

exigences de sa vie, aux différentes périodes de son évolution (1). »

« Le salaire que vous payez à vos cinq cents ouvriers doit permettre à chacun d'eux de fonder et de posséder un foyer, d'y élever sa famille selon son état, d'arriver à l'ascension professionnelle dans son ordre, d'épargner en vue des mauvais jours (2). »

« Le salaire que vous payez à vos cinq cents ouvriers répond-il, pour chacun d'eux, à ces conditions? Si oui, vous êtes en sûreté de conscience; si non, malheur à vous. »

« Voilà, répondra le patron X... de plus en plus inquiet, un prix de revient terriblement difficile à faire; suis-je donc menacé de l'enfer si je n'arrive pas à l'établir? Essayons.

« Chiffrons ce que coûte un homme, de sa naissance à sa mort, et divisons ensuite le total par le nombre de jours qu'un homme, dans son existence, peut consacrer au travail.

« Mais ici, première difficulté. J'ai cinq cents ouvriers; les plus vieux sont nés avant 1830, les plus jeunes ont quinze ans; en un demi-siècle les prix de toutes choses ont varié. Comment faire? faudrat-il rechercher les anciennes mercuriales et, pendant cette période de cinquante ans, reconstituer année par année le coût de l'existence?

____

(1) Congrès des œuvres sociales à Liège, 1890, 2ᵉ section, p. 42.
(2) Questions sociales et ouvrières. Régime du travail, avis nᵒ VIII. p. 283.

« Mais quand j'aurai fait ce travail, puis-je savoir ce que coûte un ménage? Si je m'adresse à mes ouvriers, je les connais, ils me diront tous qu'il fait horriblement cher à vivre, et s'ils supposent que ma demande couvre la pensée de les augmenter, ils affirmeront comme un seul homme que leur salaire est absolument insuffisant. » Et puis « les nécessités de la vie humaine », c'est fort vague : il y a des gens qui ont plus ou moins bon estomac; dois-je tenir compte de l'appétit de chacun de mes cinq cents ouvriers pour connaître les nécessités de leur vie et régler en conséquence le salaire de chacun d'eux ? C'est à y perdre la tête, et s'il est indispensable de se livrer à ce travail colossal pour sauver son âme, j'aime mieux renoncer à l'industrie, fermer boutique, liquider mon affaire; demain je mets en quinzaine mes cinq cents ouvriers, ce sera cinq cents malheureux sur le pavé; tant pis, je ne veux pas me damner pour eux. »

Et, sur ce, il quitte son confesseur.

Heureusement le hasard, ou plutôt la Providence, lui fait rencontrer un vieux jésuite de ses amis, qui, voyant son trouble, le calme, le rassure, et, le ramenant avec lui, l'introduit dans sa cellule, prend un respectable in-folio imprimé à Mayence en 1602, l'ouvre à la page 1139 (1) et lui dit : C'est notre Père Molina; voyons ce qu'il pense de votre cas.

En même temps le jésuite indique du doigt le

(1) De Contractibus, disputatio 506.

haut de la première colonne à M. X... qui y lit ce qui suit :

« S'il n'apparaît pas clairement que le salaire, eu égard aux circonstances, ne descend pas au-dessous de la limite inférieure du juste prix et par conséquent n'apparaît pas comme injuste, il faut le tenir pour juste non seulement dans le for extérieur, mais aussi dans le for intérieur. »

Le serviteur ne peut rien exiger de plus, il ne peut se compenser sur les biens du maître, « même s'il vit péniblement et misérablement avec son salaire et s'il ne réussit pas à faire vivre sa famille, parce que le maître lui doit seulement le juste salaire, eu égard aux circonstances, et non ce qu'il lui faut pour vivre et encore moins pour faire vivre sa famille. »

Molina fournit ensuite quelques explications. On peut se demander en effet, dit-il, comment on trouve des serviteurs se contentant d'un salaire insuffisant pour vivre. Molina l'explique en répondant que généralement ces serviteurs, qu'on ferait peut-être mieux d'appeler des familiers, ont quelques autres ressources, ou exercent quelque industrie qui leur fournit le complément nécessaire pour pourvoir à leurs besoins; mais il ajoute : « Quand on trouve beaucoup de personnes qui se louent librement à ce prix, on ne doit pas considérer le salaire donné comme injuste, même lorsqu'il s'applique à un homme n'ayant pas d'autres ressources. »

Mais qu'est-ce que ce juste salaire servant ainsi

de mesure pour apprécier si un salaire payé par un patron est conforme aux règles de la justice? Consultons, continue le jésuite, un autre de nos anciens pères, le P. Lessius, qui vivait à la fin du seizième siècle, et professa la philosophie à Douai, puis la théologie à Louvain. Dans son traité *De jure et justitia* (1), il pose cette question : « Quel est le juste salaire de l'ouvrier, du serviteur et du fonctionnaire? » Il répond : « On répute juste le salaire qui se donne généralement dans la localité pour un travail identique aux ouvriers, serviteurs ou fonctionnaires. » Il observe d'ailleurs qu'il suffit de se tenir entre les limites maxima et minima établies par l'usage.

Cette thèse est aussi celle du cardinal De Lugo. Il s'exprime ainsi : « On considère comme juste le salaire qui atteint le chiffre minimum payé dans la localité aux mêmes personnes pour un travail identique (2). »

Reiffenstuel, canoniste du dix-huitième siècle, professe la même doctrine : « Régulièrement, dit-il, on considère comme juste le salaire qui, eu égard à la coutume locale, à l'offre et à la demande, correspond au travail fait d'après l'avis d'un expert (3). »

Enfin, résumant l'opinion générale dans son traité de Droit canon, M. Grandclaude, un contemporain, formule la règle suivante :

(1) Livre II, ch. xxiv.
(2) *De justitia et jure,* disputatio 29, sect. 3.
(3) *Jus canonicum universum,* lib. III, tit. xviii.

« Le juste prix se détermine par la coutume locale, c'est le prix qu'on paie généralement. »

Mais que décider, si ce salaire est insuffisant pour faire vivre l'ouvrier et surtout l'ouvrier et sa famille; serait-il encore juste? Telle est la question que se posent la plupart des théologiens que nous venons de consulter.

Nous avons vu ci-dessus la réponse de Molina à cette question; elle est formelle.

« Le maître ne lui doit (à son serviteur) que le juste salaire de son travail, vu les circonstances. »

« Le salaire n'est pas toujours injuste, dit le cardinal De Lugo, s'il ne suffit pas à fournir au serviteur le vivre et le couvert; bien plus, s'il ne fait pas vivre le serviteur, sa femme et ses enfants. Il peut se faire que le travail fourni ne mérite pas un tel salaire et que beaucoup d'autres se contentent du salaire qui est payé dans l'espèce. »

Reiffenstuel termine ainsi le passage ci-dessus rapporté : « Le salaire est juste, quoiqu'il ne suffise pas à soutenir le serviteur et sa famille. »

On a essayé d'équivoquer sur ces solutions. Dans le rapport qu'il *devait* présenter au congrès de Liège de 1890, M. l'abbé Pottier cherche, mais inutilement, à y échapper. Les textes sont si clairs, si précis et si formels, que ce n'est guère la peine de réfuter les arguments par lesquels on a essayé d'infirmer leur autorité.

Il suffit de les lire, sans parti pris, pour demeurer convaincu que l'opinion commune des théologiens et des moralistes est que le salaire est juste lorsqu'il est conforme au prix courant, sans avoir à rechercher quels sont les besoins du travailleur.

Par conséquent, continue le vieux Jésuite en s'adressant au patron X. laissez la statistique, n'essayez pas de supputer « la moyenne des nécessités de la vie humaine prise dans son ensemble », ou les « exigences de la vie de l'ouvrier aux différentes périodes de son évolution », vous n'en sortiriez pas et votre confesseur, pas davantage.

Payez-vous le salaire courant que l'on paie dans la région pour un travail identique? Ce salaire s'est-il librement établi? Oui; vous êtes en règle et en toute sûreté de conscience.

Ceux qui vous ont jeté dans l'inquiétude ont le tort de vouloir transformer en règle pratique pour reconnaître si tel salaire est juste, l'ensemble des circonstances économiques qui déterminent le taux des salaires, ne réfléchissant pas que c'est un travail au-dessus des forces d'un individu, et que l'estimation publique seule est capable de traduire en argent la résultante de ces diverses circonstances.

CHAPITRE XII

Bases de l'estimation commune. — Utilité du travail. — Difficulté du travail. — L'offre et la demande. — Besoins de la vie. — Besoins de la famille. — Le salaire et le coût de la vie.

Nous avons indiqué la règle qui sert à mesurer le salaire légitimement dû pour un travail déterminé. Cette règle, disons-nous, ne peut se trouver que dans l'estimation commune librement établie.

Est-ce à dire que l'estimation commune procède arbitrairement, et qu'un jour il passe dans la tête de la masse des patrons et des ouvriers de dire : une journée d'ouvrier c'est 3 fr., c'est 4 fr., c'est 5 fr., au hasard? Évidemment non.

L'estimation commune, bien que personne individuellement ne s'en rende compte, procède sur des données absolument rationnelles et qui justifient ses décisions.

Aussi nous ne disons pas : tel salaire est juste parce qu'il est conforme au cours; nous disons : le salaire conforme au cours est juste, parce que le cours librement établi est juste.

Le cours, en effet, ne se forme pas arbitrairement ;
il est la résultante de tous les éléments qui sont
de nature à déterminer la valeur du travail.

Quels sont, en matière de louage d'ouvrage, les
faits qui servent de base à l'estimation commune
pour évaluer le travail en argent.

Ces faits sont :

1° L'utilité du travail.

2° Les difficultés du travail, soit comme connaissances techniques, soit comme danger professionnel.

3° L'offre et la demande.

4° Les besoins de la vie de l'ouvrier.

Reprenons successivement ces différents faits.

L'utilité du travail. — Le travail ne vaut que
par l'utilité qui en résulte. L'enfant, au bord de la
mer, élève des montagnes de sable que la première
marée emporte. Il déploie une activité sans pareille,
sue à la peine, défend son ouvrage contre le flot
et ne cède que lorsque la vague rend la lutte impossible. Que vaut cependant son travail? Rien,
parce qu'il ne produit rien. Qu'un homme, calcu-
lant mal les besoins du consommateur, fasse un
travail dont personne ne veut, son travail sera
sans valeur.

Dans la pratique, cette cause de dépréciation du
travail ne se rencontre guère, parce que les gens
ont ordinairement le bon sens de ne pas se livrer
à un travail inutile.

Difficultés du travail. — Cette difficulté peut tenir à deux causes : soit que le travail exige des capacités professionnelles spéciales, soit que, n'exigeant pas de connaissances particulières, il présente un danger exceptionnel.

Dans le premier cas, le salaire haussera nécessairement si on le compare à celui des autres professions, parce que le nombre des ouvriers qui peuvent le fournir étant moindre, ils auront en tout temps moins de concurrence à craindre et pourront demander, par suite, un salaire plus élevé. C'est ainsi que les ouvriers d'état gagnent plus que les hommes de peine et les manœuvres. Il suffit d'avoir des bras et des muscles dans le second cas. Il faut dans l'autre avoir une habileté de main et un savoir faire que le premier venu ne possède pas. Plus la profession exige de talent, plus le salaire s'élève. C'est ainsi qu'un ouvrier horloger, un bijoutier, un fabricant d'instruments de précision gagnent plus qu'un serrurier ou un forgeron.

D'autres professions présentent, non des difficultés, mais des dangers spéciaux, par exemple la fabrication de certains produits chimiques. Cette circonstance, en écartant de la profession tous ceux qui trouvent à s'employer ailleurs, forcera le patron, pour avoir des ouvriers, à majorer les salaires ou à donner à des ouvriers d'ordre inférieur un salaire égal à celui qu'obtiennent dans d'autres professions les bons ouvriers.

L'offre et la demande. — L'énonciation de ce fait comme l'une des circonstances qui influent sur la valeur du travail, a le don d'exciter les colères de l'école socialiste catholique. Si vous admettez l'influence de l'offre et de la demande, il n'y a point assez d'anathèmes pour vous écraser. Vous devenez immédiatement « un tenant de l'école libérale économique ». C'est, bien entendu, la dernière des injures.

Cependant, qu'on le veuille ou non, quoi qu'on fasse et quoi qu'on dise, il est évident, comme l'a énoncé Cobden dans une formule très expressive, que « quand deux ouvriers courent après un patron le salaire baisse ; quand deux patrons courent après un ouvrier le salaire hausse. » Tous les raisonnements, toutes les objurgations ne changeront rien à cette loi économique : la demande en toutes choses fait la hausse, l'offre fait la baisse. Il faut vivre dans les nuages pour ne pas le comprendre.

Cette théorie, dit-on, assimile l'homme à une machine, le travail à une marchandise, et ne donne d'autre solution à la question du salaire que la raison du plus fort.

Or, le contrat de travail constitue non pas une vente, mais un louage de services (1).

Or, dit-on encore (2) : « La religion exige que

____

(1) Avis n° XVIII, déjà cité, pages 4 et 5.
(2) *La Croix*, 20 septembre 1893, rapportant l'opinion de Mgr de Ketteler.

le travail humain ne soit pas traité comme une marchandise. »

Ces observations émanent d'hommes qui ne paraissent avoir une idée exacte, ni de ce qu'est le louage d'ouvrage, ni de ce qu'est le contrat de vente.

Il est d'abord manifeste que le travail n'est pas une marchandise, ni le contrat de louage d'ouvrage un contrat de vente.

On appelle marchandise une chose distincte de l'acheteur et du vendeur, dont le second offre de transférer, moyennant un prix, la propriété au premier. On appelle vente cette translation de propriété. Le travail, étant un acte, n'est pas une chose, une marchandise; il ne peut dès lors être vendu. Tout cela est évident, c'est presqu'une naïveté de le dire.

A beaucoup de points de vue, cependant, le travail se comporte exactement comme une marchandise, et le contrat de louage d'ouvrage comme le contrat de vente.

Ces ressemblances sont notamment très frappantes en ce qui concerne le prix. L'ouvrier donne son travail, comme le marchand sa marchandise, moyennant un prix en argent. Aussi la formule du contrat de vente est *do ut des,* celle du louage d'ouvrage *do ut facias.* Dans les deux cas, celui qui veut obtenir la contre-partie donne en échange une somme d'argent. Il est donc naturel que deux contrats qui ont ainsi un point commun suivent, en ce qui le concerne, des règles identiques.

Remarquons, au reste, que les mêmes circonstances influencent le prix de la marchandise et celui du travail. Si la marchandise est demandée, la main-d'œuvre pour la produire le sera aussi, la hausse s'ensuivra ; si la marchandise est délaissée, la production se ralentira, d'où une baisse de la main-d'œuvre.

De même, pourquoi certains objets coûtent-ils plus cher que d'autres, sinon parce que leur manutention est plus onéreuse, en raison de quelqu'une des circonstances qui font hausser le salaire?

Il est donc tout naturel que le salaire du travail se comporte, en beaucoup de points, comme le prix d'une marchandise, et que dans le louage d'ouvrage, comme dans tous les contrats, l'offre fasse la baisse et la demande, la hausse.

On distingue cependant la vente du louage d'industrie; ce sont deux contrats nommés, c'est-à-dire qui ont en droit un nom spécial, tiré de leurs caractères essentiels; mais faut-il s'étonner que certains économistes, par une assimilation toute naturelle, aient pu dire : L'ouvrier vend son travail, comme le propriétaire vend sa chose?

Est-ce à dire que, le contrat de louage d'ouvrage se comportant dans bien des points comme la vente, la solution de la question du salaire se trouve dans la raison du plus fort?

Où donc ceux qui émettent cette opinion ont-ils appris le droit et la morale? Est-ce que la fixation du prix, dans la vente, dépend de la raison du plus fort? On le croirait, à entendre leur conclusion.

La vente, comme le louage d’ouvrage, est un contrat commutatif. L’acheteur doit donc, en conscience, le juste prix, comme le maître, le juste salaire. C’est encore une similitude de plus entre ces deux contrats.

Il n’y a, dit-on, avec la loi de l’offre et de la demande, « liberté de part ni d’autre, soit que le patron augmente les prix sous la pression de la grève, soit que l’ouvrier accepte la baisse, sous l’étreinte de la misère ». On pourrait dire la même chose de la vente : le détenteur d’une marchandise peut élever ses prix indéfiniment; par contre, si l’acheteur refuse d’acheter, il n’y aura pas de limite à la baisse.

Il n’y a qu’un vice dans ce raisonnement : c’est qu’on suppose une situation théorique irréalisable en pratique. On prend une loi économique, on l’isole pour montrer qu’elle conduit à des désastres, et l’on ne tient pas compte des autres lois tout aussi inéluctables, et qui viennent compenser les effets de la première, et constituer avec elle l’œuvre providentielle qui, jusqu’à ce jour, a fait vivre l’humanité, malgré la contradiction apparente des intérêts en présence.

Si la loi de l’offre et de la demande régissait seule les relations commerciales, il suffirait à quelques négociants d’accaparer une marchandise et de la détenir indéfiniment, pour faire une hausse également indéfinie. Mais, en général, les matières de première nécessité sont dans une abondance telle, que l'accaparement du tout est irréalisable. Puis, si l'on a tenté une opération de ce genre, ce ne peut être qu'en achetant à grand prix ; il faut conserver, immobiliser par suite des capitaux considérables. Mais la production va toujours, il faut donc incessamment augmenter le stock en magasin, et un jour vient où, incapables de tenir plus longtemps, les détenteurs sont obligés de vendre ; alors la baisse arrive, d'autant plus accentuée, qu'ils sont plus chargés de marchandises, et, pour employer une expression moderne, ils deviennent les victimes d'un épouvantable krack, fin ordinaire de ces sortes d'opérations (1).

Le besoin de vendre chez les uns, la nécessité d'acheter chez les autres, est une autre loi économique, tout aussi puissante que celle de l'offre et de la demande, qui rapproche forcément les hommes, et, bien que leurs intérêts semblent inconciliables, finit cependant par les mettre d'accord sur une somme qui leur paraît le juste prix de la chose que l'un veut acheter, et l'autre, vendre. Les ouvriers pourraient, eux aussi, se mettre en grève, et faire courir après eux tous les patrons. De même, les patrons pourraient offrir aux ouvriers un salaire dérisoire, en leur disant : acceptez, ou

____

(1) On se souvient du fameux krack de la Société des métaux qui essaya un jour d'accaparer les cuivres du monde entier et finit par une faillite colossale.

nous arrêtons. Mais il faut vivre ; l'ouvrier ne peut rester indéfiniment en grève ; le patron a un besoin non moins impérieux de travailler, il a des marchés à remplir, des frais généraux qui courent, il compte sur les rentrées pour faire honneur à ses échéances ; il a, lui aussi, besoin de son pain quotidien, il a derrière lui une famille à élever, lui non plus ne peut soutenir une grève indéfinie. Patrons et ouvriers sont donc comme les vendeurs et acheteurs dont nous parlions tout à l'heure. La loi de l'offre et de la demande semblerait devoir produire une hausse ou une baisse indéfinies, mais le besoin réciproque de travailler et de vivre les rapproche, et malgré les intérêts contraires établit un accord qui répond aux besoins légitimes de l'ouvrier et aux possibilités de l'industrie.

On fait souvent figurer la prospérité plus ou moins grande de l'industrie parmi les circonstances qui influent sur les salaires ; c'est vrai, mais cette circonstance rentre dans la loi de l'offre et de la demande.

La prospérité fait que les patrons, voyant augmenter les commandes, courent après les ouvriers, d'où résulte la hausse des salaires ; dans le cas contraire, c'est l'ouvrier qui cherche du travail : la baisse se produit.

De plus, lorsque cette prospérité est générale, les ouvriers le savent, ils connaissent l'intérêt qu'ont les patrons à ne pas se priver de leur concours, leurs exigences augmentent et les patrons qui trouvent encore, en les subissant, moyen de réaliser un bénéfice, se gardent bien, en repoussant les demandes des ouvriers, de s'exposer à la grève.

Les différents faits que nous venons d'énumérer n'exercent pas cependant sur le salaire une influence indéfinie, car il est un dernier élément qui joue pour le grand nombre des travailleurs un rôle prépondérant, quant à la détermination du salaire : ce sont les besoins de la vie de l'ouvrier.

Besoins de la vie de l'ouvrier. — L'homme travaille pour vivre : c'est pour lui le premier de tous les besoins; c'est l'accomplissement de la condamnation prononcée contre nos premiers parents : Tu mangeras ton pain à la sueur de ton front. A cette condamnation Dieu a attaché la sanction de la nécessité qui en assure l'exécution. Le but que poursuit généralement un homme en travaillant est de se procurer le pain quotidien; le sien d'abord, mais en même temps celui des personnes dont il a la charge : femme et enfants.

Par conséquent, si le salaire ne fait pas tout au moins vivre au jour le jour l'ouvrier et sa famille, la constante préoccupation de celui-ci sera de chercher à se procurer ailleurs, par son travail, le pain de chaque jour.

C'est là l'explication des migrations perpétuelles qui se produisent dans le monde ouvrier. Pourquoi l'arrondissement de Lille a-t-il une population d'ouvriers belges qui augmente chaque année? Pourquoi le midi de la France est-il envahi par les Italiens? Pourquoi rencontre-t-on des Maltais sur toutes les côtes de la Méditerrannée? Pourquoi une émigration constante se produit-elle d'Europe aux États-Unis? Parce que, n'obtenant chez eux qu'un salaire insuffisant, ces émigrants trouvent ailleurs le moyen de gagner leur vie.

J'ai souvent entendu soutenir que l'ouvrier est rivé à l'usine, comme jadis le serf à la terre. Rien n'est plus faux; les recensements et l'expérience le démontrent. Personne ne s'expatrie plus facilement qu'un ouvrier. Cela se comprend; il n'a ni immeubles, ni établissement industriel, ni mobilier encombrant pour l'attacher là où il est. Il suit la route que lui ont frayée des compatriotes et va chercher fortune là où l'ouvrage abonde.

Supposons donc que le patron donne à ses ouvriers un salaire insuffisant. Que va-t-il se passer? Si la famille ouvrière n'a pas de quoi vivre, elle disparaîtra fatalement; elle mourra littéralement de faim et de misère, car la charité privée ne peut songer à faire vivre une population tout entière.

Or, on peut poser en principe que personne ne se laisse volontairement mourir de faim là où il est, quand il peut vivre ailleurs; par conséquent, l'ouvrier émigrera.

Si l'état de l'industrie permet au patron d'augmenter les salaires, en conservant un bénéfice rémunérateur, il consentira immédiatement cette augmentation pour conserver ses ouvriers et, par suite, son bénéfice. Agir autrement serait folie.

Si, au contraire, cette insuffisance des salaires tient au mauvais état des affaires, résultat non d'événements passagers, mais de conditions économiques nouvelles et durables, le patron n'a qu'une chose à faire : fermer son usine, car s'il persiste à la tenir ouverte en payant cependant des salaires insuffisants, ses ouvriers le quitteront.

C'est dans ces circonstances que l'industrie disparaît d'un pays.

C'est là un de ces événements économiques comme l'histoire nous en présente et auxquels personne ne peut rien.

Les besoins qui influent sur le salaire ne sont pas seulement ceux de l'ouvrier considéré isolément, mais aussi ceux de sa famille.

C'est la conséquence du principe que nous avons posé ci-dessus : Quand un ouvrier ne gagne pas de quoi vivre, il émigre.

La majorité des ouvriers se compose de gens mariés ayant à leur charge un certain nombre d'enfants. Le père, sa femme et ses enfants partagent la vie et la table commune. Si l'argent qui rentre dans la famille ne suffit pas à la faire vivre, la famille sera exactement dans la même situation que l'ouvrier isolé qui ne recevrait pas un salaire suffisant: elle cherchera fortune ailleurs.

Le patron verra donc disparaître toutes les familles qui ne trouvent plus à vivre dans son usine. Or, comme les chefs de ces familles constituent la majorité des ouvriers, les bras lui manqueront; et pour éviter ce danger, il sera conduit, s'il le peut, à mettre les salaires en rapport avec les besoins de ces familles ouvrières.

Par la force même des choses, dans des conditions de prospérité normale, la valeur minimum du travail dans un lieu déterminé sera donc, non seulement la somme nécessaire pour faire vivre un célibataire, mais la somme nécessaire pour faire vivre dans cet endroit une famille ordinaire d'ouvriers de la région.

Les familles exceptionnellement nombreuses pourront avoir un salaire insuffisant. Il ne leur servirait à rien d'émigrer; elles auraient ailleurs la même situation exceptionnelle. D'ailleurs, leur nombre restreint est sans influence sur le taux général des salaires. Elles seront donc obligées, à défaut de ressources spéciales, de recourir à la charité publique; ce seront véritablement des pauvres, puisque leur salaire quotidien ne suffira pas à les faire vivre.

Par contre, les célibataires (1) toucheront un salaire excédant leurs besoins. Leur travail, donnant

(1) Certains célibataires ont aussi des charges, par exemple des parents âgés, des frères orphelins.

le même produit que celui d'un père de famille,
a la même valeur; il est donc juste qu'ils reçoivent le même prix.

Ils sont, d'ailleurs, ordinairement trop peu nombreux pour suffire seuls aux nécessités de l'industrie et provoquer, par suite, la dépréciation de la
main-d'œuvre en se contentant d'un salaire proportionnel à leurs besoins (1).

On peut soulever ici un coin du voile qui nous
cache souvent le plan général par lequel la Providence, malgré les intérêts contraires en apparence, assure la vie de l'humanité.

Ainsi, il est évident que l'intérêt du patron serait
de n'employer que des célibataires. Ceux-ci, ayant
moins de besoins, se contenteraient d'un salaire
inférieur à celui de l'ouvrier père de famille; mais
les célibataires ne peuvent fournir à l'industrie
les bras nécessaires : le patron est donc forcé d'employer des gens mariés, et d'élever le taux des salaires à une somme suffisante pour faire vivre l'ouvrier et sa famille.

C'est ainsi qu'indépendamment de la volonté des
patrons et contre leur intérêt apparent, la Providence assure à l'ouvrier la possibilité de remplir

____

(1) *La Croix* du 1er novembre 1893 proposait une sorte de salaire
familial retourné : elle demandait qu'une famille ne payât « qu'une
place à l'église, une place en chemin de fer, une place en bateau ».
Pourquoi ne proposait-elle pas aussi qu'une famille dont les membres sont dispersés, pût faire servir à chacun d'eux un numéro du
journal *la Croix*, moyennant un abonnement unique?

son devoir de père de famille, en subvenant par son travail non seulement à ses besoins, mais à ceux de sa femme et de ses enfants.

Une autre loi économique, non moins remarquable, fait du taux des salaires et du coût de la vie, deux éléments qui réagissent incessamment l'un sur l'autre, et se maintiennent par suite dans un rapport à peu près constant.

L'ouvrier est le grand consommateur des choses de première nécessité. Que les salaires augmentent, l'argent devenant plus abondant aux mains des acheteurs, la demande augmentera, la hausse en sera la conséquence. La baisse des salaires arrivant, l'inverse en résultera.

L'effet serait le même si la hausse ou la baisse se produisaient sur les objets de consommation. La vie coûtant plus cher produirait nécessairement la hausse des salaires, et réciproquement.

Ce n'est que sur une longue période d'années qu'un changement de proportion peut s'établir, produisant une augmentation ou une diminution du bien-être général.

Ce n'est pas seulement entre l'ouvrier et le producteur que cette solidarité existe ; elle s'établit plus ou moins entre toutes les classes de la société, car tous les hommes sont consommateurs et producteurs ; tous en effet consomment pour vivre, et fournissent en même temps à la production travail ou capital.

Cette solidarité fait précisément qu'à certaines époques la rémunération du travail augmente sans que le travailleur soit pour cela plus riche, car le coût de la vie augmente en proportion. De même, le rentier voit aussi à certaines époques augmenter le revenu de ses capitaux, mais, par contre, l'augmentation du coût de la vie qui en est la conséquence lui impose une dépense plus considérable. Aussi ne servirait-il à rien d'augmenter tout à coup, comme on le demande quelquefois, le salaire de la généralité des ouvriers; on ne ferait qu'augmenter en même temps le coût de la vie sans modifier leur situation.

Le monde heureusement n'est pas mené par les hommes, sinon il y a longtemps qu'il aurait péri dans le chaos, sous l'action de ceux qui veulent réformer l'œuvre de la Providence.

En résumé, les règles économiques qui gouvernent le salaire sont les suivantes :

Dans un état de prospérité industrielle ordinaire, le salaire, tel qu'il résulte du libre jeu de l'offre et de la demande, sera au minimum la somme nécessaire pour faire vivre une famille ordinaire d'ouvriers de la région.

Si la prospérité augmente, les salaires augmenteront aussi.

Si la prospérité disparaît, les salaires baisseront.

Si cette dernière situation se prolonge, elle entraîne la disparition même de l'industrie dans la région.

Les salaires s'élèvent au-dessus des besoins d'une famille ordinaire d'ouvriers, en proportion des difficultés du travail ou des connaissances qu'il exige.

CHAPITRE XIII

PEUT-ON, DES LOIS ÉCONOMIQUES QUI GOUVERNENT LE SALAIRE, DÉDUIRE PRATIQUEMENT LE CHIFFRE DU JUSTE SALAIRE ?

Pas de rapport direct entre travail et argent. — L'estimation commune.

Après avoir étudié les diverses circonstances économiques qui influent sur le taux des salaires, revenons à une question que nous avons plusieurs fois effleurée, et demandons-nous s'il est possible de traduire ces influences par un chiffre précis et d'en déduire, *a priori*, que dans tel cas déterminé le salaire, pour être juste, doit être de 3, de 4 ou de 5 francs.

L'impossibilité d'arriver à ce résultat est manifeste.

Prenons d'abord ce qui, à première vue, semble le plus facile à traduire en argent : les besoins de l'ouvrier et de sa famille.

Nous avons vu toutes les questions qui se dressaient devant M. X., patron, lorsqu'il essayait de se livrer à ce travail; continuons. Qu'est-ce qu'une famille ordinaire d'ouvriers? combien comporte-t-elle d'enfants? Combien y en a-t-il qui travaillent? Que gagnent-ils?

Quand nous aurons déterminé ce qui constitue dans la région une famille ordinaire, une seconde question se posera : Quels sont les besoins de cette famille? Ne voit-on pas telle famille ouvrière vivre modestement, mais convenablement, avec un certain salaire, tandis que telle autre, avec un salaire supérieur, est dans une misère continuelle, sans qu'on puisse cependant lui reprocher de vice bien déterminé?

Il faudrait, pour répondre à toutes ces questions, se livrer à un travail de statistique formidable, pour n'arriver, vraisemblablement, qu'à des conclusions très hypothétiques; supposons cependant ce travail fait, on ne réussirait pas encore à déterminer pratiquement le chiffre du salaire, car il est d'autres circonstances dont il subit également l'influence.

Quant à ces circonstances, il est absolument impossible de les traduire directement en argent, même approximativement.

On sait que la difficulté du travail fait hausser le salaire, on sait qu'un mécanicien se paie plus qu'un manœuvre; mais quelqu'un serait-il capable de traduire, *a priori*, cette plus-value en argent?

On sait que l'offre fait la baisse, que la demande fait la hausse; mais de combien seront cette baisse ou cette hausse?

Or, ce que le statisticien, l'économiste, l'industriel le plus habile sont incapables de faire, l'estimation publique le fait.

Par une sorte de travail collectif et pour ainsi dire inconscient, elle tient compte de ces éléments multiples, combine leurs résultats dans une juste proportion et en déduit le prix courant.

Le prix courant, dans les conditions normales, répond précisément « à la moyenne des nécessités de la vie humaine prise dans son ensemble » ; le prix courant fournit précisément à l'ouvrier « de quoi satisfaire aux exigences de sa vie, aux différentes périodes de son évolution. »

Mais ceux qui veulent déterminer eux-mêmes et directement ces nécessités et ces exigences, entreprennent un œuvre insoluble, ou bien ils parlent pour ne rien dire ; car lorsqu'on leur demande de représenter par une somme en francs et centimes ces exigences et ces nécessités, ils sont bien forcés d'en revenir à l'estimation commune.

Ils ont posé de grands principes, débité de grandes phrases, fait un immense circuit au risque de s'égarer en route ; mais lorsque le patron X leur dit : Je paie quatre francs par jour à mon ouvrier Z ; ce salaire est-il juste ? ils ne peuvent faire qu'une seule réponse : Que paie-t-on couramment pour un travail identique ?

Nous avons eu plusieurs fois déjà dans les chapitres précédents l'occasion d'émettre ces idées ; mais au risque de se répéter, on ne saurait trop insister pour les faire pénétrer profondément dans l'esprit du lecteur, et le bien convaincre que la plupart des nouveautés qu'on nous présente aujourd'hui sont simplement le fruit d'un manque de réflexion. On oublie que la vieille pratique ne s'est pas établie au hasard, mais qu'elle est généralement, au contraire, l'expression du bon sens et de la justice.

CHAPITRE XIV

DE LA LÉSION DANS LE CONTRAT DE LOUAGE D'OUVRAGE.

For intérieur. — For extérieur. — La lésion ne se produit pas en pratique. — Équilibre entre l'offre et la demande. — Du minimum de salaire.

Il y a *lésion* lorsque, dans un contrat commutatif, une partie ne reçoit pas l'équivalent de ce qu'elle donne.

Cet équivalent cependant ne doit pas s'estimer mathématiquement; le prix courant des choses n'est pas absolu, il comprend une certaine élasticité au-dessus ou en dessous de la moyenne.

L'une des parties ne pourra se dire lésée que si la chose reçue par elle en contre-partie de ce qu'elle donne, n'atteint pas le minimum des chiffres entre lesquels oscille le prix courant.

La lésion, dans le for intérieur, vicie le contrat. En effet, chaque partie entendant recevoir l'équivalent de ce qu'elle donne, la justice commutative est violée, si par ignorance ou par le fait de quelque circonstance qui lui a enlevé sa complète liberté, l'une des parties accepte une valeur inférieure à ce qu'elle donne.

Jamais aucun jurisconsulte digne de ce nom n'a hésité à considérer la lésion comme viciant les contrats commutatifs.

Dans le for extérieur, la loi française admet la rescision pour cause de lésion, mais seulement dans les ventes amiables d'immeubles, en faveur du vendeur et pour cause de lésion de plus des 7/12es.

Dans la pratique, on ne connaît guère d'exemple de procès en rescision. Cela tient aux conditions posées par la loi, conditions qui se rencontrent très rarement. D'autre part, si le législateur eût admis la rescision pour une lésion minime, c'eût été ouvrir la porte aux réclamations d'un vendeur regrettant son marché, et jeter l'incertitude sur les transactions relatives aux immeubles.

La rescision n'est pas admise dans le contrat de louage d'industrie.

Un théologien (1) proposait, il y a quelques années, de réclamer dans la loi française l'introduction d'une disposition relative à la lésion en matière de louage d'industrie. « Nous pensons, disait-il, qu'il faudrait compléter sur ce point notre législation. »

Il ignorait probablement que ce n'est point un oubli de la loi française. On ne pourrait faire, en effet, sur cette matière qu'une loi dangereuse ou inutile.

____

(1) *Univers* du 9 septembre 1891.

Rien ne serait plus difficile que de reconnaître la lésion, parce que rien n'est plus mobile que les salaires. Ils varient suivant les régions, souvent même dans deux villes voisines, ils diffèrent suivant les industries, suivant les capacités de chaque ouvrier, et se modifient en outre fréquemment dans un court espace de temps, à raison des divers événements qui exercent leur influence sur la situation économique.

La lésion légère serait donc impossible à reconnaître. Quant à la lésion énorme, elle ne se rencontre pas en pratique. A-t-on jamais vu un ouvrier acceptant, dans des conditions normales, de travailler pour un salaire de moitié inférieur au cours général?

L'expérience démontre au contraire que les salaires, dans des conditions identiques, sont essentiellement uniformes. Un ouvrier se présente dans une usine; si on lui refuse le salaire courant, il cherche de l'ouvrage ailleurs.

Admettre la lésion, quelque minime qu'elle soit, serait donner ouverture à des procès sans issue, à raison de l'impossibilité de la reconnaître; admettre seulement la lésion énorme, ce serait faire une loi inutile, le cas ne se présentant jamais.

Au reste, l'hypothèse d'un état florissant de l'industrie et d'ouvriers pressés par le besoin et acceptant un salaire insuffisant paraît, au moins dans toute la région si industrieuse du nord de la France, une pure hypothèse irréalisable dans la pratique.

Est-elle réalisable dans certains pays, en Allemagne, en Autriche, dans les régions qui sont aux mains des Juifs? Il ne nous appartient pas de répondre. Nous parlons uniquement de ce que nous connaissons.

Il faudrait supposer, en effet, que dans un état prospère de l'industrie le nombre des ouvriers est tel, que, pressés par la nécessité et à raison de l'abandon de l'offre, ils acceptent un salaire inférieur à leurs besoins.

Cette situation pourra se présenter dans un moment de crise industrielle. Un certain nombre d'usines arrêtent, les autres ne peuvent travailler qu'en réduisant les salaires; la réduction est possible, vu le grand nombre d'ouvriers sans ouvrage. L'état de crise justifie la réduction. Le patron perd ou n'arrive que péniblement à nouer les deux bouts; s'il devait payer le salaire correspondant aux besoins, il arrêterait. Mieux vaut encore pour l'ouvrier avoir un demi-salaire que de chômer complètement.

Mais, dans les conditions normales, la main-d'œuvre se tient toujours dans une certaine proportion avec les besoins. Des campagnards qui sous le vent, la pluie ou le soleil, gagnent péniblement leurs quarante sous par jour, ont entendu des compatriotes leur raconter que, dans telle ville, on reçoit par jour quatre francs, simplement pour regarder tourner un métier dans un bâtiment parfaitement clos, couvert et chauffé. Ce tableau séduisant les allèche; ils arrivent. Mais les ateliers sont pleins, ils cherchent et ne trouvent pas d'ouvrage; vont-ils attendre indéfiniment? Évidemment non. Bientôt désillusionnés, en proie aux étreintes de la faim, ils retournent aux champs ou cherchent fortune ailleurs. C'est ainsi qu'en temps normal un certain équilibre se maintient entre l'offre et la demande.

Si l'industrie prospère, les salaires hausseront nécessairement. La prospérité de l'industrie appelle son développement. Cette prospérité excessive est même ordinairement un danger pour les industriels, parce que, en attirant de nouveaux concurrents, elle provoque souvent une crise de surproduction. De nouvelles usines vont donc s'établir. En six mois une usine marche; il faudra de nouveaux ouvriers, l'immigration ne se produira pas aussi vite que les besoins, le manque de bras se fera sentir, qui provoquera la hausse des salaires.

C'est donc créer une hypothèse, pour notre région au moins, purement chimérique, que de supposer une offre exagérée de main-d'œuvre coïncidant avec une période de prospérité industrielle.

On a, pour empêcher la lésion, proposé de faire fixer par l'État un minimum de salaires, au-dessous duquel il serait défendu de descendre.

C'est, sous une autre forme, admettre la lésion en matière de louage d'industrie avec cette différence, qu'au lieu de laisser au juge le soin d'apprécier dans chaque cas particulier s'il y a ou non lésion, la loi fixerait un chiffre de salaire au-dessous duquel la lésion serait légalement présumée.

Cette prétention est une pure utopie, les motifs qui empêchent le juge de constater la lésion, mettent le législateur à l'impossible de fixer un minimum de salaire.

Que serait ce minimum? serait-il uniforme pour toute la France? comprendrait-il seulement le minimum nécessaire pour faire vivre l'ouvrier personnellement dans la région où la vie coûte le moins cher? ce serait une loi inutile, car à Paris, dans les grandes villes, dans les centres industriels, ce minimum serait toujours dépassé.

Ferait-on une sorte de tarif variant suivant les régions? on tomberait dans une complication inextricable, d'autant plus que le coût de la vie varie à quelques kilomètres de distance : il n'est pas le même à la ville et dans les campagnes. De plus, le coût de la vie change incessamment, notamment suivant l'état de la récolte; ce serait donc une loi qu'il faudrait modifier avec la pression barométrique; il faudrait de plus que la loi tînt compte de toutes les circonstances exceptionnelles relevées par les théologiens, mauvais état des affaires, peu d'utilité du travail, emploi accordé par charité, incapacité du travailleur et autres qui justifient le paiement d'un salaire inférieur au prix courant.

Cette loi, si laborieuse à faire, n'aurait d'autre but

que de fixer un minimum correspondant aux besoins d'un travailleur célibataire; or, nous avons montré que le salaire naturel est, dans les conditions normales, toujours supérieur aux besoins d'un travailleur isolé et correspond aux besoins d'une famille ordinaire d'ouvriers. On aurait donc pris infiniment de peine pour faire une loi inutile.

Le salaire minimum est encore une de ces utopies qui hantent le cerveau mal équilibré de gens qui, sans réflexion, s'accrochent à une idée, et, négligeant de voir si elle est pratique ou non, prétendent y trouver une panacée universelle.

Pour ma part, dût-on, comme on le fera probablement, m'accuser d'être un attardé, je dirai : craignons les nouveautés; *a priori* tenons-nous en défiance quand il s'agit d'innover. Nos prédécesseurs n'étaient certainement pas moins intelligents que nous, ils savaient, avec un talent qu'on rencontre rarement aujourd'hui, creuser une matière et l'examiner sous toutes ses faces. Pendant des siècles, des jurisconsultes et des théologiens de premier ordre ont traité, sinon les questions actuelles, au moins les principes qui servent à les résoudre; s'ils n'ont pas découvert les nouveautés qu'on nous propose aujourd'hui, il y a très grave présomption, ou que ces nouveautés sont irréalisables, ou qu'elles constituent de simples erreurs auxquelles ils ne se sont pas laissé prendre.

CHAPITRE XV

L'ENCYCLIQUE RERUM NOVARUM.

Le juste salaire. — Les besoins de l'ouvrier. — Le salaire
familial — Le droit au travail.

L'apparition de l'encyclique *Rerum novarum*
fut un événement.

Nous n'avons cependant ni à en donner le résumé, ni à en parcourir les diverses parties. Son
texte est dans toutes les mains, de nombreux travaux l'ont fait connaître. Une seule question traitée
dans l'encyclique doit ici nous occuper, c'est celle
du juste salaire.

C'est, au reste, le point sur lequel se sont presque exclusivement concentrées les controverses.

Voyons donc quel est, sur cette question du
juste salaire, l'enseignement pontifical.

Deux passages de l'encyclique ont trait au juste
salaire.

Le premier ne contient qu'une simple affirmation. « Parmi les devoirs principaux du patron, y
est-il dit, il faut mettre au premier rang celui de
donner à chacun le salaire qui convient. » Mais
quel est ce salaire? Sur ce point l'encyclique se

borne à cette réflexion générale : « Assurément, pour fixer la juste mesure du salaire, il y a de nombreux points de vue à considérer. »

L'encyclique condamne ensuite l'exploitation de la pauvreté et de la misère, la spéculation sur l'indigence, mais ne nous donne aucune indication permettant de reconnaître si un salaire est juste.

Plus loin, l'encyclique revient sur la question, mais ce n'est pas encore pour traiter la matière *ex professo.*

Rome estima-t-elle que la question n'était pas mûre et qu'il fallait, au contraire, laisser la lumière se faire par la discussion, sauf à intervenir ultérieurement?

Dans ce second passage la question du juste salaire n'est abordée que sous forme de réponse à une objection.

Voici le texte de l'encyclique : « Le salaire, ainsi raisonne-t-on, une fois librement consenti de part et d'autre, le patron en le payant a rempli tous ses engagements et n'est plus tenu à rien. »

Le Pape condamne cette proposition et conclut que « si contraint par la nécessité ou poussé par la crainte d'un mal plus grand, il (l'ouvrier) accepte des conditions dures que d'ailleurs il ne lui était pas loisible de refuser, parce qu'elles lui sont imposées par le patron ou par celui qui fait l'offre du travail, c'est là subir une violence contre laquelle la justice proteste ».

Toute la citation peut se résumer dans cette

formule : Dans le for intérieur, la lésion vicie le contrat de louage d'ouvrage.

Principe incontestable, qu'il pouvait être bon de rappeler au point de vue pratique, mais qui, en théorie, n'a jamais été mis en discussion.

Il n'est aucune école, à notre connaissance, qui ait soutenu cette thèse monstrueuse qu'un contrat forme la loi des parties, quand même les moyens employés pour obtenir le consentement de l'un des contractants seraient contraires à la morale. Aucune contestation ne peut donc s'élever sur la condamnation prononcée par l'encyclique contre le patron qui se rendrait coupable de lésion envers son ouvrier.

Mais, après avoir condamné la proposition, l'encyclique la réfute à l'aide du raisonnement suivant :

Conserver l'existence est un devoir imposé à tous les hommes, auquel ils ne peuvent se soustraire sans crime.

Or, de ce devoir découle le droit de se procurer les choses nécessaires à la subsistance que le pauvre ne se procure que par son travail.

Donc, le contrat qui ne donne pas de quoi vivre à l'ouvrier sobre et honnête, est injuste.

Le contrat qui, dans les conditions normales, ne donnerait pas à l'ouvrier de quoi vivre serait généralement entaché de lésion (1).

Mais le motif donné est-il véritablement celui

____

(1) Voir au chapitre xii ce que nous avons dit du salaire naturel.

qui doit faire condamner la lésion? Nous ne le pensons pas, l'argument prouve trop et trop peu, il conduit à innocenter des contrats pouvant contenir une lésion, et à en condamner d'autres qui n'en contiennent pas.

Supposons, en effet, qu'un ouvrier, venant de quelque pays lointain où il gagnait trois francs par jour et se trouvait bien payé, arrive dans une grande ville et se présente chez un patron : il ignore que dans cette ville les ouvriers de son état gagnent couramment dix francs par jour.

Le patron, abusant de l'ignorance de ce nouveau venu, l'embauche pour cinq francs. ·

Le patron donne-t-il à cet ouvrier le juste salaire? Évidemment non. La somme convenue suffit cependant largement à l'entretien de cet ouvrier. Néanmoins la lésion existe, car l'ouvrier n'a entendu faire aucun cadeau à son patron ; il a voulu, au contraire, recevoir l'équivalent de ce qu'il donnait : seulement il a cru que cinq francs par jour constituaient cet équivalent ; il s'est trompé et se trouve lésé par suite de l'erreur dans laquelle il est tombé.

Un contrat de louage d'industrie peut donc être vicié par la lésion, quoiqu'il fournisse à l'ouvrier un salaire suffisant aux besoins de la vie.

Par contre, il n'y a pas nécessairement lésion dans un contrat qui ne fournit pas à l'ouvrier de quoi vivre.

Il suffit de rappeler l'exemple, cité par Molina,

d'emplois qui ne donnent pas à leur titulaire une rémunération leur permettant de vivre, qu'un grand nombre acceptent toutefois dans ces conditions, parce qu'ils ont d'autres ressources; le salaire de ces emplois cependant se trouve juste, même à l'égard de ceux qui ne possèdent pas ces ressources supplémentaires.

Il y a, en effet, des travaux qui ne valent pas la somme représentant la nourriture ordinaire d'un homme; ce sont ces travaux absolument infimes et peu productifs que, d'ordinaire, on confie à des enfants, à des vieillards ou à des invalides, pour leur donner, pourrait-on presque dire, l'illusion de gagner quelque argent. Un homme valide, pressé par le besoin, s'offrira pour un travail de ce genre en échange du salaire que l'on donne ordinairement. Ce salaire sera juste, bien qu'il ne suffise pas à le faire vivre, car le travail qu'il accomplit ne vaut pas davantage.

Il faut donc chercher ailleurs le motif qui fait condamner la lésion dans les contrats commutatifs.

Ce motif nous est indiqué par saint Thomas d'Aquin dans le texte suivant (1) : « Quand un individu a travaillé dans la vigne d'un autre, cet autre devient son débiteur pour autant que vaut le travail du premier; cela relève de la justice commutative. L'égalité dans cet échange consiste en ce que chacun doit recevoir autant qu'il a donné. »

____

(1) Sentent. lib. III, dict. 33, q. 3, ad 4 ; q. 5, ad 2.

Ce principe posé, il suffit, pour condamner la lésion, de compléter ainsi le raisonnement :

Or, le patron qui, abusant des besoins de l'ouvrier, le fait consentir à un salaire infime, ne lui donne pas autant que lui-même reçoit de l'ouvrier.

Donc, en agissant ainsi, il viole la justice commutative.

Nous partons du même point ; mais, instruits précisément par l'abus que l'on a fait de l'argument invoqué dans l'encyclique, nous suivons une autre route pour arriver à la même conclusion.

L'argument fit cependant le bonheur des novateurs.

Leur premier soin fut, au mépris de toutes les règles de la saine logique, de le transformer en un principe fondamental. A les entendre, toute l'encyclique se condensait pour ainsi dire dans cette proposition : Le salaire doit se mesurer aux besoins du travailleur.

Quiconque ne se rangeait pas à leur avis était immédiatement décrété d'hérésie, ou tout au moins d'irrévérence grave envers l'autorité pontificale.

Bien plus, ils prétendirent trouver dans l'encyclique le principe du salaire familial (1).

Un peu de réflexion cependant les eût empêchés de s'engager dans la voie où ils se lançaient imprudemment.

Ils se seraient dit tout d'abord qu'il était peu

(1) G. de Pascal, *l'Église et la Question sociale*, p. 48, 51.

admissible que le Pape eût rompu tout à coup avec la tradition catholique, et surtout l'eût fait sous la forme d'un simple argument, apporté incidemment pour résoudre une objection spéciale, indépendante de la question de principe, laquelle se trouvait ainsi tranchée indirectement.

On sait cependant de quel poids la tradition pèse, non sans raison, dans la conduite et l'enseignement de l'Église ; un revirement aussi inattendu aurait donc dû, semble-t-il, vu son importance considérable, se manifester sous forme d'une démonstration en règle, précédée d'un exposé magistral, appuyé d'arguments précis et décisifs.

La forme même sous laquelle leur prétendu principe se produisait était donc de nature à les tenir en éveil.

Une seconde réflexion devait également leur venir à l'esprit.

S'ils avaient examiné les conclusions découlant logiquement du texte invoqué par eux, ils auraient vu qu'ils arrivaient à l'absurde.

Or, l'irrévérence envers l'autorité consiste, non à avouer franchement qu'un argument est douteux, bien qu'invoqué à l'appui d'une thèse vraie, mais à prêter au contraire à cette autorité des opinions qui conduisent à des conclusions inadmissibles.

C'est cependant ce à quoi arrivent ceux qui prétendent faire dire à l'encyclique que le salaire doit, en justice, se mesurer aux besoins de l'ouvrier.

L'encyclique pose en effet cet autre principe absolument vrai et indiscutable : « La nature impose au père de famille le devoir sacré de nourrir et d'entretenir ses enfants. »

De ce devoir, faut-il dire, si l'on prend à la lettre le raisonnement invoqué, et de celui de conserver sa propre existence, découle pour chacun le droit de se procurer les choses nécessaires à sa subsistance, à celle de sa femme et de ses enfants, choses que le pauvre ne se procure que par son travail.

Donc, le contrat qui ne donne pas de quoi vivre sobrement et honnêtement à l'ouvrier, à sa femme et à ses enfants, quel qu'en soit le nombre, est injuste.

Si le premier syllogisme, celui concernant l'ouvrier personnellement est bon, le second qui s'applique à l'ouvrier et à sa famille est inattaquable.

Mais, me dira-t-on, le second est absurde et personne n'essaie de le soutenir.

Il est absurde de prétendre qu'un patron viole la justice s'il paie 4 francs par jour à un ouvrier qui a 12 enfants et auquel il faut 6 francs pour vivre lui et sa famille et qu'il ne la viole pas si, pour un travail identique, il paie ces 4 francs à un célibataire.

Il est absurde de soutenir qu'une table, une chaise, un meuble, un objet quelconque augmentent de valeur proportionnellement au nombre d'enfants de l'ouvrier qui les confectionne.

C'est évidemment absurde ; aussi les quelques

rares tenants du salaire familial, effrayés des conséquences auxquelles ils aboutissent logiquement,
désertent aujourd'hui cette thèse, pour réclamer
seulement le salaire destiné à faire vivre une famille moyenne, comme si la nature n'imposait pas
au père de famille le devoir sacré de nourrir et
entretenir son cinquième enfant tout comme le
quatrième, ou comme si les économies faites dans
une famille qui est au-dessous de la moyenne, faisaient vivre celle qui est au-dessus.

Voilà donc le résultat auquel arrivent ceux qui,
prenant littéralement une phrase de l'encyclique,
veulent y voir la consécration de la thèse qui mesure le juste salaire aux besoins de l'ouvrier.

Or, quand un syllogisme, partant d'un point de
départ vrai, arrive à une conclusion absurde, c'est
qu'il y a sur la route un vice quelconque de raisonnement.

Le vice ici, c'est que la conclusion n'est pas contenue dans les prémisses.

Il est parfaitement vrai que conserver l'existence est un devoir imposé à tous les hommes,
auquel ils ne peuvent se soustraire sans crime.

Il est également vrai que le père de famille a
le devoir sacré de nourrir et élever ses enfants.

Or, de ce double devoir découle évidemment le
droit de se procurer les choses nécessaires à la
subsistance que le pauvre, tant pour lui que pour
ceux dont il a la charge, ne se procure que par
son travail.

Du moment, en effet, où Dieu disait à l'homme : Tu mangeras ton pain à la sueur de ton front, et lui imposait le devoir de travailler pour vivre, il lui donnait par le fait même *le droit de travailler*. Les mesures législatives qui empêchent un homme de travailler librement de la profession de son choix, constituent donc une violation du droit naturel.

Mais le *droit de travailler* est-il *le droit au travail?* Évidemment non ; car si Dieu a imposé à chaque homme le devoir et la nécessité de travailler, il n'a pas imposé aux autres hommes le devoir de faire travailler ; encore moins de faire travailler à un prix déterminé (1).

Donc de ce qui précède, on ne peut pas conclure que le contrat est injuste si, assurant à l'ouvrier la rémunération de son travail telle que l'établit l'estimation commune, il ne lui donne pas cependant un salaire suffisant pour le faire vivre soit seul, soit avec sa famille ; car il ne saurait y avoir pour l'ouvrier obligation d'obtenir, ni pour le patron obligation de payer plus que la valeur le travail.

La seule conclusion à tirer des prémisses est que

(1) L'abbé de Pascal, dans la brochure *l'Église et la Question sociale* (p. 51), trouve que l'encyclique a proclamé le *droit à la vie*. N'y a-t-il pas trouvé aussi l'organisation des ateliers nationaux qui en sont la conséquence nécessaire ; car le droit à la vie, c'est le *droit au travail*, qu'il ne faut pas confondre avec le *droit de vivre*, dont le corollaire est le *droit de travailler?*

l'ouvrier manquerait à son devoir, tant envers lui qu'envers ses enfants, si pouvant obtenir les cinq francs qui lui sont nécessaires pour mener, lui et ses enfants, une vie sobre et honnête, il se contentait de deux francs, et vivait par suite misérablement.

Mais un homme qui agirait ainsi serait un fou ; l'hypothèse ne mérite donc pas qu'on s'y arrête.

Remarquons en terminant que ceux qui, abusent d'un argument de l'encyclique pour justifier une nouvelle théorie du juste salaire, sont beaucoup moins favorables que nous à l'ouvrier.

Pour eux, le juste salaire doit, en tous cas, donner de quoi vivre à l'ouvrier, mais ils oublient que le salaire naturel, librement établi, correspond, ainsi que nous l'avons expliqué dans un chapitre précédent, non seulement aux besoins personnels de l'ouvrier, mais à ceux d'une famille ordinaire. Le juste salaire, de sa nature et dans les conditions normales, est familial ; par conséquent, dans ces conditions, le salaire courant, qui sera par le fait même le juste salaire, donnera le nécessaire non seulement à l'ouvrier personnellement, mais encore à sa femme et à ses enfants. Le salaire naturel est familial, parce que la majorité des ouvriers ont famille.

Il n'en serait autrement que si l'industrie ou l'ouvrier sortaient des conditions normales : c'est ce qui arrive dans les cas de crise industrielle, de chômage, de surproduction, ou lorsque l'ouvrier est incapable de fournir un travail ordinaire, ou

encore se trouve chargé d'une famille exceptionnelle.

Nous ne disons donc pas que le salaire ne doit
pas donner de quoi vivre à l'ouvrier et à sa famille,
nous disons que, normalement et dans les conditions ordinaires, il le donne ; mais nous affirmons
à nouveau que la mesure du salaire dû à un travailleur déterminé, est son travail et non la somme
de ses besoins.

CHAPITRE XVI

L'ENCYCLIQUE RERUM NOVARUM.

Les commentaires de l'Encyclique. — Le discours aux pèlerins
français. — La doctrine de saint Thomas d'Aquin. — La
réponse à l'archevêque de Malines.

Les exagérations même auxquelles se livraient
ceux qui saluaient dans l'encyclique le renverse-
ment des vieux principes et l'avènement d'une doctrine nouvelle, ne pouvaient manquer d'attirer l'attention de Rome.

C'est ce qui ne tarda pas à arriver.

En septembre 1891 (l'encyclique est du 15 mai),
le Pape recevait le pèlerinage des ouvriers français.
L'attention du monde catholique était éveillée sur
ce fait véritablement nouveau dans les annales
de l'Église, d'un pèlerinage ouvrier se rendant *ad
limina apostolica*. L'occasion était donc solen-
nelle.

Le Pape, dans l'allocution adressée aux ouvriers
admis à son audience, leur dit cette phrase très
significative : « Cette solution (de la question sociale) est de sa nature liée aux préceptes de la par-

faite justice qui réclame que *le salaire réponde adéquatement au travail* (1). »

Venant après des commentaires présentant l'encyclique comme la condamnation des anciennes théories, cette formule est particulièrement remarquable ; c'est en effet la traduction presque littérale de la règle de justice que saint Thomas d'Aquin trace pour les échanges : *Oportet adæquare rem rei* (2).

On sait en quelle haute estime le Souverain Pontife Léon XIII tient la théologie du saint Thomas et avec quelle insistance il en recommande l'étude. Il n'est donc pas admissible qu'un pareil rapprochement, dans une circonstance aussi grave, soit l'effet du hasard, ou puisse être considéré comme une coïncidence purement fortuite.

Le Pape se trouvait en présence des commentaires qui avaient suivi la publication de l'encyclique. Il ne pouvait ignorer les débats qu'avait fait surgir une phrase du document pontifical, il savait le parti qu'on essayait de tirer de ses paroles, le sens et la portée qu'on leur attribuait, il est donc manifeste que, parlant aux pèlerins français, il entendait leur donner la solution du débat.

Cette solution est celle de saint Thomas : le salaire doit être adéquat au travail.

Mais saint Thomas ne se borne pas à formuler cette règle comme une sorte d'axiome, il la com-

(1) *Univers*, 22 septembre 1891.
(2) **Summ.** 1, 2, q. 61, art. 2.

mente et l'explique. Est-il imprudent de penser que le Pape, en faisant sienne la formule de saint Thomas, nous renvoie par le fait même au commentaire du grand Docteur pour avoir l'explication complète de sa pensée?

Or voici le passage complet de saint Thomas :

« Dans les échanges, on rend une chose à une personne en échange de celle que l'on a reçue d'elle ; c'est particulièrement manifeste dans la vente et l'achat qui au fond ne sont qu'un échange, c'est pourquoi il faut qu'une chose réponde adéquatement à l'autre : *ideo oportet adæquare rem rei*, de manière que l'un s'enrichisse du bien de l'autre contractant, d'une quantité égale à celle dont il se dépouille à son profit. »

Revenant ailleurs à cette idée de l'échange (1), saint Thomas s'exprime ainsi : « Il y a échange lorsqu'en raison d'opérations réciproques on devient débiteur de quelqu'un, par exemple, lorsqu'un homme a travaillé dans la vigne d'un autre, cet autre doit au premier ce que vaut son travail. »

L'hésitation n'est donc pas possible sur le sens et la portée de cette phrase si nette et si précise du discours aux pèlerins français.

En Léon XIII nous avons entendu la doctrine de saint Thomas. Le contrat de louage d'ouvrage est un échange : *do ut facias, facio ut des*. Le salaire est la contre-partie du travail, il se mesure donc

_____

(1) In III lib. Sentent., dist. 33, q. 3 ad 1, q. 5 ad 2 ann.

en justice au travail fait, et non aux besoins du travailleur.

Le discours du Pape aux pèlerins français confirme la conclusion à laquelle nous sommes arrivés en étudiant directement l'encyclique.

C'est en transformant en criterium du juste salaire l'un des éléments qui concourent à l'établissement du salaire naturel, que l'on est arrivé à tirer, bien à tort, de l'encyclique une thèse qu'on n'y rencontre pas.

Depuis le discours aux pèlerins français, un nouveau document a paru sur la question du juste salaire (1).

En avril 1892 les journaux publiaient, comme émanant d'un théologien de Rome, une réponse à différentes questions posées par l'archevêque de Malines relativement à l'encyclique *Rerum novarum*. D'après les renseignements donnés à cette époque et qui maintenant semblent certains, cette réponse, bien que transmise sous le couvert d'un théologien, émanait du cardinal Zigliara qui en fit l'envoi après l'avoir soumise à l'approbation du Pape.

Cette réponse, tout en prenant certaines précautions pour ne point répudier absolument ce qu'elle appelle : le « criterium (2) posé par l'encyclique »,

____

(1) *Revue des Institutions et du Droit*, 1892, II° partie, p. 97.

(2) Un criterium est un moyen pratique de reconnaître la vérité d'une chose. Les besoins de l'ouvrier ne sont pas le moyen pratique de reconnaître si un salaire est juste, ils ne sont donc pas un

affirme, en réalité, la doctrine traditionnelle de l'estimation commune.

Elle établit d'abord que si le travail n'est pas une marchandise, il se comporte cependant comme une marchandise, par conséquent, le juste salaire se règle d'après les mêmes principes que le juste prix.

Si les besoins personnels de l'ouvrier sont le criterium établissant l'équivalence entre le salaire et le travail, ce salaire cependant subit l'influence de l'estimation commune.

La prétention de mesurer le salaire sur les besoins de la famille de l'ouvrier est ensuite condamnée ; de même, on réprouve aussi la conduite du patron qui profiterait de l'abondance de l'offre pour abaisser les salaires au-dessous de la valeur du travail.

On pourrait désirer plus de précision dans les commentaires qui accompagnent cette réponse ; il semble que le commentateur se soit trouvé quelque peu gêné par le désir de ne point désavouer trop ouvertement l'argument tiré des nécessités de la vie, tout en respectant la doctrine traditionnelle.

Le commentaire fait encore intervenir les besoins personnels de l'ouvrier dans la mesure du juste salaire, sous prétexte que la fin du travail est de donner à l'ouvrier de quoi vivre.

criterium ; mais ils sont l'un des faits économiques qui influent sur le taux du salaire dû, d'après l'opinion générale, pour un travail déterminé.

Si c'est là la fin du travail pour le célibataire, pour le père de famille, au contraire, sa fin, en travaillant, est de vivre lui et sa famille. Si donc, les besoins du célibataire sont la mesure du salaire qui lui est dû, ceux du père de famille doivent également servir de mesure au salaire de ce dernier. Le commentaire cependant repousse cette conclusion.

Mais pourquoi dit-il alors qu'il faut chercher l'équivalence entre le travail et le salaire dans la fin *immédiate* de l'ouvrier qui travaille pour se procurer des choses nécessaires à la vie.

Il y a là une erreur. Se procurer les choses nécessaires à la vie, n'est pas la fin *immédiate* du travail, c'est seulement, pour le grand nombre, la fin *médiate* qu'ils poursuivent en travaillant.

La fin immédiate d'une chose est le but que l'on poursuit directement en la faisant. La fin immédiate d'un contrat synallagmatique pour une partie, est ce que lui promet l'autre partie. C'est la cause du contrat. La fin immédiate est identique pour tous ceux qui font le même contrat. La fin immédiate de tout patron, en contractant, est d'avoir le travail. La fin immédiate de tout travailleur, en s'engageant à travailler, est de gagner le salaire. La fin médiate au contraire, pourra varier suivant chaque patron et suivant chaque travailleur; celui-ci travaillera pour accumuler argent sur argent; celui-là pour élever honorablement sa famille et l'établir suivant sa condition; cet autre, pour faire vivre à l'aide de ses bénéfices les œuvres dont il est la providence en ce monde; un autre travaillera pour se procurer certaines jouissances que le simple revenu de ses capitaux ne lui donnerait pas; le plus grand nombre, en travaillant, a simplement pour fin médiate de vivre; le célibataire, de vivre seul ou de faire vivre en même temps ses parents âgés et infirmes, le père de famille, de vivre lui, sa femme et ses enfants.

La fin immédiate seule est à considérer dans les contrats, parce qu'elle seule est invariable. Le patron n'a donc qu'une chose à voir : Donner à l'ouvrier le juste équivalent de son travail, sans s'inquiéter des fins médiates que poursuit l'ouvrier en travaillant, et, par suite, sans avoir à rechercher si l'ouvrier a plus ou moins d'enfants, plus ou moins de charges, plus ou moins de besoins, car la fin immédiate du salaire donné par le maître étant le travail fourni par l'ouvrier, on ne comprendrait pas que le maître dût, en justice, payer diversement des travaux identiques (1).

Quant au fond même de la doctrine, le commentaire adressé à l'archevêque de Malines se maintient dans la tradition constante des théologiens catholiques.

Voilà donc à quoi se réduit tout ce tapage fait autour d'une phrase de l'encyclique; il semblait au premier jour que tout était changé, que la tradi-

______

(1) Se préoccuper des besoins que le juste salaire ne parvient pas à satisfaire, c'est l'œuvre de la charité.

tion avait fait son temps et que l'on venait de découvrir une nouvelle règle de justice gouvernant les relations des patrons et ouvriers.

Les explications provoquées par ces exagérations mêmes, ont montré qu'il fallait s'en tenir à la règle constamment admise par les théologiens :

Le salaire se mesure au travail. Le juste salaire se détermine d'après l'estimation commune librement établie.

CHAPITRE XVII

DE L'ÉTAT ACTUEL DES SALAIRES.

Les caisses d'épargne. — Statistique des cabarets. — Statistique générale. — Le luxe. — Les trois périodes de la vie de l'ouvrier.

Que faut-il penser de la situation que l'état actuel des salaires fait aux ouvriers? Telle est la question que nous avons maintenant à examiner.

C'est un sujet brûlant; aussi, pour qu'on ne puisse pas travestir notre pensée, tenons-nous tout d'abord à poser quelques réserves.

Nous n'entendons pas juger ce qui se passe en Allemagne, en Autriche ou ailleurs, au pays du P. Lemhkuhl ou du P. Liberatore, comme disaient les présidents des syndicats de Roubaix et de Tourcoing dans leur lettre du mois d'août 1894 au *Nouveau Moniteur de Rome* (1); nous entendons parler uniquement de ce que nous connaissons, pour le voir depuis quarante ans autour de nous dans l'arrondissement de Lille et dans les arrondissements voisins. Au point de vue industriel, notre région est

(1) *La Vérité* du 6 septembre 1894.

certes assez importante pour qu'on attache quelque valeur aux faits qui s'y produisent.

Que chacun nous dise ce qu'il sait de sa région, et l'on aura ainsi une série de travaux qu'il suffira de coordonner, pour posséder une vue d'ensemble sur la matière.

Le principal thème de déclamation des meneurs socialistes de gauche comme de droite est l'insuffisance des salaires. Que des députés, commis-voyageurs en socialisme, développent cette thèse, ils sont dans leur rôle et savent à quoi s'en tenir ; c'est pour eux le moyen de surexciter les passions de la masse qui ne réfléchit pas. En le faisant, ils exercent d'ailleurs leur profession et utilisent leur gagne-pain. Mais les socialistes catholiques ne le cèdent en rien à leurs confrères de gauche. Pour qu'on ne nous accuse pas de parler sans preuve, voici quelques extraits de journaux *ecclésiastiques* que ne désavoueraient pas les plus farouches socialistes.

En décembre 1893, on lisait dans *la Croix* de Morlaix (1) : « Jacques Misère a faim. Sous ses haillons le froid lui raidit les membres, pendant que la faim lui tord les entrailles. Il trime dur, le malheureux, depuis le lever du soleil jusqu'à son coucher, pour gagner un morceau de pain à sa famille et payer l'affreux galetas où il s'abrite avec ses petits. Et pendant qu'il travaille, sa pensée

____

(1) Reproduit par l'*Autorité* du 20 décembre 1893.

marche ; il songe au bourgeois qu'il enrichit par son labeur et dont le riche équipage l'a éclaboussé tout à l'heure. »

En janvier 1894 on lisait dans le *Peuple français*, journal de l'abbé Garnier : « Dans ce siècle, qui parle tant de liberté, s'étale l'odieuse tyrannie d'un maître condamnant le travailleur à mourir de faim ou à mourir de misère. Tyrannie odieuse qui spécule sur l'homme comme sur un vil bétail ou un vil instrument de production, qui calcule froidement jusqu'à quelle limite on peut ajouter à sa tâche sans qu'il tombe écrasé sous le poids ; qui suppute enfin goutte à goutte ce que des ruisseaux de sueur peuvent lui rapporter d'or ; tyrannie pareille à ces vampires que l'on représente parfois s'abattant sur des corps pleins de force et de vie, et n'abandonnant leur proie qu'après avoir tiré tout le sang de ses veines et toute la moelle de ses os. »

Déjà au congrès de Liège de 1891, le comte de Kuefstein, qui, à le voir, ne paraît cependant pas un énergumène, disait dans son rapport (1) :

« Le pouvoir civil devrait regarder les bras croisés quand la misère physique et morale progresse de jour en jour, et la société devrait porter les frais de ce spectacle au grand bénéfice d'un petit nombre de spéculateurs et de quelques exploiteurs d'esclaves. »

---

(1) Compte rendu du congrès, 2ᵉ partie, 2ᵉ section, page 66.

Ce sont morceaux de choix ; toute l'école socialiste catholique n'a pas cette même envergure, n'atteint pas à ces effets oratoires ; mais toujours il est de règle de présenter les salaires comme étant, en général, absolument insuffisants pour faire vivre les ouvriers. On a même réussi à le persuader au Pape. Nous lisons en effet au début de l'encyclique *Rerum novarum*, cette phrase : « Nous sommes persuadés, et tout le monde en convient, qu'il faut par des mesures promptes et efficaces venir en aide aux hommes des classes inférieures, attendu qu'ils sont, *pour la plupart*, dans un état d'infortune et de misère imméritée. »

On remarquera ces mots : *pour la plupart*. Ce n'est donc pas une situation exceptionnelle et inévitable voulue de Dieu qui nous a dit : « Il y aura toujours des pauvres parmi vous. » C'est une situation générale. Est-ce vrai dans le nord de la France ?

La question de savoir si le salaire est suffisant est particulièrement délicate à traiter, parce que c'est avant tout une question relative. Pour l'homme habitué à vivre sur le pied de dix mille francs par an, la situation de l'ouvrier qui en gagne douze cents lui paraîtra déplorable ; de même, celui qui possède cent mille livres de rente se trouverait ruiné s'il n'en avait plus que dix. Il est évident, d'autre part, que l'ouvrier n'est pas riche ; il est non moins évident qu'il devra toujours se priver de bien des choses qui semblent des nécessités à d'autres plus fortunés ;

il n'aura pas l'existence large ; il aura besoin pour équilibrer son budget de la plus stricte économie ; il vivra au jour le jour. Il semble donc, si l'on répond affirmativement, que l'on dénie à l'ouvrier le droit d'améliorer sa situation et de gagner un salaire plus élevé, et l'on vous fait dire alors perfidement comme le faisait feu le *Nouveau Moniteur de Rome* (1) : « La situation des ouvriers est bonne, la plupart des misères sont méritées, » généralisant la situation comme s'il n'y avait plus de pauvres et comme si les misères auxquelles l'ouvrier n'échappe pas plus qu'un autre, étaient toutes chez lui le châtiment de l'inconduite.

Précisons donc la question : Les salaires payés dans notre région permettent-ils aux ouvriers qui sont dans des conditions ordinaires, de mener une vie sobre et honnête?

On a, dans ces derniers temps, ouvert des enquêtes ; on a prétendu, en interrogeant des ouvriers, établir la statistique de leurs besoins et de leurs ressources. Les témoins sont trop intéressés pour qu'une pareille enquête puisse être considérée comme sérieuse. Bon nombre des témoins interrogés n'entrevoient-ils pas, comme conséquence de leur réponse, la main généreuse de l'enquêteur comblant le déficit accusé? A voir certains chiffres donnés, toutes les familles ordinaires d'ouvriers auraient chaque année, dans leur budget, un déficit de 500 francs,

(1) 22 juillet 1891.

ce qui est impossible, car la famille ne trouverait pas le crédit suffisant pour faire chaque année 500 fr. de dettes; et faute de ces 500 fr., l'ensemble des familles ouvrières serait dans un état de misère épouvantable qui n'existe certainement pas.

On ne peut donc se fier à ces statistiques.

Mais on possède heureusement d'autres éléments de nature à donner une certitude absolue, ce sont les économies faites par des familles ouvrières.

Avant d'économiser on vit, on satisfait aux nécessités de l'existence, sobrement, mais convenablement. On fait des économies non au prix de souffrances que l'on s'impose, mais en supprimant certaines jouissances et un superflu relatif. En un mot, avant de mettre de l'argent de côté, on mange à sa faim.

Dans quelle proportion les familles ouvrières font-elles des économies? Nous pouvons répondre pour certains groupes et tirer de là des données générales sur la situation que l'état actuel des salaires fait aux ouvriers de la région.

Au congrès catholique de Lille de 1893, M. Léon Harmel indiquait ce qu'il faisait pour les salaires dans son usine du Val-des-Bois. Ce discours était au reste la reproduction textuelle d'une lettre qu'il avait adressée peu auparavant à *la Croix* de Reims (1).

Après avoir déclaré que « parler des questions

(1) Reproduite dans la *Vérité* du 1ᵉʳ novembre 1893.

théologiques aux patrons serait leur embrouiller l'intelligence », M. Harmel arrive aux chiffres relevés dans son usine.

Nous sommes donc en présence de faits précis.

La population ouvrière du Val-des-Bois doit représenter, d'après renseignements, cinq à six cents ouvriers, ce qui correspond à environ deux cent cinquante familles.

M. Harmel nous apprend que, sur ce nombre, cent vingt familles économisent chaque année en moyenne 56,000 fr., soit 500 francs par famille.

Donc la moitié, environ des familles ouvrières employées dans l'établissement arrive à économiser; de plus, un certain nombre de familles, sans économiser, équilibrent certainement leur budget.

Les salaires sont-ils, chez M. Harmel, plus élevés qu'ailleurs? Une récente polémique nous a appris qu'ils étaient au contraire inférieurs, comme chiffre absolu, à ceux payés à Roubaix, Tourcoing et Fourmies. Toutefois, en faisant la différence du coût de la vie à la ville et à la campagne, on peut considérer que les ouvriers du Val-des-Bois reçoivent, relativement à leurs dépenses, un salaire égal à celui des ouvriers des villes ci-dessus indiquées.

Donc au Val-des-Bois, dans des conditions ordinaires, la moitié des familles ouvrières économise en moyenne 500 francs par an.

Le syndicat mixte de Fourmies - Wignehies comptait, en septembre 1894, trois cents membres;

depuis 1891, ce syndicat possède une caisse d'épargne; en 1894 les versements de soixante sociétaires représentaient 20,500 francs, soit en moyenne 350 francs par sociétaire.

Il y aurait à faire, sur les versements aux caisses d'épargne publiques, un travail statistique analogue qui serait certainement très instructif. Malheureusement, les comptes rendus ne contiennent généralement pas la division des livrets suivant la profession de leur titulaire.

Voici cependant un renseignement que nous trouvons dans le compte rendu des opérations de la caisse d'épargne de Roubaix pour l'année 1893 : parmi les nouveaux déposants pour lesquels des livrets ont été créés pendant cet exercice, on compte 1098 ouvriers et ouvrières de l'industrie.

De ce qui précède, notamment de ce qui se passe au Val-des-Bois, on peut tirer cette conclusion qu'en l'état actuel des salaires, beaucoup d'ouvriers pourraient économiser. Les uns le font : ce sont les ouvriers rangés et laborieux; d'autres qui le pourraient ne le font pas, parce qu'ils dépensent au cabaret une forte partie de leur salaire.

Le cabaret forme la contre-partie de la statistique que nous venons d'examiner.

Il serait fort intéressant et très instructif de posséder une statistique exacte de la dépense de pur agrément qui se fait chaque jour dans les cabarets.

A défaut de statistique, nous pouvons cependant

donner un renseignement qui permettra de se rendre compte du chiffre considérable que le cabaret doit prélever sur les salaires : c'est l'indication du nombre même des cabarets dans les principales villes de l'arrondissement de Lille.

Il y a à Lille, pour une population de 201,211 habitants, d'après le dernier recensement, 2,333 estaminets (1).

Roubaix a 114,000 habitants et 2,259 estaminets.

Tourcoing a 1073 cabarets, pour une population de 65,477 habitants.

Armentières possède 439 cabarets, pour 28,638 habitants.

On a donc :

<pre>
A Lille, un cabaret pour   85 habitants.
A Roubaix   —   50   —
A Tourcoing   —   61   —
A Armentières —   61   —
</pre>

En supposant que la moitié de la population fréquente les cabarets, il y aurait :

<pre>
A Lille un cabaret pour   42 clients.
A Roubaix   —   25   —
A Tourcoing   —   30   —
A Armentières —   30   —
</pre>

Comme confirmation de ce qui précède, nous

(1) Annuaire de la ville de Lille 1894. Les cafés figurent sous une rubrique spéciale.

extrayons du journal l'*Autorité* du 6 avril 1895, la petite anecdote suivante :

« Un industriel de nos amis, ayant voulu se rendre compte de la proportion du salaire qui passait des mains de ses ouvriers dans le comptoir du débitant de boissons, eut l'idée de faire, avant la paye, une marque au poinçon sur 700 pièces de 5 francs, qu'il distribua en nombre égal à ses travailleurs.

« En même temps, il demandait aux cabaretiers voisins de ses ateliers de lui remettre les pièces de cent sous portant cette marque.

« Deux jours après la paye, il fut rapporté au patron plus de 300 de ces pièces d'argent! »

Dans beaucoup de ménages, si l'on pouvait détourner le père du cabaret, on ajouterait certainement chaque année aux ressources de la famille une somme importante.

Les données de la statistique générale confirment les conclusions auxquelles nous sommes arrivés à l'aide des quelques éléments que nous venons de présenter.

Il semble, à entendre beaucoup de ceux qui s'occupent de la question, que le développement moderne de l'industrie ait coïncidé avec un accroissement général de la misère parmi les ouvriers qu'elle emploie.

Or, c'est précisément le contraire; le développement de l'industrie a produit une augmentation de bien-être général.

Les chiffres vont nous en donner la preuve.

La prospérité découle non du chiffre absolu du salaire, mais de sa relation avec le prix des choses de première nécessité. Les émigrants qui sont partis pour la République Argentine, alléchés par des journées de dix francs, ont été bien déçus quand ils ont vu que là-bas il en coûtait autant pour vivre.

Pour comparer la prospérité publique à deux époques déterminées, il faut à ces deux époques rapprocher le montant des salaires du coût de l'existence.

Voici le prix en gros, en Angleterre, des marchandises de première nécessité de 1845 à 1850 et en 1891 (1). Les prix de 1845 à 1850 étant représentés par 100, le chiffre de 1891 indique la hausse ou la baisse comparée à 100.

Marchandises.	Prix supposé 100 de 1845-1850.	Prix en 1891.	Hausse.	Baisse.
Froment	100	61		39 %
Viande	100	126	26 %	
Sucre	100	36		61 %
Huile	100	86		11 %
Lin	100	65		35 %
Laine	100	102	2 %	
Cotons filés	100	97		3 %
Tissus de coton . . .	100	89		11 %

Donc, la viande seule a augmenté d'un quart, la laine est restée stationnaire, les autres articles ont considérablement baissé.

(1) Yves Guyot, *la Tyrannie socialiste*, p 95 et suivantes.

Ce qui est vrai du gros est vrai du détail. De plus, les cours en France doivent nécessairement se rapprocher des cours en Angleterre.

Au reste, nous compterons largement. Admettons que les loyers aient doublé depuis 1850. que la viande ait augmenté de 25 % et que le coût des autres objets soit resté ce qu'il était en 1850.

Pendant cette même période, quelle marche ont suivi les salaires? Ici les documents abondent. Consultez tous les industriels de la région, ils vous diront : les salaires ont doublé. Voici au reste des chiffres.

Série de prix de la ville de Paris à l'heure.

Professions.	1860.	1888.	En plus.
Tailleurs de pierres. . . .	0,575	1,20	52 %
Maçons.	0,50	0,80	60 %
Peintres	0,425	0,80	41 %
Serruriers	0,375	0,85	56 %
Fumistes.	0,45	0,75	40 %
Vitriers.	0,425	0,85	100 %
Marbriers	0,50	0,85	70 %
Menuisiers.	0,40	0,80	100 %
Plombiers	0,50	0,90	80 %
Couverture.	0,66	0,75	12 %
Charpentiers	0,50	0,90	80 %
Charpentiers en fer. . . .	1 »	1,675	67 ½ %

Les salaires des mineurs ont suivi dans le Nord et le Pas-de-Calais les progressions suivantes :

1844	moyenne fond et surface.	2.09
1865	— —	2.86
1875	— —	3.32
1880	— —	3.58

1886	moyenne fond et surface	3.71
1890	—	—	4.16
1891	—	—	4.17

Voici les chiffres relevés sur les livres d'un tissage de toile de Lille :

	1860.	1891.
Pareur.	5 à 6 fr.	6 à 7 fr.
Tisserand.	2.50 à 4 »	4 à 6 »
Chauffeur	5	6
Homme de peine . . .	2 à 2.50	3.25

Des chiffres que nous venons de présenter il résulte donc que de 1860 à 1894 les salaires ont augmenté dans une proportion plus forte que le coût des choses de première nécessité. C'est la preuve que le bien-être général s'est accru, puisque, en donnant un même travail, l'ouvrier peut aujourd'hui se procurer avec son salaire une quantité de ces choses plus grande qu'en 1860.

Aussi, la consommation de la viande en France qui, en 1812, était de 17 kilos 16 par tête d'habitant, était montée en 1882 à 33 kil. Ce n'est pas à dire que l'appétit des consommateurs ait doublé; cela prouve qu'en 1882 deux fois plus de personnes faisaient entrer la viande dans leur alimentation.

L'augmentation des salaires a correspondu avec une autre augmentation que l'on ne saurait passer sous silence, celle des besoins. Le luxe s'est infiltré jusque dans la classe ouvrière, l'ancienne simplicité du vêtement s'est perdue ; la jeune ouvrière se croirait déshonorée aux yeux de ses compagnes si elle portait les gros souliers, le *blanc bonnet* et la *pelisse* qu'elle voyait à sa grand'mère ; elle veut s'habiller en demoiselle de bonne famille et ne se distingue bien souvent de cette dernière que par le mauvais goût de sa toilette.

Les salaires ne sont donc pour rien dans la question sociale.

Est-ce à dire, cependant, qu'il n'existe aucune situation digne d'intérêt, et que toutes les familles, sans exception, trouvent dans leur salaire de quoi vivre, pourvu qu'elles usent de toute l'économie possible.

Le prétendre serait démentir la parole de N.-S. Jésus-Christ et dire qu'il n'y a plus de pauvres.

Tous ceux qui vivent dans les pays d'industrie savent qu'il faut considérer dans la vie de l'ouvrier trois périodes.

La première est celle de sa vie de célibataire. S'il conserve pour lui ses salaires sans les remettre à sa famille, il peut, en menant une vie sobre et honnête, faire des économies qui lui seraient très utiles dans la période suivante ; mais généralement il dépense ce qu'il gagne.

La seconde période s'écoule de son mariage au jour où les premiers enfants commencent à travailler. Les difficultés grandissent à mesure qu'augmente le nombre des enfants. Les besoins dépassent alors le montant du salaire. Dans la région du Nord, on évalue à environ 10 % les ouvriers de l'industrie qui sont dans cette situation.

Lorsque les enfants grandissant commencent à

travailler, arrive la troisième période; alors, avec de l'ordre et de l'économie, l'ouvrier peut non seulement suffire à ses besoins et à ceux de sa famille, mais même faire quelques économies pour le temps de sa vieillesse.

Cependant, beaucoup n'économisent rien. Peut-on leur faire positivement un reproche d'avoir, dans les temps meilleurs, vécu un peu plus largement?

On voit donc que s'il est dans la vie de l'ouvrier des périodes difficiles, il n'en est pas moins certain que dans toute la région du nord de la France, le salaire fournit en général aux ouvriers et à leur famille de quoi mener une vie sobre et honnête. L'insuffisance du salaire n'est pas, comme il est de mode de le prétendre, une cause générale de souffrance pour l'ouvrier rangé et laborieux, mais il peut avoir à souffrir de l'insuffisance de son salaire dans la seconde période de son existence ouvrière. De même le chômage, la maladie et la vieillesse sont souvent pour lui des causes de misère.

Quels remèdes apporter dans ces diverses situations? C'est ce que nous examinerons en étudiant les institutions établies ou proposées dans ce but.

CHAPITRE XVIII

DU ROLE DE L'ÉTAT.

Interventionnistes et non interventionnistes. — Rôle de l'État. — Défense des droits. — Action d'office ou sur requête des intéressés. — Mesures d'intérêt social.

Au point où nous en sommes et avant d'étudier les remèdes proposés pour venir en aide à l'ouvrier dans les divers événements malheureux de son existence, il est indispensable de déterminer le rôle de l'État et de préciser l'étendue de ses droits au regard des citoyens.

Certaines écoles comptent, en effet, sur l'État pour réaliser les réformes qu'elles projettent ; on a même prétendu diviser ceux qui professent sur cette question des opinions diverses en deux classes : les *interventionnistes* et les *non interventionnistes*, c'est-à-dire ceux qui admettent et ceux qui n'admettent pas l'intervention de l'État dans les questions relatives au travail.

Cette division ne répond à rien ; on n'est pas non interventionniste parce qu'on n'admet pas toute l'intervention que certains réclament de l'État. L'État n'est pas plus omnipotent qu'il n'est sans pouvoir ; la question est donc de tracer la limite de ses droits. Si on lui demande de s'abstenir de ce qui excède ses droits, on n'est pas pour cela non interventionniste, mais on admet l'intervention de l'État dans les limites où elle doit s'exercer.

L'État dispose de la force ; il a pour le servir et accomplir ses volontés, surtout dans nos sociétés modernes, une organisation qui rend bien difficiles les résistances individuelles. Toutes les fois donc, qu'une chose est intrinsèquement bonne et honnête, il semble à certains esprits que si l'État, avec son énorme puissance l'imposait, tout serait pour le mieux. On obtiendrait ainsi, rapidement et sans résistance possible, ce à quoi l'initiative et la bonne volonté individuels n'arriveraient que lentement et au prix de grands efforts. Aussi, on fait volontiers litière des principes ; on se dit en soi-même que la fin justifie les moyens, et l'on cherche quelque mauvaise raison pour légitimer aux yeux du public le service que l'on demande à l'État.

C'est une tactique non seulement condamnable lorsqu'elle conduit à une violation des droits de l'individu, mais, en toute circonstance, essentiellement dangereuse. car l'État est de sa nature envahissant, il prend facilement goût à l'omnipotence, et le service qu'on lui a demandé pour un bien ne tarde pas à dégénérer en une tyrannie, dont le premier effet est toujours l'oppression des consciences.

N'exagérons donc pas le rôle de l'État ; qu'il soit chrétien ou non, accordons-lui tout son droit, mais rien que son droit; il est toujours dangereux de le faire sortir de son rôle, quel que soit le mobile auquel on obéisse.

Quel est donc le rôle de l'État?

En principe, l'homme est libre vis-à-vis des autres hommes. Il a le droit d'atteindre sa fin qui est le bonheur éternel, et de se procurer dans ce monde tout ce qui, sans l'écarter de sa fin dernière, peut le conduire au bonheur temporel.

Mais devant lui se dressent des obstacles que nous avons déjà signalés.

Obstacles de la part des autres hommes, apportant injustement à l'exercice de son droit des entraves qu'il est incapable de vaincre.

Impuissance de sa part à se procurer par lui-même et sans aide, des choses utiles à l'obtention de sa fin, et que seule l'association politique peut lui donner.

Le but des associations politiques qui se constituent sous le nom de *sociétés civiles* ou d'*États*, est précisément de faire disparaître ces deux séries d'obstacles :

1° En assurant le respect des droits;

2° En procurant à l'homme ces divers avantages que la société seule peut lui donner.

La société civile n'a donc pas pour mission d'imposer l'exercice de toutes les vertus; c'est le rôle de l'Église qui agit surtout par l'enseignement et la persuasion, par les sacrements et par les peines spirituelles, bien qu'elle ait aussi le droit d'user

des peines corporelles. L'Église conduit l'homme à
sa fin par l'assistance qu'elle lui donne; la société civile empêche qu'on ne le détourne de cette fin
en entravant l'exercice de son droit; l'Église a donc
un rôle de direction, la société un rôle de protection.

Cette protection s'exerce de deux manières : d'office ou à la requête de l'intéressé.

L'État agit d'office lorsque l'ordre public est
troublé ou sérieusement menacé. L'État, en effet, a
pour première mission de maintenir l'ordre public,
sans lequel tous les droits sont dans un état de
danger perpétuel. C'est ainsi que l'État prend, de
lui-même, les mesures d'administration destinées à
maintenir la paix publique, poursuit et réprime les
crimes, délits et contraventions qui sont de nature
à troubler l'ordre.

L'État agit à la requête des intéressés pour faire
respecter leurs droits toutes les fois que, ces droits
étant violés, l'ordre public cependant n'est pas menacé par ces violations, et que, d'ailleurs, ces individus trouvent dans leur droit de réclamer l'intervention de l'État, une suffisante protection. C'est
ainsi que l'État juge, dans ses tribunaux civils, les
conflits qui naissent entre particuliers et met à
leur service la force publique, pour leur permettre
de faire exécuter les décisions de justice rendues
en leur faveur.

Dans tous ces cas, l'État n'agit pas et n'a pas le
droit d'agir d'office; il est en présence d'intérêts
privés, seuls les intéressés sont juges de la mesure

dans laquelle ils doivent pourvoir à la défense de leurs droits. L'État se borne, s'il en est requis, à mettre à leur service ses tribunaux et les divers agents de la force publique.

Lorsque l'État agit d'office, il n'est pas nécessaire qu'une violation du droit soit accomplie pour justifier son intervention ; il vaut mieux, en effet, prévenir que réprimer. L'État, ayant la mission de maintenir l'ordre public, est fondé à prendre toutes les mesures qu'il juge utiles pour arriver à ce résultat. C'est pour le législateur une question de prudence et de bon sens. Il ne faut pas enlever toute liberté, parce qu'exceptionnellement on pourrait en abuser ; car sous prétexte de protéger un droit, l'État violerait tous ceux dont il entraverait préventivement le libre exercice.

De même, l'État n'est pas obligé de réprimer tout fait contraire à la loi morale. Il y a encore là une question de prudence. Il est certains cas où, vu la difficulté des preuves, par exemple, l'impunité est moins préjudiciable à la société qu'une répression intempestive. Cela explique que certains actes répréhensibles en eux-mêmes ne tombent pas sous le coup de la loi pénale (1).

De ce qui précède, nous pouvons déduire le principe suivant :

L'État n'a le droit d'intervenir dans les affaires privées que si le droit de quelqu'un est violé, ou s'il se trouve en péril grave et manifeste.

____

(1) Art. 380, Code pénal.

Lors donc qu'on nous demandera si dans tel cas l'État a le droit d'intervenir, nous répondrons : Y a-t-il un droit violé ou menacé? Si oui, l'État en principe et sous les distinctions précédemment indiquées, peut et doit intervenir, sauf à examiner si des raisons de prudence ne lui commandent pas de s'abstenir; si non, l'État n'a aucun droit d'intervention, quelque bon en apparence que soit le résultat à retirer de son concours.

Si l'État n'a pas à imposer tout ce qui est bien, il a, en principe, à protéger et à faciliter par sa législation le libre exercice de ce qui est bien. En le faisant, il protège l'exercice d'un droit; car le bien est tout ce qui conduit l'homme à sa fin. Or, c'est un droit pour lui d'atteindre sa fin et par suite de faire le bien.

Cette distinction est importante. Nous trouverons plus d'une fois à l'appliquer, notamment lorsque nous serons en présence de ces projets de loi par lesquels on prétend imposer aux patrons et aux ouvriers des choses bonnes et utiles. Nous répondrons : Ce sont des lois injustes; mais nous ajouterons : Faites au contraire des lois qui, sans imposer ces choses, les rendent possibles et praticables à ceux qui veulent les accomplir, et vous aurez fait alors de bonnes et justes lois.

La seconde mission de l'État consiste à assurer aux individus, membres de la société, ces choses bonnes et utiles que l'association politique peut seule leur donner, et qu'ils seraient dans l'impossibilité, au moins morale, de se procurer, soit par leurs propres efforts, soit à l'aide d'autres sociétés.

Cette seconde règle nous donnera la mesure des droits de l'État dans ce qu'il peut prescrire aux citoyens ou leur demander.

Ainsi, c'est le rôle de l'État d'établir une force publique, pour assurer l'ordre à l'intérieur et la défense des intérêts nationaux à l'extérieur ; il lui appartient de créer et d'entretenir des routes, des chemins de fer, des ports, des canaux, toutes choses utiles à la prospérité publique et qu'il serait impossible aux particuliers d'établir par leurs seules forces ou même à l'aide de sociétés, puisque celles-ci, n'ayant pas en elles-mêmes le droit d'expropriation par exemple, seraient à l'impossible d'acquérir amiablement les terrains nécessaires à l'établissement d'une ligne de chemin de fer ou à la création d'un port.

En dehors des règles que nous venons de tracer, l'État n'a aucun droit. Quand il a demandé aux citoyens le concours nécessaire pour atteindre sa double fin, son rôle est accompli.

L'État est, au reste, un pouvoir subsidiaire, *subsidium*, un secours donné à l'homme pour atteindre sa fin. Il ne peut donc se substituer à l'individu dans tout ce que celui-ci peut obtenir par lui-même ou par les sociétés multiples, volontaires ou nécessaires, dont il peut être membre : famille, Église, société d'affaires ou même de plaisir et d'agrément.

Les citoyens ne sont donc pas créés pour l'État, mais l'État, pour les citoyens.

L'État n'est le maître ni des individus, ni des sociétés que ceux-ci peuvent légitimement former; il est au contraire à leur service, en ce sens qu'il leur doit aide et protection.

L'État n'est pas un tuteur universel, son rôle est restreint et limité; s'il en sort, il n'a plus aucun droit, quand même les choses prescrites par lui seraient louables et utiles?

Nous sommes loin, on le voit, de la conception païenne, rééditée par la Révolution, de l'État-Dieu faisant arbitrairement la loi etse considérant comme une sorte d'être vivant, dont chaque citoyen serait une particule, créé dans le but unique de concourir à la prospérité du tout.

L'État a-t-il le droit de défendre l'ordre moral? On se souvient des plaisanteries sans nombre que les républicains adressèrent jadis à ce qu'on appelait alors : le régime de l'ordre moral.

Ce régime n'eut qu'un tort : ce fut de ne pas défendre assez énergiquement l'ordre moral; aussi succomba-t-il sous les coups d'ennemis qui jusqu'à présent ont réussi, il est vrai, à maintenir l'ordre matériel dans la rue, peut-être parce que ceux qui faisaient jadis les émeutes sont depuis lors au pouvoir, mais, par contre, abandonna la France au désordre moral le plus complet, désordre qui porte aujourd'hui ses fruits et produit ces hontes et ces turpitudes qui s'étalent effrontément de nos jours, sans que l'on songe presque à s'en émouvoir.

Défendre l'ordre moral est certainement le premier devoir d'un gouvernement.

Rappelons-nous ce que nous avons dit ci-dessus. L'homme a le droit d'atteindre sa fin dernière; c'est pour lui le premier et le plus essentiel de tous les droits. Tout ce qui conduit l'homme à sa fin est pour lui le bien, ce qui l'en détourne est le mal.

L'homme a le droit de faire le bien; tout ce qui l'entrave dans l'exercice de ce droit en est une violation, qui appelle l'intervention de l'État chargé de défendre les droits.

L'homme a le droit de ne pas être incité au mal et détourné ainsi de sa fin; l'État a donc aussi le droit d'intervenir pour empêcher toute excitation mauvaise qui empêche l'homme d'atteindre sa fin.

Or, le bien et le mal, au point de vue de la fin dernière de l'homme, sont essentiellement d'ordre moral, et, par suite, non seulement l'autorité publique a le droit de défendre l'ordre moral, mais elle en a le devoir, et le titre de « gouvernement de l'ordre moral » est le plus bel éloge que l'on puisse faire des hommes qui président aux destinées d'un pays.

Maintenant que nous connaissons le droit de l'État, examinons, à la lumière des règles tracées, les diverses mesures que l'on propose pour améliorer le sort de l'ouvrier.

CHAPITRE XIX

LÉGISLATION INDUSTRIELLE.

Laissez faire, laissez passer. — L'État est le défenseur des droits
et non le promoteur des vertus. — Heures de travail — Travail
des femmes. — Travail des enfants. — Travail de nuit. —
Mesures protectrices.

Les matières que l'on prétend soumettre à la réglementation de l'État sont :

La durée de la journée de travail.

Le travail de nuit.

Le travail des femmes.

Le travail des enfants.

Le minimum de salaire.

La participation obligatoire aux caisses de retraite et d'assurance.

Occupons-nous des quatre premiers points; les
autres feront l'objet de chapitres spéciaux.

Les quatre premiers points peuvent se résumer
dans cette formule générale : Réglementation des
conditions du travail.

Personne ne soutient la thèse du laisser faire. Ceux
qui l'attribuent à leurs adversaires abusent d'une

formule dont ils ont perdu le sens. Laissez faire, laissez passer, disaient les économistes du siècle dernier à ceux qui prétendaient que les douanes intérieures et une réglementation à outrance étaient nécessaires au maintien de l'industrie et du commerce. On disait au siècle dernier : laissez faire, laissez passer, comme certains disent aujourd'hui : laissez passer les produits de la campagne aux portes des villes sans les grever d'un octroi, et vous assurerez la prospérité des campagnes.

Mais le désaccord commence lorsqu'il s'agit de déterminer les principes sur lesquels repose cette intervention de l'État et quelle est, par conséquent, sa limite.

Une école prétend que, dans son intérêt comme dans celui des ouvriers, l'État doit, par sa législation, leur interdire tout ce qui peut leur être nuisible, quand même ils s'y exposeraient volontairement.

« Il est impossible, dit-on, de discuter combien d'heures par jour doivent travailler un homme ou une femme, tant qu'on ne sera pas fixé sur le nombre d'heures que chaque jour un homme doit consacrer aux exigences de sa vie humaine, et sur le temps nécessaire chaque jour à une femme pour s'acquitter des devoirs de la vie domestique (1). »

Le législateur va donc supputer le temps qu'un ouvrier doit consacrer à son dîner, on digère mal

____

(1) Citations faites par la *Gazette de Liège*, du 8 septembre 1890.

quand on mange trop vite; puis il est bon de faire
une petite sieste ou un tour de promenade. Il faut,
de plus, que l'ouvrier jouisse de sa famille, qu'il ait
le temps de faire sauter ses enfants sur ses genoux.
Combien d'heures doit-il dormir, suivra-t-on les
préceptes de l'école de Salerne? Quand on sera d'accord sur tous ces points, on pourra alors faire une
loi réglant le temps maximum qu'il est sage de consacrer au travail; puis au nom de l'hygiène, au nom
de son intérêt bien entendu, au nom de ses devoirs
de famille, des joies de son foyer, l'État défendra à
l'ouvrier de travailler davantage.

On supputera de même le temps que la femme
doit consacrer à préparer les repas, à faire la les-
sive, à ravauder les effets, à se reposer, et la loi lui
permettra de donner à la fabrique le reste de son
temps.

C'est, d'ailleurs, l'intérêt de la société. Lorsqu'on
agit autrement, on détruit à bref délai ses forces
productives.

« Abstraction faite du droit, disait le comte de
Kuefstein à Liège (1), de la morale et de la charité
chrétienne, il est évident que l'intérêt bien compris
de la société elle-même entre ici en considération.
La puissance économique de la société ne réside pas
en première ligne dans les instruments artificiels
de travail, mais bien dans celui qui les crée, dans
l'homme. Et la société a incontestablement le droit

____

(1) Compte rendu du congrès de 1891, 2° partie, 2° section, p. 61.

d'empêcher que sa force économique soit gaspillée, amoindrie, détériorée. »

Pour être complet, il faudrait aussi fixer législativement, dans l'intérêt de l'État, le salaire nécessaire pour réparer les forces de l'ouvrier. On ne reculerait pas au reste devant cette conclusion, car « si on ne veut pas gaspiller les forces humaines, si on veut conserver les hommes (et en conséquence le peuple tout entier) vigoureux et capables, on ne doit les fatiguer que pour autant qu'on peut compenser par une réfection adéquate, quotidiennement et hebdomadairement, l'usure des forces (1). »

Ne semble-t-il pas que voilà le législateur transformé en un maquignon, qui suppute la somme de travail qu'il peut chaque jour demander à ses chevaux et le nombre de litres d'avoine nécessaire, par contre, pour les conserver en bon état.

Le même vœu était formulé, en septembre 1893, par le congrès (catholique) de la ligue démocratique belge (2). La première section demandait par un vote que la loi fixât une durée *maximale* (3) du travail dans toutes les industries, et sanctionnât la durée normale déterminée par les corporations ou les conseils de l'industrie.

La durée normale, c'est le temps qu'il est raisonnable de consacrer au travail.

____

(1) Page 55.
(2) La *Vérité*, du 28 septembre 1893.
(3) *Maximale* est du français venu d'Allemagne : en France on dit *maximum* au singulier, *maxima* au pluriel.

Entré dans cette voie, il n'y a pas de motif pour restreindre les dispositions législatives aux ouvriers travaillant en fabrique. S'il est malsain pour un homme de travailler onze ou douze heures et si, pour ce motif, le législateur est en droit de formuler une interdiction, il le doit, que l'ouvrier travaille chez lui ou en fabrique, pour son compte ou pour celui d'un patron. Aussi les socialistes, en gens logiques, n'hésitent pas à le réclamer.

Le congrès socialiste d'Olten demandait qu'on réglementât le travail au foyer domestique, sous le contrôle des inspecteurs de l'État.

C'est en vertu des mêmes principes que ceux dont nous venons d'exposer la théorie prétendent faire réglementer par l'État le travail des enfants et interdire le travail de nuit.

Ce que nous avons dit du rôle et de la mission de l'État permet de répondre à ces prétentions.

L'État, fait pour les citoyens, n'a aucun droit sur les forces productrices des individus, ces forces sont à eux, c'est leur personnalité même, l'une des facultés de leur âme, l'une des puissances de leur corps, ils en usent comme bon leur semble, à condition de ne pas nuire au droit d'autrui.

L'État n'est pas un tuteur, il n'a pas pour mission d'imposer à un homme l'exercice de la vertu. Il est donc sans droit de lui dire par sa législation : je vous défends de travailler tel nombre d'heures, je vous ordonne de ménager vos forces et de consacrer plus de temps au repos. L'État aurait-il le droit de régler par une loi la manière dont chacun doit faire sa cuisine? C'est cependant très important pour la santé et la conservation des forces individuelles.

Ces théories contiennent en germe la plus épouvantable des tyrannies, elles conduisent logiquement à la main-mise de l'État sur les individus pour les réduire littéralement à l'esclavage, sous prétexte de leur imposer ce que commande la raison dont il se ferait l'interprète infaillible.

Quel est donc, dans ces matières, le droit de l'État? Nous l'avons dit : défendre les droits.

On ajoute quelquefois : réprimer les abus; c'est vrai, mais cela rentre dans la formule : défendre les droits. Il y a abus quand le droit d'autrui est violé.

L'État serait sans droit pour réprimer l'abus que ferait un homme de son intelligence, de ses forces physiques, de sa fortune, si cet abus ne préjudiciait à aucun droit (1). Cet homme, en abusant ainsi, pourrait négliger l'exercice de certaines vertus, mais cela ne regarde en rien l'État.

Voyons donc quelles violations du droit peuvent se produire à l'occasion des faits que nous énoncions au début de ce chapitre.

Heures de travail. — Il peut se présenter des

---

(1) Il ne faut pas voir dans l'interdiction d'un fou la répression d'un abus qu'il fait de sa fortune, c'est simplement une protection accordée à un homme privé d'intelligence et qui, par conséquent, se trouve dans le même état qu'un enfant chez lequel la raison n'a pas encore pris son développement.

circonstances qui contraignent l'ouvrier à travailler un nombre d'heures supérieur à celui qu'il consacrerait au travail, en supposant sa liberté entière.

M. le chanoine Winterer, curé de Mulhouse, citait au congrès de Liège de 1890, l'exemple d'industries où les ouvriers entraient à l'usine le samedi matin pour n'en sortir que 24 heures après. Un premier patron avait adopté ce système, la concurrence avait forcé les autres à suivre son exemple. En sorte que pour le plus grand nombre, patrons et ouvriers, cette obligation de travailler vingt-quatre heures consécutives, une fois par semaine, était une véritable atteinte à leur liberté.

Si les ouvriers et les patrons n'avaient en eux-mêmes, ou à l'aide d'associations, aucun moyen de se protéger, l'État, en intervenant non pour imposer aux patrons et aux ouvriers ce qui est bon, mais seulement pour faire respecter leur liberté de ne travailler qu'un temps moindre, était dans son rôle et par suite dans son droit.

Travail des femmes. — Le même principe s'applique au travail des femmes. La femme, comme l'homme, est libre de travailler à sa volonté.

Toute restriction législative apportée à son droit en est une violation.

Néanmoins, si le mari contraignait sa femme à faire un travail au-dessus de ses forces, un travail dangereux, un travail, en un mot, qui pût être considéré comme une violation de son droit, l'État, défenseur des droits, pourrait intervenir.

Toutefois, c'est ici le cas de rappeler la prudence et la réserve dont l'État ne doit jamais se départir lorsqu'il s'agit de s'introduire dans l'intérieur de la famille et de s'immiscer dans ses affaires.

L'étude de l'encyclique *Rerum novarum* est à ce point de vue très instructive. Plusieurs fois le Pape fait appel à l'intervention de l'État, mais avec quelle prudence il signale chaque fois la réserve à apporter dans cette intervention, de peur de la voir dégénérer en tyrannie!

Travail des enfants. — L'enfant, sous l'autorité et la direction de son père, a également le droit de travailler librement.

Toutefois, le désir assez naturel des parents d'alléger leurs charges le plus tôt possible en profitant du travail de leur enfant, peut facilement dégénérer en abus et constituer une violation de son droit.

L'enfant a le droit, en effet, de ne point être écrasé sous le poids d'un travail exagéré, soit qu'on le lui impose avant qu'il ait acquis un certain développement de ses forces, soit qu'on donne à ce travail une continuité que ne comporte pas la faiblesse de son âge.

L'État, en intervenant alors législativement, se fait le défenseur du droit violé dans la personne de l'enfant, son intervention est donc légitime.

Travail de nuit. — L'État, en principe, est sans droit d'interdire le travail de nuit. Que le travail de jour soit meilleur, plus sain, moins fatigant, c'est certain ; le jour est le temps du travail, la nuit, celui du repos ; mais s'il plaît à un homme de travailler la nuit, cela ne regarde en rien l'État.

Celui-ci ne pourrait intervenir que si, pratiqué dans certaines conditions, ce travail devenait un danger pour la moralité d'une partie des travailleurs, des femmes notamment. L'État exercerait alors son rôle de défenseur du droit qu'ont les ouvriers, de ne pas être détournés de leur fin par une excitation à la débauche.

Travail du dimanche. — L'État peut interdire le travail du dimanche lorsqu'il dégénère en scandale. L'État serait sans droit de s'introduire chez un particulier qui, le dimanche, travaille seul, sans bruit et sans esclandre. Cet homme manquerait certainement à son devoir, mais il ne violerait aucun droit. Il en est autrement lorsqu'un patron fait travailler des ouvriers en violation de la loi divine. Il les détourne de leur fin en les portant à offenser Dieu et viole ainsi leur droit ; l'État, protecteur des droits, est alors fondé dans son intervention.

Mesures de précaution prescrites dans les usines. — L'État a le droit de prescrire dans les usines les mesures qui lui paraissent de nature à assurer la sécurité des ouvriers. Ce droit n'est pas spécial aux usines et à l'industrie, il est général et s'applique à toutes les situations où, faute de précautions, le droit d'autrui de conserver l'intégrité de sa personne se trouve menacé. C'est ainsi que la police prescrit d'éclairer les voitures et les bicyclettes, de poser un feu à l'entrée des tranchées ouvertes sur la voie publique, défend de placer sur les appuis de fenêtre des objets susceptibles de tomber sur les passants, interdit de galoper dans les rues et édicte toutes les prescriptions ou défenses analogues. Ce sont des mesures préventives destinées à protéger le droit d'autrui.

Mais ces mesures doivent s'arrêter là où le droit cesse d'être menacé.

Pour terminer ce chapitre, nous rappellerons ce que nous disions en débutant : L'État n'a pas la mission d'imposer l'exercice de toutes les vertus; il est uniquement le défenseur du droit. Tel est le principe qu'il faut toujours avoir présent à l'esprit, lorsqu'on demande à faire intervenir l'État dans les affaires des particuliers.

CHAPITRE XX

LE MINIMUM DE SALAIRE.

La lésion, renvoi. — Théorie socialiste catholique. — Lois du
maximum.

L'État peut-il fixer législativement un minimum
de salaire?

Cette question revient à se demander si l'État
doit reconnaître la lésion en matière de louage
·d'industrie, et fixer législativement un minimum
au-dessous duquel la lésion sera réputée exister.

Ce que nous avons dit au sujet de la lésion (1)
nous dispense de discuter à nouveau cette question.

Il est impossible, avons-nous dit, de fixer par
voie législative ou réglementaire la valeur du travail et, par suite, le chiffre au-dessous duquel la
lésion commencerait.

Mais les partisans du salaire minimum essaient
d'en faire quelque chose de distinct de la lésion.
Bon nombre de ces docteurs ès science sociale
n'ont au reste probablement jamais entendu parler
de la lésion.

(1) Chapitre xiv.

Leur système, autant qu'on peut le comprendre, consisterait à dire : il faut à un ouvrier, quelques-uns ajoutent et à sa famille, tant par jour pour vivre. Ce chiffre sera fixé par le législateur ou ses délégués. Or, il sera défendu à tout ouvrier d'accepter n'importe quel travail à un taux inférieur, et à tout patron d'embaucher un ouvrier à moindre prix.

Cela fait partie du charmant régime de liberté que nous préparent les socialistes chrétiens.

Veut-on savoir comment ils comptent organiser le fonctionnement du salaire minimum? Le voici, d'après un journal auquel on aurait tort d'attacher une importance quelconque, mais qui, enfant terrible, a pour nous l'utilité de nous dévoiler naïvement les idées et les plans du parti socialiste catholique.

Voici les mesures qu'on demandera à l'État de décréter (1) :

« Le salaire minimum doit être fixé chaque année ou tous les six mois par les conseils de l'industrie et du travail transformés dans ce but, composés également d'ouvriers et de patrons, avec le juge de paix pour les départager. »

« Le salaire ainsi fixé doit être inscrit dans le règlement d'atelier, que sous des peines sévères le patron ne peut enfreindre. »

Tous ne sont pas aussi catégoriques, mais au fond,

____

(1) *Le Peuple* (Lille), n° du 23 décembre 1893.

c'est l'idée commune à tous les socialistes catholiques.

C'est dans le même ordre d'idées qu'est rédigé l'avis n° XVIII du conseil des études de l'OEuvre des cercles (1).

« C'est aux autorités du métier, nous dit-il, qu'il appartient d'apprécier la part du travail dans la prospérité de l'industrie et de déterminer l'attribution qui peut en être faite aux travailleurs. »

Les autorités du métier, ce sont les chefs de la corporation obligatoire.

On se demande vraiment si l'on doit répondre à de pareilles théories.

Examinons-les cependant, comme si c'était quelque chose de sérieux.

Nous ne présumons pas que le salaire minimum soit fixé à un taux tellement bas que ce minimum soit inférieur à tous les salaires actuellement en usage.

Les promoteurs du salaire minimum ont évidemment en vue de provoquer une hausse des salaires; cela répond à leurs déclamations sur le sort misérable de l'immense majorité des ouvriers. Nous connaissons au reste leurs calculs, dans la région du Nord; le minimum sera 6 francs par jour (2). On va donc fixer législativement le salaire minimum à 6 francs par jour, soit une hausse moyenne de 50 pour cent.

(1) Page 31.
(2) *La Croix,* 12 septembre 1893.

La même mesure va naturellement atteindre toutes les industries, car un maçon ou un charpentier ne mange pas moins qu'un fileur ou un tisserand.

La main-d'œuvre appliquée à une matière première pour la transformer en un produit qui devient à son tour la matière première d'une autre industrie, est le principal facteur dans le prix de revient du produit définitif. Donc, il va se produire dans le prix de toutes choses une hausse de 50 pour cent. L'ouvrier en sera-t-il plus riche, plus heureux? Évidemment non ; on aura simplement diminué le pouvoir d'achat de l'argent, en sorte que, dans toutes les transactions, il faudra désormais donner pour une chose ou un travail 50 pour cent de plus que jadis.

Si, en présence de cette hausse, on relève encore le salaire minimum, le même effet de rehaussement de toutes choses continuera à se produire, et on se sera donné beaucoup de peine pour, en réalité, ne rien changer.

A moins que, fixant un minimum de salaire, on ne rétablisse en même temps les lois sur le maximum, prétendant ainsi empêcher le coût de la vie de suivre la progression ascendante des salaires.

On l'essaya aux plus mauvais jours de la Révolution française.

Le décret du 29 septembre 1793 fixa le prix maximum de toutes les denrées et marchandises (art. 1, 2 et 3) ainsi que des salaires, gages, main-d'œuvre et journées (art. 8).

Ceux qui achetaient ou vendaient au-dessus du maximum étaient punis d'amende et traités comme suspects (art. 7). On sait la signification de ce mot en 1793.

Les ouvriers, fabricants et personnes de travail qui se refusaient sans cause légitime à leurs travaux ordinaires, étaient punis de prison (art. 9).

Le marchand qui refusait de vendre était puni de la confiscation de ses marchandises (décret du 12 germinal an II, art. 2).

On connaît l'effet que produisirent ces lois désastreuses, véritables actes de démence législative ; ce fut la ruine du commerce et de l'industrie.

Cette législation dura un an et fut abrogée le 4 nivôse an III (24 décembre 1794).

Il est des choses qu'un gouvernement est impuissant à régler ; les salaires, le prix des choses sont de ce nombre. Salaires et coût de la vie sont à l'état de réaction constante : toucher à l'un, c'est influer sur l'autre ; seule l'estimation publique, avec une délicatesse infinie dont personne d'ailleurs en particulier n'a le mérite, arrive à déterminer les cours. On ne force législativement les gens ni à vendre, ni à acheter, ni à faire des conventions ; mais il se fait, par le libre jeu des circonstances économiques, une sorte de compensation entre les intérêts et les besoins de chacun, qui rapproche patrons et ouvriers, acheteurs et vendeurs, les contraint à se soumettre à la loi établie par l'opinion générale et les fait ainsi vivre réciproquement.

Que l'État essaie, au contraire, de mettre la main à ces rouages si compliqués, il bouleverse tout et produit uniquement le désordre et la ruine.

CHAPITRE XXI

DES ACCIDENTS DE FABRIQUE.

Statistique. — Les mines. — Les diligences et les chemins
de fer.

Il y a peu de temps, un professeur de science sociale et politique commençait ainsi son cours sur les accidents de travail :

« A part quelques aimables sceptiques, étrangers aux mille préoccupations qui agitent à l'heure actuelle le monde industriel, tous les penseurs sont aujourd'hui unanimes à trouver incomplète la protection que de parcimonieuses lois ont assurée aux travailleurs (1). »

Au risque de passer pour fortement sceptique, je me permets de protester contre cette exécution sommaire, et de croire que les penseurs dont parle ce professeur sont précisément ceux qui pensent principalement par l'esprit des autres.

Je sais qu'en matière d'accidents comme en beaucoup des points qui touchent à la question sociale, il existe de nos jours un courant d'irréflexion qui, faisant litière de tous les principe, emporte les

(1) *La Vraie France*, 20 février 1895.

esprits vers les nouveautés, tellement qu'il semble, à les entendre, que tout soit à refaire et que nos prédécesseurs, jurisconsultes et théologiens, aient ignoré les règles les plus élémentaires de la justice. On veut abandonner les sentiers tracés par l'antique bon sens, faire du neuf, et surtout flatter le peuple qui représente la puissance du jour, en lui disant des choses agréables.

Voyons donc si, comme on le prétend, tout est à refaire dans notre législation.

Les accidents de fabrique fournissent un thème des plus féconds à déclamation. Il semblerait vraiment qu'une ville industrielle doive ressembler à un hôtel des Invalides. On représente la machine comme une sorte de minotaure dévorant quiconque s'en approche, enlevant à celui-ci un bras, à celui-là une jambe, et rejetant ensuite ses victimes mutilées et impuissantes à la charge de la société.

Est-ce vrai? Ici encore la statistique nous permettra tout d'abord de répondre.

En 1894, M. Étienne Batteur, directeur particulier, à Lille, de la compagnie d'assurances « la Providence — Accidents », résumait en un graphique les opérations de sa compagnie, dans l'arrondissement de Lille, pendant les huit années précédentes.

D'après les statuts de la compagnie, tout accident, créant une incapacité de travail de trois jours au moins, donne droit à indemnité. Le patron aussitôt l'accident, même le plus minime, envoie à l'agence un bulletin extrait d'un livre à souche indiquant la nature, les causes et l'importance de la blessure. Les écritures de l'agence conservent donc la trace de tous les accidents graves ou légers survenus aux ouvriers assurés.

Nous en avons extrait, avec l'autorisation de l'auteur, le tableau ci-contre.

Les proportions d'accidents sont établies sur la base de 10,000 ouvriers et l'espace d'un an. Ce tableau ne représente pas, bien entendu, le chiffre réel des accidents arrivés dans cette période, mais le nombre qui serait proportionnel aux accidents réellement survenus, en supposant que chaque profession est exercée par 10,000 ouvriers.

Il est d'usage de se prendre spécialement de pitié pour ces malheureux qui, vivant au milieu de machines toujours prêtes à les broyer, sont exposés à des dangers sans cesse renaissants. La statistique nous montre que c'est une légende à laquelle il faudra renoncer.

Les ouvriers employés dans les filatures et tissages sont précisément les moins exposés parmi les travailleurs. En effet, en un an, sur 10,000 ouvriers, la proportion donne 66 accidents de toute nature (1) et 1/2 accident grave, soit un accident grave sur 20,000 ouvriers.

Dans le même temps, la proportion pour les ouvriers de brasserie et distillerie, donne 297,50 accidents de toute nature, et 13,75 accidents graves;

---

(1) Ne perdons pas de vue qu'une blessure guérie en 3 jours figure dans la statistique pour un accident.

EXTRAIT DE LA STATISTIQUE DES ACCIDENTS

SURVENUS PENDANT UNE PÉRIODE DE 8 ANNÉES DANS L'INDUSTRIE DE L'ARRONDISSEMENT DE LILLE (NORD)

Dressée par Étienne BATTEUR, ingénieur civil

Directeur particulier, à Lille, de la compagnie *La Providence (Accidents)*

PROPORTION DES ACCIDENTS RAMENÉE A 10,000 OUVRIERS EMPLOYÉS PENDANT 1 AN

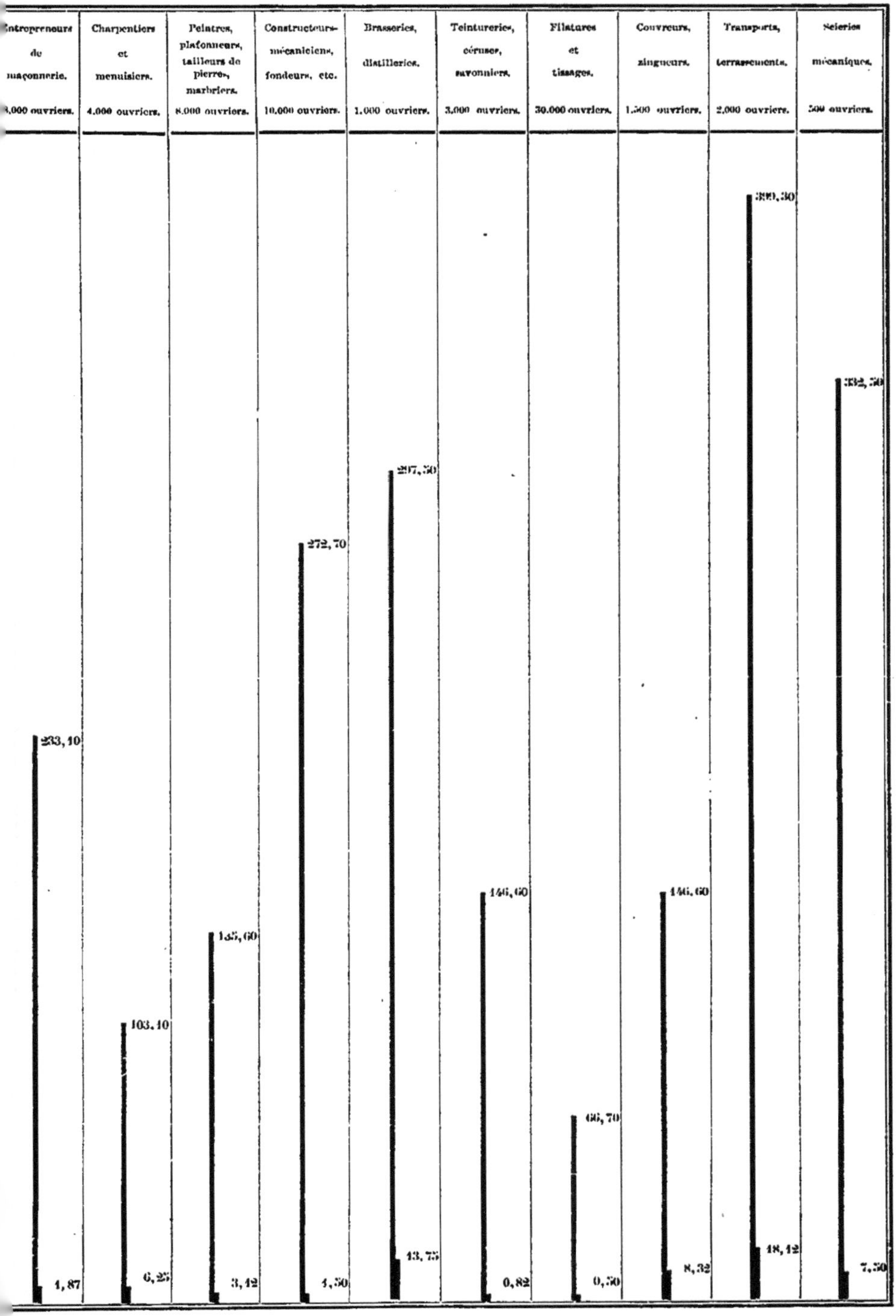

Accidents graves ▬▬▬

Accidents de toute nature ▬▬▬▬▬▬

	Entrepreneurs de maçonnerie.	Charpentiers et menuisiers.	Peintres, plafonneurs, tailleurs de pierres, marbriers.	Constructeurs-mécaniciens, fondeurs, etc.	Brasseries, distilleries.	Teintureries, céruses, savonniers.	Filatures et tissages.	Couvreurs, zingueurs.	Transports, terrassements.	Scieries mécaniques.
	3.000 ouvriers.	4.000 ouvriers.	8.000 ouvriers.	10.000 ouvriers.	1.000 ouvriers.	3.000 ouvriers.	30.000 ouvriers.	1.500 ouvriers.	2.000 ouvriers.	500 ouvriers.
Accidents de toute nature	233,10	103,10	135,60	272,70	297,50	146,60	66,70	146,60	389,30	332,50
Accidents graves	1,87	6,25	3,12	1,50	13,75	0,82	0,50	8,32	18,12	7,50

les ouvriers employés aux transports et terrassements ont donné : 399,30 accidents de toute nature et 18,12 accidents graves.

Cette différence qui heurte au premier abord les idées reçues, s'explique, cependant, par les circonstances suivantes : Dans une filature ou un tissage, la machine fait tout le travail; l'ouvrier se borne à une simple surveillance et direction. La machine est réglée, elle ne dévie pas de sa route, ses organes sont protégés, le danger est réduit au minimum. L'ouvrier ne court donc que les risques généraux auxquels tout homme est exposé dans le cours de son existence.

Dans la brasserie, au contraire, la machine joue un rôle infime; elle ne s'emploie pour ainsi dire pas dans l'industrie des transports sur routes et dans celle des terrassements. Là se rencontrent surtout des travaux de force; l'ouvrier est exposé aux conséquences des écarts, faux pas, faux mouvements qu'il peut faire en travaillant, ou que fait le cheval qu'il conduit; les accidents augmentent dans une notable proportion.

Pourquoi donc, alors que personne ne se préoccupant du sort des couvreurs, maçons, charpentiers, terrassiers, charretiers et autres victimes d'accidents, semble-t-il tout à coup nécessaire de changer la législation pour venir en aide aux ouvriers de l'industrie?

N'est-ce pas la conséquence de ce sentimentalisme irréfléchi qui tend à faire de l'ouvrier d'usine un privilégié? Ne serait-ce pas aussi parce que les couvreurs, maçons et autres ouvriers d'état, ne sont qu'en nombre restreint, tandis que les ouvriers d'usine forment dans le corps électoral un appoint considérable?

Le graphique auquel nous empruntons nos renseignements donne aussi la répartition par jours de la semaine, des accidents survenus en 8 ans aux ouvriers assurés par la compagnie. Voici cette répartition :

<pre>
Lundi. . . . .   1997 accidents.
Mardi.   1679   »
Mercredi.   1432   »
Jeudi   1531   »
Vendredi   1333   »
Samedi   1876   »
Dimanche.   29   »
</pre>

Il est à peine besoin de faire ressortir l'effet du lundi.

Un fileur ou un tisserand est donc tout aussi et même plus en sécurité dans l'usine qu'un promeneur dans les rues d'une grande ville, où certainement il se produit plus d'un accident grave par an sur 20,000 habitants.

Les mines ne figurent pas dans notre tableau statistique. L'industrie minière n'existe pas dans l'arrondissement de Lille.

Les mines, nous dira-t-on peut-être, sont l'occasion de nombreux et terribles accidents; de temps à autre, en effet, une explosion de grisou fait quelques centaines de victimes; l'opinion publique s'émeut non sans raison et garde longtemps le souvenir de ces catastrophes qui jettent le deuil dans une région.

Est-ce à dire que les mines présentent un danger exceptionnel? N'en est-il pas des mines comme des chemins de fer? Du temps des diligences, on n'entendait guère parler d'accidents de voyageurs, et cependant on a démontré, par des statistiques, que le danger des chemins de fer est infiniment moindre que celui des diligences.

Une diligence était précipitée dans un ravin; il y avait par exemple un voyageur tué et trois blessés, soit, sur le nombre total des voyageurs 5 % de tués et 15 % de blessés; cependant on n'en parlait guère. On n'avait pas alors l'agence Havas et le télégraphe pour publier immédiatement la nouvelle dans les cinq parties du monde.

Aujourd'hui un train de chemin de fer compte 500 voyageurs et souvent plus.

Entend-on fréquemment parler d'accidents de chemin de fer donnant 25 tués et 75 blessés? Ce sont cependant les chiffres proportionnels à 5 et à 15 % du nombre des voyageurs.

Il ne faut pas, lorsqu'on raisonne sur les dangers d'une industrie, s'arrêter au chiffre absolu des victimes; il faut établir le rapport entre les accidents et le nombre d'ouvriers employés. Or, dans les mines comme ailleurs, les accidents représentent un chiffre infime, eu égard au nombre total des ouvriers mineurs.

Il faudrait donc renoncer à ces déclamations qui font, bien à tort, des accidents de fabrique l'une des causes de la question sociale.

Les accidents survenus dans l'industrie se ramènent à trois causes :

La faute du patron ou de ceux dont il est responsable.

Celle de l'ouvrier.

Le cas fortuit, dans lequel on fait rentrer les accidents dont la cause est inconnue.

Les accidents dus à un cas fortuit ou à une cause inconnue sont excessivement rares.

Presque toujours on arrive à découvrir la cause des accidents, et cette cause est généralement une faute de l'ouvrier ou du patron.

Il semble cependant admis couramment que les accidents par cas fortuit seraient très fréquents dans l'industrie. M. Félix Faure disait, le 8 mars 1883, à la chambre des députés : « 12 % des accidents surviennent par la faute des patrons, 20 % par la faute des ouvriers, les autres sont dus à des causes fortuites. »

J'ignore de quelle statistique ces chiffres sont tirés; mais ne comprendrait-on pas, comme je l'ai vu faire, sous le nom de cas fortuit, une série de petits accidents dont le statisticien n'a pas indiqué la cause, non pas qu'elle fût inconnue, mais parce qu'elle n'était pas déterminée dans les documents mis à sa disposition, ou bien des accidents dus à la simple maladresse de l'ouvrier, comme lorsqu'un couvreur fait un faux-pas et, perdant l'équilibre, tombe du toit où il travaille?

Un accident de ce genre n'est pas un cas fortuit. Le cas fortuit est l'événement qu'on ne peut empêcher, même quand on l'aurait prévu. Un peu plus de précaution eût préservé le couvreur de tout accident.

En tous cas, ces chiffres me paraissent absolument erronés. Je fais appel sur ce point à l'expérience des industriels, à celle des magistrats et des avocats, bien posés, eux aussi, pour savoir à quoi s'en tenir sur ces questions; car une affaire d'accident qui ne se termine pas amiablement vient toujours à l'audience.

J'ai vu pour ma part un grand nombre de ces affaires; j'en ai plaidé beaucoup. Or, si l'on en excepte les coups de grisou dans les mines, dont la cause reste quelquefois un mystère, j'ai toujours vu déterminer la cause des accidents, et très rarement cette cause s'est trouvée constituer un cas fortuit. Mes souvenirs judiciaires me rappellent quatre cas fortuits : deux éclatements de meule, le bris d'un ruban de scie sans fin, lançant par un ensemble de circonstances malheureuses un éclat dans l'œil de l'ouvrier; enfin une gouttelette de fonte, au moment de la coulée, projetée dans l'œil du fondeur.

Dans toutes les autre affaires, l'accident était imputable à une faute du patron ou de l'ouvrier.

On cite quelquefois comme cas fortuits les explosions de générateurs; il ne faut pas se figurer cependant qu'un beau jour un générateur fait explosion sans cause connue. Le générateur notamment, parce qu'il emmagasine une force dangereuse, est, si je puis m'exprimer ainsi, l'un des instruments les plus disciplinés de l'industrie. A raison même du péril qu'il présente, l'esprit des inventeurs s'est ingénié, non sans succès, à découvrir des avertisseurs de danger ou des moyens préservatifs. Quand un générateur saute, c'est qu'actuellement ou précédemment, une faute a été commise : défaut d'alimentation malgré les indications des flotteurs, d'où résultent les coups de feu; introduction d'eau sur une surface portée au rouge, au mépris des indications données par les appareils avertisseurs; surcharge ou calage des soupapes permettant à la pression intérieure de dépasser la force de résistance des tôles; incrustations, suites d'un défaut d'entretien, qui se détachent et laissent l'eau en contact avec une surface surchauffée.

Un générateur bien construit, bien entretenu, et dont les appareils avertisseurs fonctionnent, ne fait pas explosion.

Il faut donc en cette matière se garder des exagérations dans lesquelles on tombe trop souvent, et se bien persuader que si l'homme dans l'industrie n'est pas à l'abri de tout danger, il ne s'y trouve pas cependant exposé à un péril exceptionnel.

CHAPITRE XXII

DE LA RESPONSABILITÉ DES ACCIDENTS
EN DROIT FRANÇAIS.

On répond seulement de ses fautes. — *Probatio incumbit ei qui dicit.* — La machine blesse, la machine doit payer. — Responsabilité contractuelle.

Nous avons, dans le chapitre précédent, montré que les accidents de fabrique sont loin de jouer dans le monde ouvrier le rôle considérable que souvent on leur attribue.

Examinons maintenant la question des accidents au point de vue du droit, et voyons si, comme on le prétend, notre législation est à refaire.

Les règles de la responsabilité en cas d'accident sont écrites dans les articles 1382 et suivants du code civil, dont voici le résumé :

Tout fait quelconque de l'homme qui cause à autrui un préjudice, oblige celui par la faute duquel il s'est commis, à le réparer.

On répond non seulement de son fait, mais de sa négligence ou de son imprudence.

On répond civilement du fait de ses préposés.

Pour ce qui concerne la preuve, on applique la règle générale *Probatio incumbit ei qui dicit, non ei qui negat.* C'est à celui qui affirme à prouver.

Enfin l'ouvrier blessé obtient sans difficulté l'assistance judiciaire et plaide sans avoir rien à débourser.

Cette législation avait, jusqu'à ces derniers temps, paru conforme à la justice, et, par sa généralité même, répondait à tous les besoins; elle posait en effet un principe servant de guide dans des procès qui toujours se résument en des questions de fait.

Il semblait qu'il n'y eût rien à y changer.

Ne rendre un homme responsable que si, lui ou ses préposés ont commis une faute, paraît élémentaire. On cherche en vain quelle cause d'obligation pourrait, en dehors de la faute, lier le maître au regard de l'ouvrier.

J'ai entendu, il est vrai, un industriel me dire un jour : « La machine blesse, la machine doit payer. » La formule avait une certaine allure vive qui lui donnait l'air de quelque chose; en réalité, c'était une phrase vide de sens. La machine n'est pas susceptible d'obligation, la machine ne paye pas, la machine ne blesse pas, comme un homme qui en maltraite un autre. L'ouvrier se blesse à la machine. Or, de ce qu'un ouvrier s'est blessé chez moi, s'ensuit-il que je doive l'indemniser?

Un homme meurt chez moi de sa belle mort, ou bien mon jardinier en retournant ma pelouse, se coupe le pied avec sa bêche, la blessure tourne mal.

Suis-je tenu, sous prétexte que l'événement s'est passé chez moi, de servir une pension à la veuve?

Il faut toujours en revenir à cette règle : La responsabilité suppose une faute. Pas de faute, pas de responsabilité.

Après avoir longuement expliqué tout cela à mon industriel, j'obtins de lui cette réponse : «Pourriez-vous me fournir des arguments en faveur de mon opinion? » Je fus, je l'avoue, peu flatté du maigre succès que j'avais obtenu, et encore moins de sa supposition que je vendais indifféremment le pour et le contre.

Ce qui n'empêche pas cet industriel de passer, même auprès de personnages considérables, pour un oracle en ces matières, et de qualifier aujourd'hui d' « esclavagistes », ceux qui n'acceptent pas ses théories.

Les règles de la responsabilité en cas d'accident semblaient, à raison de leur simplicité même, à l'abri de toutes les discussions. Il en fut ainsi depuis le droit romain jusqu'à nos jours.

Toutefois, rien en ce monde n'est indiscutable, et tôt ou tard il se rencontre des esprits pour douter des choses qui semblaient les plus évidentes.

La contestation des règles de la responsabilité s'est produite sous deux formes. Les uns ont prétendu trouver dans le contrat de louage d'industrie ce qu'on n'y avait jamais vu avant eux : l'obligation contractuelle de sauvegarder l'ouvrier.

Les autres ont dit : C'était ainsi jadis. Très bien ; nous allons changer cela et faire une loi qui rendra de plein droit le patron responsable. C'était plus simple et plus expéditif.

Examinons successivement ces deux prétentions.

La théorie de la responsabilité contractuelle du patron a pour auteur M. Sinctelette, avocat à Mons, et membre de la chambre des représentants. Il a développé sa thèse dans une brochure intitulée : « Accidents de travail, projet d'une proposition « de loi (1). »

Voici comment se formule cette théorie (2) : « Celui qui stipule les services, acquiert sur celui qui les promet le droit de lui donner des ordres sur la manière de remplir la fonction à laquelle il l'emploie... »

Or « à une autorité contractuelle correspond nécessairement de droit naturel une responsabilité contractuelle de même intensité et d'égale mesure. »

De ces prémisses se déduisent les conséquences suivantes : Si le patron a contracté l'obligation de diriger l'ouvrier et de le conduire sain et sauf au milieu des dangers de son travail, c'est à lui patron à prouver, arrivant un accident, qu'il a rempli son obligation (art. 1147, 1315 c. civ.). S'il allègue le cas fortuit ou la force majeure, à lui de l'établir (art. 1302 c. civ.). Il est tenu

(1) Bruxelles, Émile Bruylant, 1886.
(2) P. 18 et 19.

d'une obligation contractuelle de vigilance, à lui de démontrer qu'il a été vigilant.

Cette thèse, née en Belgique, n'eut pas grand succès devant la justice belge (1).

L'arrêt de la cour de cassation de Belgique (2), que les partisans de l'opinion nouvelle invoquent à l'appui de leur opinion, après un exposé assez confus, se borne à dire : jugé en fait.

Cette thèse échoua complètement devant les tribunaux français (3). Cependant quelques jurisconsultes l'ont prise sous leur patronage et ne manquent pas une occasion de la défendre énergiquement.

M. Labbé, professsur à la faculté de droit à Paris, a consacré à son développement deux notes très complètes rapportées dans le recueil de Sirey, sous une décision de la cour, suprême de Luxembourg (4) et sous l'arrêt de la cour de cassation belge du 8 juillet 1886 (5).

« Nous nous étonnons, dit M. Labbé, en 1885, que l'article 1382 conserve encore des partisans.

« Nous savons qu'il est dangereux de croire à l'évidence; on est moins bien placé pour chercher des preuves et réfuter des objections. Nous

(1) Anvers, 21 septembre 1885. — Mons, 14 novembre 1885, S. 88. 1. 6. — Bruxelles, 2 novembre 1885 — 12 novembre 1885, S. 87. 4. 21.

(2) Cass. Belg. 8 juillet 1886, S. 86. 4, 25.

(3) Cass. 31 mai 1886, S. 87, 1, 209.

(4) S. 85, 4, 25.

(5) S. 86, 4-25.

exprimons naïvement l'état de notre esprit. »

Cette thèse a été résumée, sans succès d'ailleurs, par le pourvoi qui a motivé l'arrêt du 31 mai 1886 dans une formule très brève que voici : « Je vous avais loué mes services, mais vous deviez me procurer la sécurité. Je suis mutilé, vous avez manqué à votre obligation. »

La réponse à cette nouveauté juridique est bien simple : il n'est ni de l'essence, ni de la nature du contrat de louage d'industrie, ni dans l'usage que le maître s'oblige à procurer la sécurité de l'ouvrier.

Par conséquent si l'ouvrier est blessé, il peut y avoir délit ou quasi-délit, il n'y a pas violation d'une obligation *contractuelle;* dès lors les règles de la preuve en matière de contrat n'ont rien à faire en l'espèce. On prétend que le maître a commis une faute (art. 1382 et suiv.), c'est à celui qui l'allègue à le prouver.

Examinons cependant de plus près les opinions que nous venons de rapporter, elles mettent une telle persévérance à se produire qu'il est bon de ne pas les mépriser.

Rappelons qu'une chose est de l'essence d'un contrat, quand on ne conçoit pas que le contrat puisse exister sans elle. Ainsi la chose et le prix sont de l'essence du contrat de vente. On ne conçoit pas en effet une vente dans laquelle il n'y aurait pas une chose vendue et un prix stipulé.

Une chose est de la nature du contrat lorsqu'elle

paraît tellement naturelle que cela va sans dire. La garantie est de la nature du contrat de vente. Il semble en effet inutile de dire dans le contrat que le vendeur garantit à l'acheteur la propriété de ce qu'il lui vend. Supposons les parties en présence. L'acheteur, un homme méticuleux, dit au vendeur : « Me garantissez-vous que vous êtes propriétaire de ce que vous me vendez? — Évidemment oui, répondra le vendeur. Est-ce que je vous l'offrirais si je n'en étais pas propriétaire? Cela va sans dire ».

La garantie paraît en effet tellement naturelle, qu'il semble inutile de l'exprimer dans le contrat; c'est sous-entendu. Dans la langue juridique on énonce ainsi cette situation : La garantie est de la nature du contrat de vente. On conçoit cependant qu'exceptionnellement une vente se fasse sans garantie; mais alors il faut le dire.

Enfin une clause est d'usage dans une région, lorsqu'habituellement les parties s'y soumettent; ce qui est d'usage n'a pas besoin de s'exprimer; on est toujours censé, sauf clause contraire, se soumettre à l'usage du pays où l'on contracte.

Ces principes vont nous servir pour apprécier la valeur des opinions que nous discutons.

La première opinion semble considérer la responsabilité du maître comme étant de l'essence du contrat de louage d'industrie. « La responsabilité contractuelle, dit-on, est une conséquence *nécessaire* et de *droit naturel* de l'autorité contractuelle. »

Si la conséquence est nécessaire, on ne peut pas concevoir qu'un contrat de louage d'industrie existe sans que le patron soit responsable, de même qu'on ne peut concevoir une vente sans chose vendue ; or, évidemment c'est le contraire. On conçoit si bien qu'il en soit autrement, que jusqu'à ce jour personne ne s'était avisé de cette conséquence, ce qui n'empêchait pas de pratiquer le contrat. M. Sinctelette lui-même le reconnaît au reste ; voici ce qu'il dit de sa théorie : « Cette idée *nouvelle* saisit plusieurs esprits (1). »

L'idée est nouvelle, donc elle est fausse ; car une conséquence nécessaire a dû nécessairement aussi être connue en même temps que le contrat lui-même, sinon elle n'est pas nécessaire.

Si l'on veut examiner de plus près cette formule, on voit qu'elle se réduit à une brillante antithèse. On suppose que le maître s'engage nécessairement à diriger l'ouvrier dans son travail. La supposition est toute gratuite. L'ouvrier s'oblige contractuellement à obéir au maître, mais le maître ne contracte aucune obligation de diriger l'ouvrier.

Il en a le droit, il ne s'y oblige pas. Cette obéissance en effet a pour unique fin la bonne exécution du travail, nullement la protection de l'ouvrier. Elle intéresse donc exclusivement le maître ; à lui de voir l'usage qu'il veut en faire. Si d'une

(1) Page 18.

manière générale l'ouvrier s'oblige à obéir aux ordres qu'il recevra, même pour sa sécurité, le maître ne s'oblige nullement par le contrat à lui procurer cette sécurité.

La loi, et non le contrat, l'y oblige dans une certaine mesure; le non usage de son autorité peut, dans certains cas, constituer une faute, un quasi-délit, entraîner une responsabilité légale, jamais une responsabilité contractuelle.

La seconde opinion, celle dont M. Labbé s'est constitué l'ardent défenseur, ne fait pas de la responsabilité du patron une conséquence essentielle du contrat; cette responsabilité serait seulement de la nature du contrat. Dès lors, si les parties ne l'ont pas exclue par une stipulation formelle, elles sont censées l'avoir tacitement acceptée.

Nous ferons à cette opinion le même reproche qu'à celle de M. Sinctelette, celui de nouveauté.

M. Labbé déclare lui-même son opinion nouvelle; c'est un nouveau système qu'il essaie de faire prévaloir. « Nous arrivons, dit-il, à la question la plus délicate. La cour de cassation de Belgique, M. le professeur Glasson, tous les partisans de la *doctrine nouvelle*, nous sommes d'accord (1). »

S'il avait tant soit peu réfléchi, M. Labbé, qui d'ordinaire est beaucoup mieux inspiré, se serait dit :

Je prétends que dans le contrat de louage d'ouvrage il paraît tellement naturel de voir le patron

____

(1) Sirey, 86, 4, p. 27, 2ᵉ col., note 1.

garantir son ouvrier contre tout accident, que ce n'est pas la peine de le dire. Cela va sans dire.

Or, je reconnais en même temps que, jusqu'en 1886, personne, ni patrons, ni ouvriers, ni jurisconsultes, ni magistrats, ne s'en était avisé, alors que ce contrat se pratique de temps immémorial.

Si personne ne s'en était avisé, cela ne va pas sans dire, ne paraît pas à tout le monde tellement naturel qu'il est inutile d'en parler, n'est donc pas de la nature du contrat; et par conséquent, pour que le contrat engendre cette obligation de garantie, il faut le dire formellement, sinon l'obligation n'existe pas.

Cette simple réflexion est la réfutation péremptoire du système si laborieusement édifié par M. Labbé et quelques jurisconsultes à sa suite.

Toute cette théorie repose au reste sur une assimilation erronée.

Le voiturier, le locataire, le dépositaire, le créancier gagiste s'obligent, dit-on, et c'est exact, à rendre telle qu'ils l'ont reçue la chose dont ils ont la garde.

S'ils la représentent avariée, ou si elle a péri entre leurs mains, ils n'accomplissent pas leur obligation; c'est donc à eux à justifier du fait qui a produit l'extinction de leur obligationt (art. 1315 c. civil), par exemple le cas fortuit ou la force majeure.

Or, dit la théorie que nous combattons, pourquoi un homme serait-il moins bien traité qu'une chose (1)? L'ouvrier se confie au patron ; celui-ci doit le rendre intact à lui-même.

M. le conseiller Cotelle, rapporteur de l'arrêt de cassation du 31 mai 1886, répond avec beaucoup de justesse : « On comprend très bien que le locataire d'un animal réponde de toutes les blessures que peut éprouver cet animal, parce que la bête de somme est un être inconscient et passif dont tous les mouvements doivent être dirigés et surveillés par son conducteur. Au contraire, le plus humble ouvrier est, si dépendante que soit sa condition, un être doué d'intelligence et de volonté, susceptible de commettre des fautes personnelles dont il ne peut rejeter sur autrui la responsabilité. »

Plus loin le rapporteur continue ainsi : « La loi qui respecte ainsi (2) chez l'ouvrier la liberté de l'homme, n'a pu faire abstraction de la responsabi-

---

(1) Cette théorie est passée dans la jurisprudence belge, en ce qui concerne le contrat de transport. Cette jurisprudence assimile l'homme à la chose et applique au voyageur l'article 103 du code de commerce. Le contraire, au dire de M. Sinctelette (p. 16), ne se plaiderait plus en Belgique qu'à péril de ridicule! La conséquence de cette jurisprudence devrait être d'installer des licols dans les voitures comme dans les wagons à bestiaux, pour empêcher le voyageur que le transporteur doit rendre à lui-même à l'arrivée, de s'enfuir avant d'être à destination. Il serait également prudent de le tenir ensuite en laisse, comme un animal, jusqu'à la sortie de la gare pour l'empêcher de se faire tamponner par un train ou de se griser à la buvette. Le bon sens français a fait justice de cette étrange théorie qui ne sait pas distinguer l'homme intelligent et libre de l'être privé de raison.

(2) En ne le contraignant pas par corps à faire le travail promis s'il s'y refuse.

lité qui en est la suite nécessaire, au point d'assimiler cet ouvrier aux choses dont le locataire a la garde et de présumer que, s'il lui arrive quelque accident, ce doit être, *à priori*, non par sa propre faute, mais par l'imprudence de son patron. »

Ces réflexions pleines de bon sens nous montrent pourquoi on ne traite pas un homme comme une chose, et nous rendent raison des différences juridiques essentielles qui séparent le louage des choses du louage d'ouvrage.

Reste à examiner si cette garantie contractuelle est dans l'usage.

Il en est des choses d'usage comme de celles qui sont de la nature du contrat. Lorsqu'on ne dit pas le contraire, on est censé se soumettre à l'usage. Les choses d'usage diffèrent de celles qui sont de la nature du contrat en ce que l'usage est local.

Est-il d'usage que le patron s'engage à garantir l'ouvrier contre les accidents? Évidemment non ; jamais patrons ni ouvriers n'en ont eu seulement la pensée. Inutile donc d'insister davantage.

La garantie contractuelle est une pure fantaisie qui, dans ces derniers temps, a passé par la tête de quelques jurisconsultes et qu'un peu de réflexion suffit à faire repousser.

Une autre théorie, dite du risque professionnel, s'est produite lors de la discussion à la Chambre des députés du projet de loi qui fut voté par elle le 10 juillet 1888.

Voici comment le rapporteur prétendait rattacher ce risque aux principes du code civil :

« C'est ce qu'on appelle le risque professionnel; mais ce risque n'est pas dû à un principe nouvellement reconnu en droit civil, il était suivant nous implicitement et même explicitement contenu dans la responsabilité de droit commun du chef d'entreprise. Ce dernier n'est-il pas en effet responsable du fait des personnes à son service et des choses qu'il a sous sa garde? Or, qu'est-ce que le risque professionnel, c'est-à-dire le cas fortuit où la force majeure se produisant dans des entreprises où des forces élémentaires formidables sont enchaînées au service de l'homme, mais toujours prêtes à manifester leur aveugle puissance? qu'est-ce que l'imprévu dans le fonctionnement des appareils destinés à utiliser ces forces redoutables? qu'est-ce que la négligence même de l'ouvrier amené par une habitude constante à ne plus tenir compte du danger spécial au travail dans un milieu particulier? qu'est-ce que tout cela, si ce n'est le fait des choses que le chef d'entreprise a sous sa garde. »

En lisant ces observations, une première réflexion se présente à l'esprit : aucun jurisconsulte, aucun magistrat n'avait donc jusqu'en 1888 compris le sens et la portée des articles 1382 et suivants, puisque jamais personne ne s'était avisé du « risque professionnel ».

Jusqu'à ce jour, par ces mots « risque professionnel », on avait entendu que l'exercice de certaines professions fait courir certains risques et que par conséquent, choisissant une profession, on assume en même temps le risque qui l'accompagne. Ainsi le couvreur risque de tomber d'un toit, le maçon d'un échafaudage, et ainsi de suite.

Aujourd'hui ces mots changent de sens et expriment ce principe absolument nouveau dans notre droit : Le maître d'une chose est responsable dès que cette chose est l'occasion d'un accident. Nous employons le mot occasion, parce que bien souvent la machine est simplement l'occasion et non la cause de l'accident.

En effet, lorsqu'un générateur fait explosion, lorsqu'une meule éclate, ces événements sont là cause de la mort ou des blessures des ouvriers atteints par les débris ; mais voici au contraire une machine qui fonctionne normalement, rien ne dérange la régularité de sa marche ; un ouvrier se fait prendre dans les engrenages : peut-on dire que la machine a été cause de l'accident ? Évidemment non ; elle n'a été que l'occasion qui, jointe au fait de l'ouvrier, a déterminé la blessure.

Or, s'il peut y avoir faute à laisser dans certains cas à proximité des gens une occasion de danger, on ne saurait de plein droit rendre responsable le propriétaire dont la chose a été pour un tiers l'occasion d'un accident.

Jamais notre droit français n'a admis pareille responsabilité. On répond uniquement de ses fautes, et si, dans certains cas déterminés, on est responsable du dommage causé par des choses dont on est propriétaire, ce n'est pas comme propriétaire ; on n'est pas tenu *propter rem*, on est tenu à raison d'une faute commise.

C'est le cas des articles 1385 et 1386.

Le propriétaire d'un animal répond du dommage causé par cet animal, parce que, s'il l'a sous sa garde, il est en faute de l'avoir mal surveillé, et si l'animal s'est échappé, le maître est fautif pour l'avoir mal gardé.

Mais remarquons que la responsabilité cesse pour retomber sur celui qui s'en sert si le propriétaire en transfère l'usage à un autre, s'il le loue à quelqu'un, par exemple.

Ce n'est donc pas à titre de propriétaire que l'on est tenu, c'est pour avoir mal surveillé l'animal dont on a la garde.

Le propriétaire est aussi responsable de l'accident survenu par vétusté ou défaut d'entretien de son bâtiment, parce qu'il est en faute de l'avoir mal entretenu ou de n'avoir pas prévenu l'écroulement par une démolition faite en temps opportun.

On répond donc uniquement de ses fautes ; et lorsque quelqu'un veut rendre un homme responsable d'un dommage éprouvé, il doit toujours prouver sa faute.

C'est un principe de morale et un principe de bon sens ; c'est en même temps, dans notre droit français, la règle invariablement suivie.

CHAPITRE XXIII

DE LA RESPONSABILITÉ LÉGALE DU PATRON.

Responsabilité contre tarif. — Juridiction spéciale. — Réduction des frais. — Célérité. — Système suisse, — allemand.

Le système que nous venons d'examiner a pu séduire des esprits nourris dans les subtilités du droit; pour le vulgaire, c'était trop compliqué, il fallait quelque chose de plus simple. Nous ferons une loi, a-t-on dit; et immédiatement des projets ont été déposés qui vont de la Chambre au Sénat et du Sénat à la Chambre, et se résument dans l'un des deux systèmes suivants :

Le premier rend de plein droit le patron responsable de l'accident, sauf à lui à prouver la faute de l'ouvrier, certains même ne déchargent le patron que s'il y a faute lourde de l'ouvrier.

Le second système, sans rien changer au fond du droit, se borne à mettre la preuve de la non responsabilité à la charge du patron.

Nous ferons à ces projets une première réponse : le droit n'est pas une chose arbitraire et de fantaisie que le législateur arrange suivant les caprices de la mode. Si en droit civil la faute seule engage la responsabilité, c'est parce que la justice, supérieure à la loi, ne permet pas qu'il en soit autrement.

Rendre responsable un homme qui n'a commis aucune faute est tout simplement une injustice.

D'autre part, si la preuve incombe audemandeur, c'est parce que la justice ne permet pas de condamner un homme si son obligation n'est pas prouvée.

Cette idée de la responsabilité de plein droit a cependant trouvé dans le monde industriel une faveur inattendue.

Des chambres de commerce, des sociétés industrielles, accepteraient volontiers une loi édictant cette responsabilité du patron ou mettant à sa charge la preuve qu'il n'a pas commis de faute.

Comment expliquer cette attitude et ne paraît-il pas étrange de voir des patrons aller eux-mêmes au-devant de ce qui semble la négation de leur droit?

Il y aurait lieu, en effet, de s'en étonner, si dans tous les projets qui reçoivent l'approbation des industriels il n'y avait une contre-partie : c'est le tarif des responsabilités.

On accepte les responsabilités, mais à une condition, c'est qu'elles seront tarifées : tant pour la vie, tant pour un pied, pour un bras, pour un œil.

Le patron a fait ses calculs, il a établi le coût moyen des accidents et estime qu'il y a profit à payer plus souvent, sauf à payer moins chaque fois.

En sorte que cette apparente générosité, cette surprenante abnégation se réduisent à l'établissement d'un prix de revient où le patron croit trouver son avantage.

Que faut-il penser du tarif?

Il est évident que ce serait ajouter à une première injustice, consistant à faire payer le patron quand il ne doit pas, une seconde injustice, consistant à payer à l'ouvrier dans certains cas plus ou moins qu'il n'est dû.

Il est impossible en effet de tarifer les accidents, fussent-ils, au point de vue chirurgical, exactement de même nature.

On doit la réparation du préjudice causé. Or, le préjudice est-il le même, en cas de mort d'un homme dans la vigueur de l'âge ou d'un vieillard; d'un célibataire ou d'un père de famille; d'un directeur d'usine à 10,000 fr. d'appointements par an ou d'un homme de peine à 3 francs par jour?

La réparation doit-elle être égale si la responsabilité incombe exclusivement au patron ou si la faute est partagée entre lui et l'ouvrier?

Il y a là une infinité de nuances qu'un tarif ne pourra jamais rencontrer, qui doivent se régler dans chaque affaire, et que le mieux est d'abandonner à la prudence du juge.

On demande encore que l'on constitue des tri-

bunaux spéciaux pour juger ce genre de questions ;
on donne pour cela diverses raisons : rapidité,
économie de frais et meilleure justice.

Pratiquement, le vrai moyen d'avoir bonne justice est de s'adresser à la magistrature ordinaire,
à condition bien entendu que son recrutement
donne les garanties voulues de savoir et d'honnêteté. Il est bon que le juge ne soit pas trop
près du justiciable, qu'il ne se sente pas lui-même
trop engagé dans les questions qu'il doit trancher.
On sait ce que valent les conseils de prudhommes
et les tribunaux de commerce des petites villes.

Quant à la rapidité de la décision jointe à l'é-
conomie des frais, cela se rattache à la question
générale de la simplification de la procédure
civile et de la réduction des frais de justice.

Notre procédure civile est encombrée d'un
nombre considérable d'actes inutiles, vieux formalisme que l'on conserve précieusement parce
qu'il multiplie les frais et rapporte ainsi au gouvernement, toujours besoigneux, des sommes considérables.

Ce formalisme, en même temps qu'il coûte gros,
retarde inutilement la marche des procès. On prend
le temps de noircir quantité de feuilles de papier
que le juge ne regarde jamais, ou simplement de
faire payer des écritures dont on se dispense.

Inutile, pour remédier à cela, de créer de nouvelles juridictions ; le fisc d'ailleurs saurait en peu
de temps les envahir ; travaillons au contraire à

la réduction des frais de justice en simplifiant les procédures auprès des juridictions existantes.

Le système de la responsabilité légale du patron a été établi en Suisse par une loi du 25 juin 1881. Le chef d'industrie a l'obligation de prouver qu'il n'est pas en faute. La responsabilité des cas fortuits se partage entre l'ouvrier et le patron, la force majeure seule reste à la charge de la victime (1).

La loi d'Empire du 6 juillet 1884 a introduit en Allemagne un système analogue. Les industries sont constituées, sous le contrôle de l'État, en vastes corporations chargées d'indemniser l'ouvrier de tout accident de travail; les primes imposées aux patrons fournissent aux indemnités. C'est l'assurance obligatoire. On ne rentre dans le droit commun que si le patron ou l'ouvrier ont intentionnellement causé l'accident.

Les indemnités se règlent suivant un tarif, elles sont fixées par des tribunaux d'arbitrage élus par les patrons et les ouvriers et présidés par un fonctionnaire. Il y a appel à l'office impérial des assurances, qui se compose principalement de fonctionnaires.

Depuis dix ans la loi allemande est en vigueur, et l'on paraît déjà singulièrement revenu des illusions du premier jour.

On remarqua dès le début que le fonctionne-

____

(1) Quelle distinction fait-on entre les cas fortuits et la force majeure?

ment de cette vaste machine administrative était singulièrement onéreux. En 1886 les indemnités s'élevèrent à 1.711.699 marks, les frais d'administration à 2.324.299 marks, soit 133 pour 100 de frais (1).

Aujourd'hui l'on constate de plus que les accidents ont augmenté dans une proportion considérable : en 1886 on relève 82.596 accidents, en 1888 121.164, en 1891 162.674.

Le résultat devrait être exactement inverse : en effet, l'outillage et les moyens de protection se perfectionnent constamment ; chaque fois qu'un accident révèle un danger non prévu, on y porte remède par l'adoption de quelques mesures nouvelles de précaution. Comment donc en Allemagne voit-on croître le nombre des accidents ?

Un journal allemand, *le Kompass,* dans son numéro du 20 février 1895, en donne l'explication suivante : « Un fait est bien certain, c'est que dans l'état actuel de la législation et de la jurisprudence, l'ouvrier reste pour ainsi dire sans responsabilité à l'égard de sa conduite pendant le travail, c'est-à-dire des mesures de précaution qu'il prend ou qu'il ne prend pas pour éviter les accidents. »

En conséquence, la corporation minière demande la revision de la loi de 1884; la corporation du bâtiment, celle des industries du fer et de l'acier formulent la même demande.

A ces considérations ne faut-il pas ajouter que

(1) Claudio Jannet, *l'Assurance obligatoire,* 1888.

rien ne vient plus stimuler l'attention du patron pour éviter les accidents. Il paie sa cotisation ; va-t-il, en outre, s'ingénier à perfectionner les couvre-engrenages et autres appareils protecteurs ? Ce serait s'imposer une dépense personnelle et immédiate, sans autre profit que de diminuer d'une fraction imperceptible le coefficient de ses contributions.

En France, au contraire, le patron, même assuré contre les accidents, a toujours son attention éveillée sur les mesures à prendre pour les éviter. Au besoin, la responsabilité pénale est là comme une menace suspendue sur sa tête ; la compagnie d'assurance peut, s'il a de trop nombreux accidents, résilier sa police ou rehausser les primes ; la garantie de l'assureur est d'ailleurs limitée, tandis que la responsabilité du patron ne l'est pas.

En un mot, le patron français sent à chaque instant la responsabilité qui peut l'atteindre dans sa fortune, au besoin dans sa liberté ; son attention est sans cesse en éveil, il cherche constamment à diminuer les risques par une meilleure organisation de son usine.

Tenons-nous-en donc aux règles tracées de tout temps : elles sont l'œuvre de l'expérience. Vouloir innover en pareille matière dénote pour le moins une grande légèreté, à moins que ces innovations ne couvrent tout simplement un intérêt électoral.

CHAPITRE XXIV

DES ASSURANCES OBLIGATOIRES AU POINT DE VUE DE LA JUSTICE.

Le blessé à la charge de la société. — Reconstitution du patrimoine charitable. — Socialisme d'État.

L'assurance est un contrat par lequel un assureur, moyennant des primes périodiquement versées par un assuré, s'engage à indemniser ce dernier du dommage que peut lui causer un événement futur et incertain.

L'assurance peut avoir les objets les plus variés. On tend de nos jours à la multiplier indéfiniment; on en abuse même; aussi doit-on considérer que certaines assurances n'ont d'autre but que de fournir à leur directeur-fondateur une position sociale.

L'assurance n'a véritablement sa raison d'être que lorsqu'il s'agit de réparer la perte qu'un homme éprouve dans son capital, en prenant ce mot au sens le plus large. Tel est le cas de l'assurance contre l'incendie, des assurances maritimes, de l'assurance sur la vie, de l'assurance contre les accidents, de l'assurance contre la responsabilité civile incombant aux patrons.

Au contraire, on ne comprend pas l'assurance des revenus. Si les revenus courent des risques dont on peut, jusqu'à un certain point, calculer l'aléa : mauvaises récoltes, pertes de loyer, etc., on doit se faire son propre assureur, économiser sur les bonnes années de quoi compenser les mauvaises, et ne compter, comme revenu vrai, que le produit moyen d'un certain nombre d'exercices.

Le risque fournissant à l'assurance une matière sérieuse est celui qui se produit rarement et cause, s'il se réalise, une importante diminution de capital. La rareté du risque permet de demander à chaque assuré une somme minime; son importance engage un grand nombre d'intéressés à s'assurer.

A ce point de vue, les accidents de fabrique sont véritablement une matière à assurance. Un bon administrateur peut donc grever ses frais généraux d'une somme minime pour s'assurer contre la responsabilité civile des accidents. L'ouvrier fait également acte de prudence en se garantissant par une assurance contre les accidents fortuits, de nature à le mettre temporairement ou indéfiniment dans l'impossibilité de travailler. Les forces physiques jouent, en effet, pour lui le rôle d'un capital, dont l'emploi lui procure un revenu; s'il les perd accidentellement, l'assurance les remplace par un capital argent, dont il peut aussi tirer un revenu, soit en le plaçant, soit en le faisant fructifier lui-même, dans un commerce ou une industrie appropriés à son état physique.

L'assurance contre les accidents se répand de plus en plus dans le monde industriel.

Est-ce à dire toutefois que l'État est en droit de rendre l'assurance obligatoire, soit qu'il mette les primes à la charge de l'ouvrier ou à celle du patron, ou qu'il les répartisse entre les deux? C'est, dit-on, un acte de sage prévoyance.

On peut être de ce dernier avis, mais ce motif ne saurait justifier l'obligation de s'assurer. L'État, avons-nous dit, n'a pas pour mission d'imposer l'exercice de toutes les vertus; il est le défenseur des droits. Or, quelqu'un a-t-il droit à ce qu'un ouvrier s'assure? Évidemment non; L'ouvrier est libre de s'assurer ou de ne pas le faire. L'assurance est un emploi fait par lui de sommes dont il est propriétaire; personne n'a le droit de lui imposer cet emploi.

Que le patron en fasse une condition de l'entrée de l'ouvrier dans l'usine, et lui dise : Je ne veux pas avoir d'ouvriers blessés, que je sois moralement obligé de secourir; c'est son droit, parce que c'est en même temps l'une de ces innombrables conventions que les hommes ont la faculté de faire entre eux. Mais l'État ne saurait imposer ce à quoi les parties peuvent s'obliger par leur libre convention. S'il avait ce droit pour les accidents de fabrique, il aurait également le droit de dire au propriétaire : assurez-vous contre l'incendie; au père de famille :

assurez-vous sur la vie ; au fermier : assurez-vous contre la grêle ou contre l'épizootie ; à tous les citoyens : assurez-vous contre les maladies, contre les tuiles qui peuvent vous tomber sur la tête ; assurez-vous contre tout ce qui peut vous causer un préjudice. Toute assurance pourrait ainsi devenir obligatoire.

On insiste et l'on dit : L'ouvrier blessé tombera à la charge de la société ; celle-ci a donc le droit de prendre ses précautions et d'obliger l'ouvrier à constituer, à l'aide de primes, un capital en vue de cette éventualité.

Cet argument va bien au delà du but auquel il tend et repose en même temps sur une notion erronée du rôle de l'État.

Si la société a le droit de se précautionner contre les événements qui peuvent réduire un de ses membres à la misère, ce n'est pas seulement contre les accidents de fabrique qu'elle doit prendre ses mesures, il faut user du même moyen à l'égard de tous les citoyens, quels que soient leur avoir et leur position sociale, car tous peuvent éprouver des revers de fortune, tous peuvent se ruiner et tomber ainsi à la charge de la société.

Un homme n'a que ses appointements, ses honoraires, ses salaires ; il meurt et laisse sa famille dans un complet dénuement ; un industriel se ruine, un propriétaire perd sa fortune dans des spéculations malheureuses ; ils seront au même niveau que l'ouvrier blessé dans l'industrie. Pourquoi donc ne pas les forcer également à s'assurer contre la mauvaise fortune? Si le principe est légitime, la conséquence s'impose. Pourquoi même ne pas faire immédiatement l'État gérant de toutes les fortunes, pour empêcher qui que ce soit de se ruiner? Ce serait une interdiction générale édictée dans l'intérêt public.

C'est absurde, me direz-vous. En effet; mais cela prouve que le principe est faux.

L'argument que l'on invoque pour justifier l'assurance obligatoire repose sur une fausse notion du rôle de l'État, et par suite de son droit.

L'État n'a pas la mission de faire vivre directement les individus, par conséquent il n'a pas l'obligation de prendre à sa charge ceux qui tombent dans la misère. C'est l'œuvre de la charité.

Dans notre situation politique actuelle, cette affirmation étonne, et l'on se dit que si la charité privée était seule à agir, bien des malheureux seraient abandonnés sans secours.

Ce peut être vrai; mais à qui la faute? N'est-ce pas à l'État, qui, à la fin du siècle dernier, a détruit le patrimoine charitable constitué pendant une longue suite de siècles sous l'inspiration de l'Église et qui, depuis lors, a tout fait pour l'empêcher de se reconstituer?

Peut-on, de nos jours, si l'on veut se passer de la bienfaisance officielle, créer des fondations, leur donner une personnalité propre, comme aux siècles qui ont précédé la Révolution? C'est impossible. Si le bureau de bienfaisance ne met pas la main sur le legs, on le déclarera nul, faute de bénéficiaire.

Peut-on fonder un hospice en lui donnant la perpétuité que requiert un établissement de ce genre? C'est encore impossible. On constituera bien une société, mais il sera défendu de la faire perpétuelle, en sorte que l'institution demeurera toujours précaire, exposée à toutes les vicissitudes des fortunes particulières.

Si des religieux ou religieuses se réunissent pour venir en aide aux pauvres et aux déshérités, à ceux qui, à défaut de la charité privée, tomberaient à la charge de la société, une odieuse fiscalité les enserre ou crée pour eux des impôts spéciaux; on fausse les notions les plus élémentaires du droit, on invente des fictions pour trouver des mutations, là où il n'en existe pas, et le fisc, qui tient à conserver sa mauvaise réputation, vient prélever une grosse partie de leurs ressources sous prétexte d'un accroissement de fortune qui n'a jamais existé.

Que l'État laisse, comme c'est son devoir, reconstituer librement le patrimoine de la charité, et il n'aura pas à pourvoir au sort des déshérités de la fortune. Mais surtout qu'il ne se fasse pas un titre de son iniquité pour violer les droits des citoyens (1).

L'assurance, de plus, lorsqu'elle devient obligatoire, constitue une flagrante injustice.

______

(1) Actuellement l'État ne saurait sans injustice détourner de sa destination le patrimoine charitable dont il s'est emparé; ce serait ajouter encore à l'iniquité précédemment commise.

Quand on étudie ces questions, on parle généralement *des ouvriers* et *des patrons* (1), comme si ouvriers et patrons constituaient deux individualités en présence, formant chacune un être unique, solidarisant réciproquement, comme le feraient deux sociétés de commerce, leurs droits, leurs actions, leurs charges et leurs dépenses; et l'on dit en parlant des assurances : les ouvriers paieront les primes, mais ils recevront les indemnités; les patrons participeront aux primes, mais ils n'auront plus d'indemnités à payer.

On ne réfléchit pas qu'il y a en présence non pas deux êtres uniques, mais une multitude d'individus, ouvriers et patrons, dont chacun a son patrimoine individuel.

On oublie que sur chacun de ces patrimoines essentiellement personnels, on prélèvera les primes périodiques, et que les indemnités payées à l'aide de ces prélèvements se donneront seulement aux ouvriers blessés et en l'acquit des patrons qui seraient responsables.

La loi, par l'assurance obligatoire, prend donc une partie de la fortune de ceux qui ne seront jamais blessés pour la donner aux victimes des accidents; elle prend l'argent de tous les patrons

---

(1) Le rapporteur de la loi sur l'assurance obligatoire développait récemment devant le sénat cette thèse : « L'industrie doit payer ». L'industrie ce n'est rien; c'est tel industriel qui paie. Que l'on substitue dans le discours : Industriel à industrie, la thèse se réfutera par son simple énoncé.

qui n'ont jamais commis de faute pour acquitter la dette de ceux qui en ont commis une.

Voilà le résultat final de l'assurance obligatoire. Prendre à celui qui possède, pour donner à celui qui ne possède pas ; prendre à celui qui ne doit pas, pour payer la dette de celui qui doit.

Si l'on va au fond des choses, on est amené à définir l'assurance obligatoire : le vol organisé par l'État. C'est du pur socialisme. Le socialisme consiste en effet à prendre à celui qui a pour donner à celui qui n'a pas. Ce système, organisé à l'aide de la loi, constitue ce qu'on appelle le socialisme d'État.

On objecte que, tous courant le risque, tous peuvent profiter de l'assurance. C'est vrai, mais de quel droit me forcez-vous à m'assurer? Je suis, par exemple, un ouvrier prudent, je puis compter sur moi, mon métier n'est pas dangereux ; et vous me forcez à payer des primes pour assurer une rente à un imprudent. Je suis un patron soigneux, je veille rigoureusement à la bonne tenue de mes ateliers, mes métiers sont exactement garantis, je suis d'une société des propriétaires d'appareils à vapeur et d'une association pour prévenir les accidents de fabrique ; je me sens, grâce à mes précautions, à l'abri de la plupart des accidents ; l'expérience me montre que j'ai tout profit à être mon propre assureur ; et vous me forcez à vous donner une partie de ma fortune pour réparer les négligences possibles d'un voisin moins soigneux dans la tenue de son usine ; n'est-ce pas une injustice évidente?

C'est exactement comme si la loi forçait tout propriétaire à s'assurer contre l'incendie. L'assurance contre ce risque est certainement un acte de sage administration; l'État peut-il me l'imposer? Évidemment non. L'État n'est pas chargé d'administrer mes biens.

Dieu nous garde au reste de l'État-Providence!

L'assurance obligatoire a pour corollaire l'État assureur. Si l'assurance est une nécessité sociale, il faut qu'elle donne à l'assuré, comme à l'État toute garantie; il ne faut pas que l'assuré puisse voir l'assureur engloutir son capital dans de mauvais placements ou disparaître avec la caisse; l'État se présentera immédiatement comme seul capable de donner les garanties voulues.

L'État assureur, c'est un nouveau pas dans la voie du socialisme d'État, puisque c'est une nouvelle part de la fortune publique mise aux mains de l'État, et une nouvelle armée de fonctionnaires créés pour administrer ce nouveau capital et vivre tout d'abord aux dépens des fonds dont la gestion leur est confiée.

Assurances contre la maladie. — L'assurance contre la maladie se présente d'ordinaire sous forme de société de secours mutuels. Excellente institution en faveur de ceux qui n'ont pas de capital; elle leur permet de pourvoir à leurs besoins et à ceux de leur famille pendant que la maladie leur enlève la possibilité de travailler. Mais c'est encore une de ces choses qui doivent être abandonnées à la libre initiative des individus; l'État ne saurait l'imposer législativement sans commettre un acte arbitraire et tyrannique.

Caisses de retraite pour la vieillesse. — Les caisses de retraite pour la vieillesse ont avec les assurances la plus grande analogie. L'homme en âge de travailler prélève sur son gain de chaque jour une petite somme formant une véritable prime, à l'aide de laquelle il s'assure une pension pour le temps où l'âge l'empêchera de gagner sa vie. La combinaison la plus avantageuse aux survivants est celle qui fait profiter ces derniers des primes versées par les intéressés n'arrivant pas à l'âge de la retraite. Ces accroissements permettent d'augmenter d'autant les pensions des survivants.

On ne saurait qu'approuver ce genre d'institution, comme au reste toutes celles qui poussent à l'épargne actuelle, pour créer des ressources en vue des diverses crises que présente la vie du travailleur.

Mais pas plus ici que dans les cas ci-dessus examinés, l'État ne saurait imposer législativement l'épargne. Cela ne le regarde pas.

Toutes les observations que nous avons présentées au sujet des assurances contre les accidents s'appliquent ici, de point en point, par identité de motifs.

Chacun est libre de s'assurer ou non contre les risques de la vieillesse, mais la loi ne peut imposer à personne de le faire contre son gré.

Imposer la participation aux caisses de retraite,

c'est prendre l'argent de ceux qui n'en profiteront pas pour le donner aux autres. C'est du socialisme d'État.

Les développements dans lesquels nous sommes entrés au sujet de l'assurance obligatoire nous dispensent d'insister ici davantage.

La France est entrée cependant dans la voie de la retraite obligatoire par la loi du 29 juin 1894 sur les mines. L'importance de la question nous détermine à en traiter dans un chapitre spécial.

Résultats économiques de l'assurance et de la retraite obligatoires. — Dans une étude parue en 1888 dans le *Correspondant*, M. Claudio Jannet a fait toucher du doigt, d'une façon très remarquable, les conséquences désastreuses que produirait au point de vue économique l'assurance universelle.

Voici quelques-uns des chiffres que nous trouvons dans cette étude :

L'industrie et les transports emploient en France 3.181.090 ouvriers.

En supposant la retraite acquise à soixante ans, on aurait annuellement, lorsque le plein effet de la loi se serait produit, 891,000 pensionnaires; pour leur donner à chacun une pension de 360 fr. par an, il faudrait annuellement 320 millions. Pour rendre la pension reversible pour moitié sur la veuve ou les orphelins, il faudrait majorer le chiffre de 25 0/0, ce qui donnerait 400 millions.

Supposons des ouvriers gagnant 4 fr. par jour en

moyenne. Il faudrait pour faire face aux pensions, si l'on met la prime à la charge de l'ouvrier, prélever chaque année sur le salaire de chacun 75 fr., soit la paye de 18 à 19 jours de travail, un jour sur vingt.

Si la prime incombe au patron, on le grèvera de 0,25 centimes par jour et par ouvrier; soit, s'il en a 500, de 125 francs par jour ou 37.500 francs par année de 300 jours.

Au début et suivant les dispositions adoptées, la prime semblera se prendre sur le patron ou sur l'ouvrier; avec le temps et lorsque l'équilibre se sera établi, elle grèvera le produit, diminuant d'autant le bénéfice à partager entre le capital et le travail.

Le résultat final sera donc d'imposer à l'industrie une charge colossale sous laquelle un certain nombre d'établissements succomberont certainement, au grand préjudice des ouvriers dont une partie se trouvera sans ouvrage, ce qui amènera une offre exagérée de travail et produira une perturbation générale de l'industrie.

Tant il est vrai qu'une protection exagérée tourne souvent au détriment de ceux que l'on protège.

CHAPITRE XXV

DES MINES.

Caisses de retraite. — De la propriété des mines. — Nature de la concession. — La loi de 1810 sur les mines. — Principes dangereux.

La participation obligatoire aux caisses de retraite a pris place dans notre législation à l'occasion des ouvriers mineurs.

Divers projets de loi sur les retraites obligatoires avaient été, depuis un certain temps, proposés à la sanction des Chambres (1).

(1) Un de ces projets de loi est pour le moins original : c'est celui présenté en 1890 (Annexe au procès-verbal de la séance de la Chambre des députés du 8 juillet 1890) par MM. Le Gavrian, Neyrand, Georges Graux, Chollet, de Mahy, Ernest Desjardin, Thellier de Poncheville, de Montsaulnin, Desjardin-Verkinder, Vincart, vicomte de Pontbriant et autres.

« Dans un pays de suffrage universel, dit l'exposé des motifs, où le plus humble travailleur, par son vote, participe au gouvernement, imprime une direction à la marche des affaires publiques, où chaque citoyen est réputé avoir assez de maturité et de sagesse pour prendre sa part de responsabilité dans le mouvement politique de la nation, dire à ce citoyen qu'il est incapable de prendre une résolution dans son propre intérêt et dans celui de sa famille, n'est-ce pas le rabaisser et l'humilier autant que le démoraliser ? »

La situation spéciale des concessions de mines semblait propice aux partisans de l'obligation pour

« Nous l'avons cru ainsi, et c'est pour ce motif que *nous avons écarté le principe de l'assurance obligatoire* en cette matière.

« Mais si le bénéfice de notre loi n'est réservé qu'à celui qui librement veut y participer, n'est-il pas du devoir du législateur, après que l'intéressé s'est prononcé, de régler les effets du contrat dérivant de sa volonté et d'en réglementer les conséquences aussi bien que d'en faciliter l'exécution? On ne saurait le contester. »

L'article 6 du projet porte en conséquence que tout salarié dont le salaire ne dépasse pas 3,000 fr. par an « est réputé vouloir s'assurer le bénéfice d'une pension de retraite..... s'il ne fait pas une déclaration contraire... »

Cette déclaration se fera devant le juge de paix (art. 7) qui, s'adressant au déclarant, lui « fera remarquer les avantages de la prévoyance et lui donnera lecture des articles 8 et 20, § 2, de la loi. »

Voit-on l'ouvrier obligé de perdre une demi-journée, pour aller dire au juge de paix qu'il ne veut pas s'assurer. Entend-on le juge de paix lui répondant : « Imbécile, tu ne comprends pas que c'est le patron qui paie. Allons, si tu y tiens, verse au greffier 0,25 centimes et l'on te donnera acte de ta déclaration ». C'est le prix d'après l'article 7.

Et le patron? me direz-vous. Ah! ne craignez rien; on y a pourvu. Écoutez plutôt :

« Mais il ne suffit pas, continue l'exposé, que l'ouvrier veuille être assuré pour que ses vieux jours soient à l'abri du besoin; il faut qu'il puisse remplir les obligations de l'assurance.

« Pour cela, il convient que le sacrifice qu'on lui demande soit aussi léger que possible, et que l'épargne en vue de l'avenir n'affecte pas son bien-être dans le présent.

« Dans ce but, il faut que le fardeau soit partagé, et il suffit d'indiquer cette nécessité pour qu'aussitôt vienne à l'esprit la pensée de laisser une partie de la charge au patron »; puiser dans la caisse d'autrui, c'est l'idéal de tous les voleurs, « c'est-à-dire à celui-là même qui, il faut le reconnaître et l'en louer, s'est offert des premiers à la porter. »

— Comment, diront les patrons, mais nous n'avons absolument rien offert.

en introduire le principe dans la législation française.

On a soutenu devant les Chambres que la nature spéciale du droit du concessionnaire permettait à l'État d'intervenir et de lui imposer ce qu'on ne pouvait pas exiger des autres citoyens. La mine, a-t-on dit, n'est pas une propriété ordinaire, c'est une pure concession de l'État; par conséquent, l'État, qui aurait pu refuser la concession ou la donner à un autre, a le droit de poser à toute époque au concessionnaire telles conditions que bon lui semble; il peut lui imposer notamment l'obligation de servir une pension de retraite aux ouvriers mineurs.

Ce prétendu principe est gros de conséquences, car, s'il est vrai, l'État peut tout au regard du concessionnaire de mine, même lui enlever la concession pour la transférer à un autre.

C'est au reste ce que demandent les enfants ter-

— Rien offert! leur répond le projet, allons donc?

« Le rapport de la caisse de la vieillesse nous le dit : c'est grâce à l'initiative des patrons que la plupart des versements sont faits. »

Vous voyez bien, patrons, que vous désirez verser ; en conséquence nous inscrivons votre désir dans l'article 9 : l'employeur versera la même prime que l'ouvrier.

Et voilà comment, dans ce projet, l'assurance n'est pas obligatoire.

Il est probable que la plupart des honorables signataires n'ont pas lu ce qu'ils signaient, et que le mauvais plaisant qui leur a joué le tour de leur faire apposer leur nom au bas de ce document se gardera bien de se nommer.

Nous avons voulu, par une citation complète, montrer à quelles fantaisies législatives on se livre lorsqu'il s'agit de retraite et d'assurance.

ribles du parti socialiste. Pour eux c'est un premier pas dans la voie de l'expropriation du capital, but final de leurs efforts.

Dans l'espoir de faire franchir ce premier pas par des hommes moins avancés qu'eux, sans cependant les .effaroucher outre mesure, ils ont invoqué la nature spéciale des concessions minières, excellent prétexte offert aux trembleurs en quête d'une mauvaise raison pour masquer leur désertion.

Que penser de cette théorie?

En droit, c'est une erreur absolue.

Qui dominus est soli, disait-on jadis, *dominus est cœli et inferorum*. Ce que le code civil a traduit par cette phrase moins poétique, mais exprimant exactement la même idée : la propriété du sol emporte la propriété du dessus et du dessous.

La propriété, si elle ne s'étendait pas indéfiniment au dessus et au dessous, cesserait d'être la propriété. La propriété est le droit de jouir de sa chose; or, on jouit non seulement du plan formant la surface de la propriété; on jouit du dessus en élevant des constructions; on jouit du dessous en établissant des ouvrages dans l'intérieur du sol, en extrayant les matériaux qui constituent le sol, en amenant à la surface l'eau renfermée dans les entrailles de la terre.

Où sera la limite? S'il me plaît d'ériger sur ma propriété la tour Eiffel ou d'y creuser le puits de Grenelle, m'arrêtera-t-on en me disant : c'est trop haut ou trop bas; vous dépassez les limites de votre propriété?

La propriété au dessus et au dessous n'a pas de limite, sinon elle cesse d'être la propriété du sol pour se réduire à la propriété d'une partie du sol, comme dans certains pays on est propriétaire d'une partie de maison, d'un étage par exemple.

Sous l'ancien droit, les seigneurs concédaient les mines de houille. C'est ainsi que la compagnie d'Anzin exploite en vertu d'une concession du prince de Croy remontant au siècle dernier.

De même, dans le pays de Mons, l'abbaye de Saint-Ghislain, seigneur de plusieurs paroisses, fit au siècle dernier sur le territoire dépendant de sa seigneurie, notamment dans les paroisses d'Hornu, Boussu et Wasmes, de nombreuses concessions de veines (1).

C'était l'exercice du droit de propriété sous sa forme féodale. Le seigneur avait concédé au vassal, moyennant certaines conditions, le domaine utile, c'est-à-dire le droit de recueillir les fruits et les utilités de la chose donnée en fief. Il s'était réservé le domaine direct, c'est-à-dire le titre légal de propriété. Les mines étaient

____

(1) Dans le pays de Mons, les concessions se firent originairement par veines et non par périmètres limités par des plans verticaux. Les veines affleuraient presque le sol; mais lorsqu'on se trouva dans les couches plus profondes, des difficultés inextricables surgirent pour reconnaître les veines et furent la source de procès interminables.

considérées comme ne faisant pas partie du domaine utile. En les concédant, le seigneur faisait donc acte de propriétaire sur la chose lui appartenant.

Le souvenir de l'inféodation, véritable contrat entre le seigneur et le vassal, s'était perdu avec le temps; on s'était habitué à considérer le domaine utile comme la véritable propriété. Au point de vue pratique, c'était sensiblement la même chose. Par contre, la féodalité n'apparaissait que comme une sorte de sujétion à des droits souvent plus honorifiques que réels, mais que rien ne justifiait plus.

Le cens, qui, dans l'origine, se payait en reconnaissance du domaine direct (1), n'était plus qu'une rente grevant, sans motif connu, la propriété.

Aussi, lorsque les droits féodaux furent supprimés, le public n'y vit qu'une libération de la propriété. L'effet juridique réel fut bien autrement considérable; par la suppression des droits féodaux, tous les possesseurs d'un domaine utile devinrent pleins propriétaires. Au point de vue juridique, ce fut comme si, aujourd'hui, une loi déclarait que du jour de sa promulgation, tous les locataires deviennent propriétaires des immeubles occupés par eux.

Le propriétaire du sol était donc désormais propriétaire de la mine se trouvant sous son terrain.

(1) Guyot, Répertoire, v° Cens, *Modicum annuum canon quod præstatur in recognitionem dominii directi.*

Néanmoins, c'était dans la plupart des cas et à raison de la division des propriétés dans les bassins houillers, une propriété inutilisable. Une mine de quelques hectares de superficie serait inexploitable. L'extraction ne devient possible que si l'on peut étendre une exploitation unique sous une vaste superficie considérable. Comment espérer, d'autre part, amener une entente entre tous les propriétaires intéressés; d'ailleurs leurs ressources leur permettraient-elles de mener à bonne fin une entreprise qui demande toujours une mise de fonds considérable?

Il était donc nécessaire que l'autorité publique intervînt, non comme propriétaire, l'État ne l'est pas, mais en vertu de son droit de police et d'administration, pour établir un accord entre les intéressés et rendre possible l'exploitation de richesses si nécessaires à la prospérité publique. L'autorité agit de même dans les questions de desséchements des marais (1), et, en général, dans toutes les matières auxquelles s'appliquent les différentes lois sur les syndicats.

Sans se prétendre aucunement propriétaire des terrains à dessécher ou à améliorer par des travaux d'ensemble, l'État, par mesure de police, établit dans l'intérêt commun un accord forcé entre les divers propriétaires.

La loi sur les mines est fondée sur ce principe.

____

(1) Loi du 16 septembre 1807.

L'État en concédant une mine exerce la même fonction que lorsqu'il autorise un établissement dangereux ou insalubre. Il ne cède pas sa chose, sa propriété ; il exerce son pouvoir de police. Il fait, au lieu et place des propriétaires et comme leur mandataire légal, ce que ceux-ci feraient eux-mêmes s'il leur était possible de s'entendre pour constituer une exploitation commune.

Le concessionnaire, bien qu'il soit choisi et désigné par l'État, ne tient pas à proprement parler son droit de l'État, il le tient des propriétaires de la surface, exactement comme celui qui acquiert la mitoyenneté d'un mur tient son droit du copropriétaire, bien que la vente soit forcée et résulte d'une disposition légale ; aussi l'acte de concession règle, sous forme d'une indemnité annuelle, les droits des propriétaires de la surface (1). Le capital représentant cette indemnité demeure réuni à la valeur de la surface et se trouve affecté avec elle aux hypothèques prises par les créanciers du propriétaire (2).

Enfin la loi sur les mines déclare (3) que la concession « donne la propriété perpétuelle de la mine, laquelle est dès lors disponible et transmissible comme tous autres biens. »

On voit donc combien est peu fondé le prétendu droit de l'État d'imposer aux concessionnaires de

---

(1) Loi du 21 avril 1810, art. 6.
(2) Art. 10.
(3) Art. 7.

mine l'obligation de servir une pension de retraite à leurs ouvriers, sous le prétexte qu'ayant pu leur refuser la concession, il peut leur imposer telles conditions que bon lui semble en vertu du principe : qui peut le plus peut le moins.

C'est exactement comme si l'État, en autorisant un établissement dangereux ou insalubre, mettait comme condition à son autorisation que l'industriel paiera des retraites à ses ouvriers.

En fait, l'État le pourrait, mais en droit il ne le peut pas, parce que tel n'est pas le but de son pouvoir de police. S'il le fait, il abuse de son droit, il le détourne de sa fin et commet une injustice.

Les observations qui précèdent ont au reste une portée plus générale et condamnent absolument les propositions socialistes, qui demandent que l'État retire aux compagnies minières leur concession pour se faire lui-même exploitant.

Nous examinerons dans un chapitre spécial l'État industriel. Pour le moment, tirons de ce qui précède une conclusion : si, à raison de sa nature, la propriété minière entre aux mains du concessionnaire suivant un mode spécial d'acquisition, cette propriété, une fois transmise, ne diffère en rien de toute autre propriété ; elle est aussi sacrée, aussi légitime, aussi inattaquable n'importe qu'elle autre propriété ; l'État n'y a aucun droit, mais il a le devoir de la respecter et de la protéger comme la propriété d'un champ ou d'une maison.

Exproprier les compagnies minières, naturaliser

les mines, suivant un euphémisme qui rappelle celui employé lorsque l'on prit les biens du clergé, serait tout simplement un vol.

Contraindre, comme on vient de le faire, les compagnies minières à servir des retraites à leurs ouvriers, est un premier pas dans la voie du socialisme d'État. Demain, oubliant le motif spécial que l'on a invoqué contre les compagnies, on dira : Si les mines sont astreintes à servir des pensions de retraite à leurs vieux ouvriers, pourquoi ne pas l'imposer aussi aux sociétés anonymes, aux grands industriels, aux petits, aux cultivateurs, en un mot à tous ceux qui emploient des ouvriers ou des domestiques? Logiquement, il n'y aura rien à répondre.

CHAPITRE XXVI

LE MACHINISME.

Malédictions. — Toute machine est un bienfait. — Le tiroir. —
La machine augmente les salaires. — La machine source
de travail. — Les faits.

C'est une opinion courante que la découverte
d'une nouvelle machine est un désastre pour l'ouvrier, par la substitution du travail mécanique à la
main de l'homme. On a même inventé à cette
occasion un mot auquel on a donné une de ces ter-
minaisons qui se prennent généralement en mauvaise part : le machinisme.

Le machinisme serait pour certains la cause de
tous les maux dont souffre la population ouvrière.

Est-ce exact?

Qu'est-ce qu'une machine? On peut la définir :
tout ce qui sert à alléger le travail de l'homme.

Condamné à gagner son pain à la sueur de son
front, l'homme a été pourvu par le Créateur d'un
instrument bien faible : ses doigts et ses ongles.
Mais en même temps, Dieu lui avait donné l'intelligence dont le premier effort a dû être de créer

un outil, une machine pour remuer la terre ou atteindre l'animal qui devaient fournir à l'homme sa nourriture. L'arc et la flèche, ces instruments primitifs du chasseur, lui ont permis de se mettre à l'affût, d'attendre le gibier au passage, et d'éviter la dépense considérable de force qu'eût nécessitée, souvent sans résultat, une chasse à la course.

De même, arrachant une branche à un arbre de la forêt, le premier laboureur en durcit l'extrémité au feu, y attela un animal, et laboura la terre, n'ayant ainsi d'autre peine que de diriger son instrument. Il évitait le labeur pénible de gratter le sol de ses mains, et avec infiniment moins d'effort faisait un travail beaucoup plus considérable.

L'arc est devenu le fusil, la grossière charrue est devenue la défonceuse et la charrue à vapeur, qui, portant leur conducteur, lui évitent même la peine de marcher, son rôle se bornant à manœuvrer quelques leviers sans effort et sans fatigue.

A chaque perfectionnement, l'homme a vu diminuer sa peine et augmenter le produit de son travail; ce qui est vrai des instruments primitifs, est vrai de toute machine quelconque. Toute machine est un allègement au travail musculaire, soit en supprimant l'effort de l'ouvrier pour réduire son rôle à une simple direction, soit en donnant un rendement plus considérable, l'effort étant le même.

Prenons encore un exemple : Tout le monde

connaît cet instrument existant à bord des navires
et que l'on nomme la roue du gouvernail. Une
roue d'un mètre cinquante de diamètre, munie
de poignées à l'extrémité des rais, actionne le gouvernail; deux vigoureux timoniers la mettent en
mouvement. Ils ont à vaincre l'effort du courant,
à résister aux coups de mer, leur travail par un
gros temps est des plus pénibles et demande un déploiement de force considérable.

Mais on a inventé à bord des bâtiments à vapeur
une autre machine: la roue du gouvernail n'est
plus qu'un en-cas; un seul homme, installé dans
un poste fermé, manœuvre du bout du doigt, sans
effort et sans fatigue, un léger appareil, une roue
en miniature qui, ouvrant et fermant des robinets,
permet à la vapeur d'imprimer au gouvernail un
mouvement irrésistible.

Par la machine, le travail se relève, cesse d'être
un pur déploiement de force, devient plus intellectuel, prend davantage le caractère d'une direction, témoin le mécanicien d'une usine dont le
seul effort, pour mettre tout l'établissement en mouvement, consiste à ouvrir et à fermer des robinets.

Bien souvent, le désir d'alléger son travail a été
pour l'homme l'occasion ' découvertes précieuses.
On sait l'origine du tiroir de la machine à vapeur :
l'introduction alternative de la vapeur au-dessus
et au-dessous du piston se faisait originairement
au moyen de deux robinets qu'un enfant ouvrait
et fermait alternativement.

Un apprenti, dans le but d'alléger son travail et de rêver à son aise, eut l'idée d'installer un système de ficelles qui, reliant les robinets aux organes de la machine, les manœuvrait automatiquement. Le tiroir était découvert. Pour une fois, la paresse fut bonne conseillère.

La découverte d'une nouvelle machine permet généralement d'augmenter le salaire de celui qui la conduit, tout en diminuant son effort. La force mécanique substituée à la force musculaire donne à un prix relativement moindre un travail beaucoup plus considérable : d'où la conséquence que, sans grever outre mesure le produit, on peut prélever pour le salaire une somme plus importante. Ce salaire plus élevé est au reste légitimement dû, parce que la conduite d'une machine demande un plus grand déploiement d'intelligence que le simple effort musculaire.

Dans son livre *la Tyrannie socialiste*, Yves Guyot propose, pour justifier ce fait, la comparaison du manœuvre qui pousse une brouette et du mécanicien de chemin de fer qui conduit un train.

Un manœuvre, en un jour, transportera à la brouette quatre mètres cubes de terre à dix mètres de distance. Supposons que le transport d'un mètre cube soit payé deux francs à l'entrepreneur, soit huit francs pour les transports d'une journée. Le manœuvre, pour un labeur qui demande le déploiement de toutes ses forces, ne pourra jamais recevoir qu'une quote-part de ces huit francs, puisque l'entrepreneur doit prélever sur cette même somme l'amortissement de son matériel, ses frais généraux et son bénéfice.

Dans le même temps, un train composé de 20 wagons, chargés chacun d'un mètre cube de déblais, fera 40 voyages à 500 mètres de distance. Le travail du train et celui de la brouette seront dans le rapport de 1 à 10,000. Par conséquent, tandis que l'entrepreneur devra prélever la moitié du prix qui lui est payé pour donner au manœuvre un salaire de quatre francs par jour, il lui suffira de grever chaque mètre cube transporté par wagon d'un dixième de centime pour donner au mécanicien dix francs par jour.

Les résultats immédiats de la machine sont donc pour l'ouvrier une diminution de son effort musculaire et une augmentation de son salaire, par conséquent une amélioration dans son bien-être matériel.

La machine augmente aussi le bien-être général. Il suffit, pour s'en convaincre, de se représenter la société privée de ce nombre infini de machines qui produisent les choses dont nous usons tous les jours. Figurons-nous que nous sommes tous réduits à nos doigts et à nos ongles. Nous serions au-dessous de l'état sauvage, car le sauvage lui-même possède quelques machines élémentaires. Ce serait la vie pour ainsi dire supprimée, et chacun réduit à mourir de faim et de misère.

La machine, comme tout ce que Dieu a mis au service de l'homme, est donc un bienfait de la Providence; la découverte d'une nouvelle machine, une amélioration du sort de l'humanité.

Au point de vue moral, la machine comme tout ce qui n'est qu'un moyen, n'est ni bonne ni mauvaise, tout dépend de l'usage qu'on en fait; c'est un instrument que l'on peut également employer pour le bien comme pour le mal. Le même train de chemin de fer emportera le missionnaire qui va évangéliser les sauvages et le libertin qui court à ses plaisirs.

La machine a opéré dans le monde des transformations considérables; l'homme doit en user, comme de toute chose, suivant les vues de Dieu, pour accomplir la volonté de son Créateur et atteindre sa fin.

Il ne servirait d'ailleurs à rien de gémir sur les machines; elles existent, nul n'empêchera que l'on ne s'en serve. Il appartient seulement au chrétien d'appliquer les lois de la morale aux nouvelles conditions dans lesquelles s'exerce l'industrie, et de ne pas permettre qu'un bienfait dans l'ordre matériel devienne un malheur dans l'ordre moral.

D'où vient cependant cette haine de la machine qui, à certaines époques, s'est traduite en violences contre les inventeurs, et qui, même de nos jours, est loin d'être éteinte dans tous les esprits?

C'est la conséquence d'un faux raisonnement mis au service d'intérêts momentanément lésés.

On a dit : la machine se substitue à l'homme,

donc là où il fallait dix ouvriers pour faire un travail, on n'en emploiera désormais qu'un seul pour la conduite de la machine; conséquence : neuf ouvriers sans travail.

Il faudrait 10,000 manœuvres pour transporter ce que porte le train de ballast dont nous parlions tout à l'heure; donc, si la locomotive avec son unique mécanicien se substitue à la brouette, voilà 9,999 ouvriers sans ouvrage.

Il y a dans ce raisonnement ce que je serais tenté d'appeler une vérité transitoire. Si, au milieu de son entreprise, l'entrepreneur, un certain jour, substituait la locomotive aux brouettes, il congédierait en effet ses 10,000 brouetteurs qui auraient à chercher fortune ailleurs et il prendrait un unique mécanicien. De même, l'inventeur du métier à filer a supprimé les fileuses au rouet, un fileur avec sa machine faisant la besogne de deux mille rouets; les chemins de fer ont également tué les diligences et le roulage.

Toute découverte d'une nouvelle machine produit dans l'industrie des déplacements, brise des situations acquises et force ceux qui les détenaient à se pourvoir ailleurs. Il peut en résulter des souffrances et même des crises momentanées.

C'est ce qui explique les mécontentements et les colères de ceux qui se trouvent ainsi troublés dans leur quiétude, lésés dans leurs intérêts du moment, et obligés de se mettre en mouvement pour retrouver une situation qui leur échappe.

Mais est-il vrai que la machine qui, conduite par un seul homme, fait le travail de mille ouvriers, en mette définitivement 999 sur le pavé?

Consultons les faits :

La brouette n'est plus dans les travaux publics un moyen usuel de transport. L'entrepreneur commence par établir une voie ferrée, ne fût-ce qu'un simple Decauville ; il se procure des locomotives et des wagons et fait ainsi en un jour, avec un seul mécanicien, l'ouvrage de 10,000 brouetteurs. Y a-t-il cependant pour cela 10,000 ouvriers inoccupés? Ne voit-on plus sur les chantiers que des machines et quelques rares conducteurs? C'est précisément le contraire; jamais les travaux publics n'ont employé plus d'hommes. D'abord, ces travaux se sont multipliés sur toute la surface du pays : établissement de chemins de fer de grande communication et d'intérêt local, construction de tramways, de canaux, de ports, de docks.

C'est la découverte des machines qui a permis de faire économiquement ce qui était auparavant irréalisable, et d'accomplir en quelques années des entreprises que l'on eût jadis considérées comme des folies.

Le brouetteur, il est vrai, a disparu ; mais pour établir cette voie qui va faire le travail du brouetteur, n'a-t-il pas fallu de nombreux ouvriers? n'en faut-il pas pour son entretien? n'en faut-il pas pour charger et décharger ces mille mètres cubes qu'on transporte actuellement en un jour?

. L'enfant, il est vrai, n'a pas suivi la profession de son père, mais il est devenu mécanicien ou forgeron, et a construit la locomotive et les wagons qui ont remplacé la brouette paternelle.

Les chemins de fer ont ruiné les diligences et le roulage; mais les entrepreneurs de transport sont devenus les agents commerciaux, les employés et les correspondants des compagnies. Si l'on compare le nombre de ceux qui, il y a cinquante ans, vivaient de l'industrie des transports avec ceux qui en vivent aujourd'hui, on verra que leur nombre a certainement centuplé (1).

Les chemins de fer, disait-on en 1845, devaient ruiner l'élevage; les chevaux allaient se vendre pour rien. Cependant nous voyons aujourd'hui le camionnage d'une gare importante employer à lui seul plus de chevaux que tous les entrepreneurs de transport de la ville n'en possédaient jadis.

De plus, une découverte, en transformant une industrie, a souvent pour effet de faire surgir des industries nouvelles et connexes, nécessaires pour l'application de l'invention ou conséquences de son exploitation; en sorte que l'invention même procure aux ouvriers de nouveaux dé-

____

(1) L'*Almanach du commerce*, de Lille, de 1811, indique qu'il partait alors chaque jour de cette ville 75 voitures publiques. On est au-dessus de la moyenne en supposant que chaque voiture pouvait contenir 20 personnes. A ce taux on a par jour 1500 voyageurs, ou par an 547500 personnes pouvant, au maximum, partir de Lille.

En 1893, la gare de Lille-voyageurs a délivré 2.887.314 billets, ce qui, comparé à 1844, donne une augmentation de 530 pour cent.

bouchés, en échange de ceux qu'elle leur enlève.

L'effet de la découverte de la vapeur est à ce point de vue très remarquable. La vapeur, en substituant aux bras de l'homme un agent d'une incomparable puissance, semblait devoir priver bon nombre d'ouvriers de leur emploi.

C'est précisément le contraire qui est arrivé.

En effet, pour avoir de la vapeur il faut du charbon; le premier effet de la nouvelle découverte a donc été de donner à l'exploitation des mines un développement considérable. La vapeur pour agir nécessite des appareils spéciaux : générateurs et machines; elle a permis la mise en mouvement de métiers de formes et dimensions inconnues jusquelà, d'où est née la construction mécanique, industrie qui existait à peine auparavant. La construction mécanique tire ses matières premières des usines métallurgiques qui se sont développées dans la même proportion; les besoins de la métallurgie ont, à leur tour, provoqué dans les mines de fer et de cuivre une extraction plus considérable.

On trouve, d'autre part, grâce à la vapeur, des facilités de transport jadis inconnues, permettant de tirer les matières premières des pays éloignés et d'exporter au loin les produits manufacturés. Dans ce double but, on a construit des chemins de fer, on a établi des chantiers de constructions navales, la mer est sillonnée de navires, les ports sont devenus insuffisants pour recevoir les énormes vapeurs, les voiliers à quatre ou cinq mâts, qui désormais mettent en relation constante les deux hémisphères; il a fallu agrandir les ports, creuser des bassins et créer un outillage capable de décharger en quelques jours les navires du plus fort tonnage. Le télégraphe et le téléphone sont devenus les accessoires nécessaires du commerce, pour permettre la transmission de la pensée d'un bout du monde à l'autre.

La découverte de la vapeur qui, à première vue, semblait devoir substituer aux bras de l'homme un agent naturel permettant de faire avec un ouvrier ce qui jadis en eût demandé cinquante, a donc eu pour effet, au contraire, de donner du travail à des centaines d'ouvriers, alors qu'un seul suffisait jadis à la besogne.

Si quelque chose doit effrayer aujourd'hui, ce n'est pas que la machine enlève le pain du travailleur, c'est, au contraire, de voir l'ouvrier déserter la campagne et le travail pénible de la terre pour chercher dans l'industrie, au prix d'une moindre fatigue, un salaire plus élevé; et si l'on peut faire un souhait, c'est que la découverte de nouvelles machines agricoles permette de diminuer l'effort demandé au campagnard en lui assurant un salaire plus rémunérateur.

Ne disons donc pas de mal du machinisme et reconnaissons que toute machine est un bienfait pour l'homme et un soulagement que lui ménage la Providence, pour l'aider dans l'accomplissement de la dure et pénible loi du travail.

CHAPITRE XXVII

On distingue deux sortes de sociétés coopératives : les coopératives de production et les coopératives de consommation. Bien qu'elles portent un nom identique, elles sont cependant essentiellement dissemblables quant au but qu'elles poursuivent, aux principes sur lesquels elles reposent, et l'on peut ajouter également quant à leur valeur économique. Nous nous en occuperons successivement.

Coopératives de production. — On donne ce nom à des sociétés de travailleurs qui se réunissent pour travailler et produire ensemble. Le rêve de certains économistes est de voir les travailleurs se séparer des capitalistes, s'unir entre eux, constituer des sociétés coopératives, travailler et vendre leurs produits, conservant pour eux seuls le bénéfice qui, d'ordinaire, se partage entre le capital et le travail.

Cette idée, si simple en apparence, serait réalisée depuis longtemps si le travail pouvait se passer du capital. Mais un grand nombre de travailleurs n'ont que leurs bras et leur travail ; ils s'adressent donc pour ce motif à un capitaliste qui, lui, a un capital supérieur à celui que seul il peut mettre en œuvre, et ainsi le travail et le capital réunis donnent le produit à partager entre les deux.

Cette union n'est pas le résultat du caprice ou de la fantaisie, mais découle de cette double circonstance que les uns ont un capital qu'ils ne peuvent, par eux seuls, mettre en œuvre ; les autres ont des facultés de travail, mais pas de capital pour y appliquer leur activité : de là naît l'union nécessaire du capital et du travail.

La coopérative de production n'est possible qu'entre travailleurs possédant le capital suffisant à l'industrie qu'ils veulent exercer.

La coopérative de production peut rendre de réels services dans les métiers qui exigent un capital restreint et sont exercés par des hommes que l'on qualifie de patrons, parce qu'ils travaillent pour leur compte, mais qui généralement font œuvre de leurs mains, seuls ou avec quelques ouvriers. Achetant peu de matières premières, ils les paient cher ; ayant une fabrication restreinte, ils ne peuvent faire les frais nécessaires pour trouver les débouchés suffisants.

En se réunissant pour acheter et pour vendre, ils obtiennent à l'achat de meilleures conditions et vendent à prix plus rémunérateur, diminuant pour chacun les frais qui grèvent le produit.

Quant à créer des usines sous forme coopérative, c'est une pure utopie. Les usines nécessitent un capital hors de proportion avec ce que peuvent réunir de simples travailleurs.

Coopératives de consommation. — La coopérative de consommation est une réunion de consommateurs, qui s'unissent pour acheter en commun les produits qu'ils consomment, les payer au prix du gros et réaliser par suite une économie.

L'importance du chiffre d'affaires des consommateurs réunis, leur permet de supprimer les intermédiaires et de bénéficier des prix que l'on obtient des producteurs en s'adressant directement à eux.

La tendance commerciale de notre époque consiste à créer des établissements de plus en plus considérables, de manière à diminuer les frais généraux et à permettre un abaissement des prix, tout en obtenant un bénéfice suffisant.

C'est le cas des grands magasins qui, par une autre voie, arrivent au même résultat que les coopératives de consommation. Dans les coopératives, l'abaissement des prix s'obtient par un groupement des consommateurs; on y arrive dans les grands magasins en attirant un nombre d'acheteurs considérable.

De part et d'autre, la conséquence de ce genre

d'opérations est une sérieuse atteinte portée au petit commerce, qui, chargé de frais proportionnellement plus considérables, ne peut lutter ni contre les coopératives, ni contre les grands magasins.

Au point de vue économique, est-ce un bien ? est-ce un mal ?

Il serait fort difficile de faire à cette question une réponse bien précise.

Pour l'acheteur, il y a certainement profit à acheter à meilleur compte, tout en étant certain de la qualité du produit. Pour le producteur, on peut se demander s'il ne vaut pas mieux pour lui être en relation avec un nombre plus considérable de clients moins puissants, plutôt que de se trouver à la merci de ces établissements con sidérables qui, souvent, peuvent lui imposer des conditions draconiennes qu'il n'ose repousser, de peur de perdre un client important.

Enfin, l'on doit plaindre certainement le sort du petit marchand, réduit à abandonner une lutte impossible contre son puissant concurrent.

En ce moment, le grand magasin se produit sous une nouvelle forme qu'on pourrait appeler le grand magasin divisé.

Une société s'est formée, qui installe dans les villages des magasins contenant tous les objets d'une vente courante à la campagne.

Les achats se font en gros par l'administration centrale, qui approvisionne chaque boutique de marchandises toujours fraîches ; les prix de vente sent en rapport avec les prix d'achat, le paiement se fait rigoureusement au comptant.

Le consommateur y trouve, sans sortir de son village, qualité et bon marché.

La concurrence contre ce nouveau genre de grand magasin deviendra bien difficile pour le marchand de village, obligé d'acheter par petites quantités, tenu de recourir à des intermédiaires, réduit à faire du crédit, impuissant à se débarrasser des soldes.

On a contesté la légitimité des grands magasins et des sociétés coopératives.

Dans une lettre publiée par *la Croix de Touraine* (1), le R. P. Eschbach, supérieur du Séminaire français de Rome, les condamne comme un moyen malhonnête de faire baisser les prix et de les réduire au minimum par la suppression des intermédiaires.

Les grands magasins notamment sont représentés comme accumulant « sous un même toit les hommes et les choses, les premiers pour les ravir à la vie libre et de famille, pour en faire autant de serviteurs et d'esclaves; les secondes pour s'en adjuger tous les bénéfices, au détriment de toute une modeste et honorable classe de la société. »

C'est, au même titre, la condamnation des chemins de fer et en général de toutes les inventions;

____

(1) *La Vérité*, 21 août 1884.

car leur résultat à l'origine est toujours de déplacer les bénéfices.

Le patron a cependant incontestablement le droit de prendre des employés et d'en augmenter le nombre s'il en est besoin. Il aura vis-à-vis d'eux les devoirs que lui impose la situation et la nature spéciales de son commerce ; mais on ne saurait condamner une industrie, par cela seul qu'elle possède un grand nombre d'employés. N'exagérons rien, d'ailleurs ; beaucoup de petits marchands deviendraient très volontiers les *esclaves* du Louvre ou du Bon-Marché, en troquant leur comptoir contre une place d'acheteur ou de chef de rayon.

Quant aux marchandises, rien ne défend d'en acquérir suivant ses besoins, quelque considérables qu'ils soient ; ce n'est ni du monopole, puisque le voisin en peut faire autant, ni de l'accaparement, dont le caractère est d'acheter au delà de ses besoins pour produire ensuite une hausse artificielle. De plus, la concurrence déloyale seule est défendue par la conscience, la concurrence honnête est l'essence même du commerce.

Examinons donc les sociétés coopératives et les grands magasins, et voyons s'il y a dans leur fonctionnement normal quelque chose de malhonnête.

Occupons-nous d'abord des sociétés coopératives :

Si j'envoie ma cuisinière de bon matin aux Halles, les provisions de la journée me coûteront dix francs ; si, au contraire, je me fournis chez mes voisins :

fruitier, boucher, etc., je paierai les mêmes provisions quinze francs.

Suis-je obligé, en conscience, d'augmenter ma dépense de cinq francs par jour, pour faire gagner cinq francs à mes voisins?

Si j'achète mon vin à la bouteille, je le paierai au marchand de vin un franc le litre; mais je connais un propriétaire vigneron qui me vendra le même vin 45 fr. l'hectolitre. Puis-je m'associer avec un ami pour faire venir une pièce de vin, la partager avec lui et bénéficier ainsi l'un et l'autre de la différence du gros au détail, ou devons-nous, en conscience, augmenter notre dépense pour faire bénéficier le marchand de vin?

Vous me répondrez, je n'en doute pas : Ce que vous faites est parfaitement légitime. C'est cependant la suppression des intermédiaires. Pourquoi donc la chose deviendrait-elle illicite si, au lieu de la faire seul ou de la faire à deux, nous la faisons à cent ou à mille, trouvant une économie d'autant plus grande que nos achats sont plus considérables? Ces opérations sont légitimes, parce qu'aucun marchand n'a droit à ma clientèle, et que rien ne m'oblige, en justice, à procurer, à mon détriment, le bien de celui auquel je ne dois rien. Ce n'est pas seulement le droit civil qui dit cela, c'est aussi la conscience; il ne faut pas être grand clerc pour le comprendre.

Donc, les sociétés coopératives d'achat sont absolument légitimes.

La question des grands magasins est, au point de vue du droit, tout aussi simple.

Le fonctionnement d'un grand magasin n'est autre que celui de tout magasin quelconque, grand ou petit.

Tous les commerçants, le marchand de village qui cumule, pour vivre pauvrement, sept ou huit commerces, comme le Louvre et le Bon-Marché, sont en présence de ces deux systèmes : vendre cher, mais peu ; vendre beaucoup, mais à petit profit.

L'expérience démontre que le second système est le bon ; il permet, en achetant de grosses quantités, de les avoir à bon compte, il diminue le chiffre proportionnel des frais généraux, attire le client et procure, par petites sommes, de suffisants bénéfices ; on achète bien, parce que l'on vend beaucoup, on vend beaucoup, parce que l'on a bien acheté.

C'est l'objectif de tout commerçant, quel qu'il soit ; mais n'y arrive pas qui veut ; quand la machine est en mouvement, elle fonctionne à merveille ; le tout est de la mettre en route.

Or, le Bon-Marché et le Louvre diffèrent du petit marchand, uniquement en ce qu'ils ont mieux que lui résolu le problème.

Est-il licite d'avoir des employés, d'acheter en fabrique, de commander mille pièces d'un coup, de vendre comptant, d'avoir des équipages pour porter à domicile et un bureau pour expédier en province ?

Évidemment oui. Condamner ces pratiques, c'est condamner le commerce lui-même.

Quant à l'acheteur, il trouve un magasin qui, grâce à son organisation, à l'importance de ses affaires, lui fournit pour dix francs ce qui lui en coûterait quinze ailleurs; il y va, c'est son droit.

Les évolutions économiques produisent presque toujours, il est vrai, des bouleversements dans les fortunes. Faut-il pour cela les condamner et surtout les taxer d'injustice? La lutte pour la vie n'est-elle pas dans la volonté divine, n'est-ce pas la forme sous laquelle beaucoup doivent, à la sueur de leur front, gagner le pain de chaque jour? Ne faut-il pas, dans ces modifications incessantes des conditions économiques, modifications auxquelles personne ne peut rien, voir l'action de la Providence qui veut que chaque homme, quelle que soit sa situation de fortune, la solidité de son commerce et l'étendue de ses relations, sente à tout instant qu'il est dans la main de Dieu et que, riche ou pauvre, il doit également lui demander chaque jour son pain quotidien?

CHAPITRE XXVIII

LÉGISLATION CAPITALISTE.

L'odieux droit romain. — Le septième commandement. — La
loi française. — La roue de la fortune. — Le rentier, le
propriétaire et l'industriel.

Législation capitaliste. — L'un des sujets habituels de déclamation et de récrimination de ceux
qui trouvent tout à réformer dans la situation économique actuelle, est la « législation capitaliste », à
quoi on ajoute à l'occasion le droit romain. « On a
pu constater, disait M. Harmel dans sa lettre à *la
Croix* de Reims (1), par les discussions qui se sont
élevées (sur le salaire) entre les meilleurs, la pro-
fondeur de l'abîme où sont tombées les intelligences, sous l'influence de l'odieux droit romain
césarien, substitué par la Renaissance au droit
chrétien et définitivement consacré par le code
Napoléon. »

J'ai quelque peu étudié le droit romain et le
code civil; j'avoue ne pas comprendre en quoi les

(1) *La Vérité* du 1er novembre 1893.

notions du droit romain et celles du code Napoléon, sur les contrats en général et sur le contrat du louage d'ouvrage en particulier, ont creusé un abîme où sont tombées les intelligences. Je le comprends d'autant moins que ces mêmes notions font partie des traités de morale que l'on enseigne dans les séminaires, et que les théologiens (1) sur ces matières ne parlent pas autrement que les jurisconsultes.

A moins que nous ne soyons tous, sans nous en douter, au fond de l'abîme, attendant qu'une nouvelle Ariane veuille bien nous jeter le fil conducteur qui nous tirera du labyrinthe où nous nous égarons à notre insu.

Il y a, dans le droit romain, des parties très distinctes.

D'abord le droit public, dont les régaliens se sont servis pour attaquer les droits de l'Église au profit de l'autorité royale. Or, ceux-là précisément qui veulent restreindre le domaine de la charité pour agrandir d'autant celui de la justice, travaillent à restaurer la conception païenne de l'État. Ils étendent démesurément ses droits et son pouvoir au détriment des droits de l'individu, de la famille et de l'Église, et finiraient par faire une réalité de la formule qui résume suivant eux le droit romain : *Quod principi placuit legis habet vigo-*

____

(1) Le 3ᵉ livre des Décrétales est en grande partie composé de textes du droit romain.

rem (1). Ce texte d'Ulpien, au reste, n'est nullement la proclamation de l'arbitraire ; il énonce simplement une règle du droit constitutionnel ; le peuple, nous dit Ulpien, ayant par la *lex regia* transféré à l'empereur tout son pouvoir, celui-ci fait la loi. En conséquence, le texte *Quod principi* doit se traduire comme suit en français : Le prince fait la loi sans contrôle.

En fait, dans la Rome impériale, le pouvoir aux mains d'un César dégénéra presque toujours en une odieuse tyrannie. Mais en dehors des opportunistes, invoquant à l'occasion les privilèges de la couronne pour entraver l'action de l'Église, qui donc songe aujourd'hui à ressusciter le droit public romain ?

Le droit privé se divisait, comme notre code civil, en deux parties, et traitait des personnes et des choses.

La législation romaine des personnes dort depuis de longs siècles dans la poussière de l'histoire. Quelqu'un demande-t-il à armer le *pater familias* de la *patria potestas,* à rétablir la *confarréation,* à faire tomber la femme *in manu mariti*, à moins qu'elle n'interrompe l'usucapion en recourant au moyen légal : *usurpatum ire trinoctio?*

Le droit romain s'est occupé aussi des choses ; c'est précisément ce que l'on oublie. Il a étudié la distinction des biens, la propriété et ses démembrements : usufruit, usage, habitation et servitudes.

(1) Dig., l. I, t. IV, 1.

Or, il y aura toujours des biens, des propriétés, des meubles et des immeubles. La règle : *Quidquid solo inædificatur solo cedit* est vraie de nos jours comme au temps des Romains. Le droit de propriété est comme jadis, et sera toujours, le droit de jouir et de disposer de la chose, *uti, frui, abuti*.

Le droit romain s'est également occupé des contrats ; les jurisconsultes romains ont avec une grande habileté, une raison supérieure et un bon sens parfait, déterminé ce qui est de l'essence des contrats, ce qui est de leur nature et ce à quoi ils obligent en vertu des règles de l'équité naturelle.

Aussi longtemps qu'on fera des ventes, des locations, des sociétés, des prêts, des dépôts, on appliquera les règles du droit romain, parce que ce sont les règles même que Dieu a écrites dans la conscience de l'homme et que lui révèlent les lumières de la raison.

Le droit romain n'a donc rien à voir dans la question sociale.

Quelqu'un ayant entendu parler des régaliens, des légistes et de l'usage qu'ils ont fait du droit public romain, a confondu ce droit avec le droit privé, et attribué, par suite, à ce dernier les maux de notre époque ; depuis lors les gens, comme le rat de la fable, répètent ce propos à travers champs.

La *législation capitaliste* est un autre cliché que l'on rencontre couramment sous la plume ou dans les discours des réformateurs.

Il y a quelque temps, un rapporteur ayant, dans un congrès, orné de cette phrase quasi-obligatoire le début de son travail, je me permis de lui demander, pour mon instruction personnelle, l'indication précise et par leurs dates, des lois auxquelles il faisait allusion.

Il me répondit un peu naïvement : « Je ne sais pas, c'est M. de Mun qui l'a dit. »

Je cherchai donc dans les discours du comte de Mun ce que pouvait bien être cette législation, je n'y trouvai que des déclamations vagues comme celle-ci : « L'ordre social moderne, qui domine depuis un siècle les relations du capital et du travail, repose sur une conception matérialiste en opposition avec la loi divine, et qui se formule dans un régime économique fondé sur la toute-puissance de la richesse et la liberté absolue du capital (1). »

Examinons donc notre législation.

D'abord la loi française sanctionne le droit de propriété. En cela elle est évidemment capitaliste, puisqu'elle protège le capital légitimement acquis ; elle est capitaliste comme le décalogue qui, dans le septième commandement, défend de prendre le bien d'autrui.

La loi française pose en principe qu'entre patron et ouvrier, la convention fait la loi des parties. Elle admet, d'ailleurs, que le dol, l'erreur, la violence vicient tous les contrats, par conséquent ce-

___

(1) Discours de M. de Mun à l'assemblée régionale des Cercles catholiques d'Arras (*L'Univers* du 3 mai 1893).

lui-là comme les autres. Voudrait-on que la loi fît à l'ouvrier une position meilleure que celle de son patron, et décidât, par exemple, que le plaideur ouvrier sera cru sur parole?

L'article 1781 du code civil décidait jadis que le maître était cru sur son affirmation pour la quotité des gages, pour le paiement du salaire de l'année échue et pour les acomptes donnés pour l'année courante.

Cette règle, très défendable en droit, était fondée sur ce motif qu'entre maîtres et ouvriers tout nécessairement est verbal, et qu'il faut, en l'absence inévitable de preuve, croire celui dont la mauvaise foi serait la plus odieuse, et, par suite, la moins présumable. Cette règle parut cependant trop capitaliste; aussi la loi du 2 août 1868 l'abrogea. Aujourd'hui le maître, faute de preuve du paiement, est à la merci de ses ouvriers, auxquels il sera toujours facile de prouver qu'ils ont travaillé chez lui.

L'article 414 du code pénal interdisait la grève aux ouvriers, comme la coalition aux patrons; il fut abrogé par la loi du 25 mai 1864.

L'article 291 du code pénal defend les associations de plus de vingt personnes. Cet article fut abrogé en faveur des syndicats professionnels par la loi du 21 mars 1884.

Faudrait-il que le syndicat fût permis aux ouvriers, interdit aux patrons?

De nombreuses lois sont venues régler minutieusement les précautions à prendre pour assurer dans les usines la sécurité et la salubrité, pour garantir la moralité de l'atelier et empêcher le surmenage de l'enfant.

Antérieurement, la loi du 30 janvier 1851, sur l'assistance judiciaire, avait procuré à l'ouvrier le moyen de faire valoir sans frais ses droits devant les tribunaux.

Législation capitaliste est donc un mot vide de sens, dont le mérite consiste précisément dans son manque de précision, qui le met à l'abri d'une réfutation immédiate, et fait toujours son effet quand on l'associe à quelques phrases sonores sur l'ordre social moderne issu de la Révolution, sur la toute-puissance de la richesse et la liberté il-limitée du capital.

Est-il vrai, comme le disait encore M. de Mun en 1893, au congrès des cercles catholiques (1), « que, dans la marche ascendante du progrès ma-tériel de notre temps, ceux qui tirent leurs revenus des capitaux se sont enrichis dans une proportion beaucoup plus forte que ceux qui vivent du pro-duit de leur travail?

« Les premiers, disait-il, voient l'existence de leur famille assurée, sans que leurs femmes et leurs enfants soient obligés de concourir au travail, leur foyer garanti, leur vieillesse préservée. Pour les autres, rien de semblable : la vie est mal assu-rée, la famille tout entière est livrée au labeur

____

(1) L'*Univers*, 14 juin 1893.

journalier, le foyer est détruit, le lendemain incertain, la vieillesse vouée à l'insécurité.

« Pour les uns la propriété est l'état normal; l'accès en est facile, la jouissance, protégée par une législation jalouse; pour les autres, la propriété individuelle est une rare exception, la propriété collective est un rêve irréalisable. Le salariat perpétuel est la loi commune. »

C'est à rapprocher du discours que M. Dumas, député de l'Ariège, prononçait le 23 septembre 1894 à Hazebrouck, devant les électeurs de M. l'abbé Lemire :

« En présence de la bourgeoisie, disait l'orateur (1), il y a le peuple qui souffre; et il est injuste de dire au capital : « Tu pourras t'élever, in- « définiment », et au travail : « Tu reçois un salaire « qui ne sera jamais supérieur. »

M. l'abbé Lemire, présentant l'orateur à l'assemblée, avait préparé les voies à ce discours en réclamant « la réforme du code qui ne connaît que la propriété acquise et ignore le travail ».

Il n'y a qu'un mot pour qualifier de pareils discours. Ce sont des excitations coupables et malsaines, dont le seul résultat est d'irriter les désirs des ouvriers chrétiens et honnêtes, d'allumer chez eux la convoitise et de les jeter enfin dans les bras du socialisme tout court, qui les invite à monter violemment à l'assaut du bien d'autrui. N'est-ce pas, en effet, le moyen naturel de se remettre en pos-

____

(1) La *Dépêche de Lille,* 25 septembre 1891.

session de ces richesses que les socialistes chrétiens lui présentent comme le fruit de la rapine et de l'injustice? Ceux qui, pour acquérir la popularité, recourent à de pareils moyens et, abusant de la facilité et de l'éclat de leur parole, jettent ces idées dans des esprits simples et honnêtes, étrangers aux questions économiques, assument une terrible responsabilité et se font, tout au moins par leur inconsciente légèreté, les alliés les plus actifs des hommes qui rêvent d'appliquer à la société les théories socialistes et anarchistes.

Mais reprenons les différents passages que nous venons de citer, réfléchissons et raisonnons :

« Dans la marche ascendante du progrès matériel, ceux qui tirent leurs revenus des capitaux se sont enrichis dans une proportion beaucoup plus forte que ceux qui vivent du produit de leur travail. » Est-ce vrai?

Il y a deux manières de tirer parti de ses capitaux : la spéculation et le travail. Or, les thèses que nous combattons confondent ordinairement l'un et l'autre, et appliquent au capital travaillant ce qui n'est vrai que du capital spéculant.

Il est des gens qui cherchent leur revenu non dans le produit d'un travail régulier, mais dans la spéculation. Sans cesse à l'affût de ce qui peut hausser ou baisser, ils achètent sans besoin et vendent sans marchandise.

Quelques fortunes colossales se sont édifiées sur

cette manière d'opérer. Il est vrai de dire de ces fortunes, lorsqu'elles arrivent à un certain chiffre, que l'argent attire l'argent. La puissance des capitaux donne alors le moyen de peser sur le marché, et d'acquérir de nouveaux capitaux par des procédés que réprouvent souvent la justice et l'honnêteté.

De nos jours, comme à d'autres époques, on a vu ainsi s'élever des fortunes colossales; et, par contre, de nombreux et inévitables désastres ont détruit les patrimoines qui n'étaient pas de force à affronter les chances et les dangers de la spéculation.

Nous ne défendons pas la Bourse, nous ne défendons pas ces achats et ces ventes qui, au lieu d'être un moyen de s'approvisionner suivant les besoins d'un commerce honnête et loyal, ne représentent qu'une pure opération à la hausse ou à la baisse.

Mais il faut soigneusement distinguer le capital spéculant du capital travaillant.

Le capital travaillant est celui qui se transforme en usine, en matériel, en matières premières, et permet ainsi au travail de s'exercer et de donner un produit.

Où donc M. de Mun a-t-il vu que ceux qui tirent leurs revenus des capitaux se sont enrichis dans une proportion plus forte que ceux qui vivent de leur travail? C'est le contraire qui s'est produit.

Reportons-nous au temps où l'on n'avait pas encore découvert les théories qu'on nous présente aujourd'hui; remontons à cinquante ans.

L'expérience montre que la conséquence du développement de l'industrie pendant le dernier demi-siècle a été :

1° L'augmentation des capitaux, sans pour cela les concentrer en un plus petit nombre de mains;

2° La diminution de la part du capital dans le produit.

Les capitaux ont certainement augmenté en France depuis le commencement du siècle, et surtout dans les cinquante dernières années; la terre a été améliorée; l'industrie a, sur de nombreux points du territoire, élevé des établissements considérables, munis d'un puissant matériel; le pays est pourvu d'un outillage complet servant au transport des choses et des personnes : chemins de fer, routes, ports, canaux. Pour créer tout cela, on n'a détruit ni déplacé aucun capital préexistant. Cette plus-value considérable de la fortune publique représente donc des produits successifs non consommés.

Ces capitaux créés par l'épargne sont-ils venus se concentrer aux mains de quelques-uns qui sont devenus plus riches, tandis qu'au contraire la masse de la nation s'appauvrissait?

Des statistiques faciles à établir prouvent que c'est précisément l'inverse.

Il semblerait, à entendre certaines personnes, que le commerce et l'industrie se trouvent concentrés aux mains de quelques hauts et puissants barons. L'encyclique *Rerum novarum*, au reste, dans son préambule, ne parle pas autrement; elle signale comme une cause du joug qui pèse sur la multitude, « le monopole du commerce et de l'industrie devenu le partage d'un petit nombre de riches et d'opulents (1). »

A l'encontre de ces affirmations la *Revue scientifique* donnait, il y a quelque temps, les relevés du dernier recensement fait en France. On comptait alors :

Dans la grande industrie extractive : 32.000 patrons, 29.000 employés, 400.000 ouvriers.

Dans la grande industrie non extractive : 81.000 patrons, 75.000 employés et 880.000 ouvriers. Soit au total, dans la grande industrie : 113.000 patrons pour 1.280.000 ouvriers.

Dans la petite industrie : 1.065.000 patrons, 139.000 employés, 1.748.000 ouvriers.

Dans le grand commerce : 90.000 patrons, 152.000 employés, 82.000 ouvriers.

Dans le petit commerce : 527.000 patrons, 165.000 employés et 144.000 ouvriers.

Il est, au reste, facile à chacun de contrôler pour sa quote-part l'exactitude de ces chiffres Nous dirons à tous ceux qui habitent une région industrielle : Regardez autour de vous ; est-il vrai que l'industrie et le commerce soient concentrés dans les mains d'un petit nombre d'hommes riches et puissants? N'est-ce pas exactement le contraire? La for-

____

(1) Cette appréciation, qui paraît absolument contraire aux faits, est, au reste, sans aucune influence sur les enseignements doctrinaux que l'on trouve ensuite dans l'encyclique.

tune publique, à mesure qu'elle s'accroît, va, au contraire, en se divisant.

Nous trouvons dans la *Tyrannie socialiste*, d'Yves Guyot (1), des données statistiques très concluantes sur la répartition des diverses valeurs représentatives du capital.

Il y a en France 10.426.000 propriétés foncières inférieures à 2 hectares, 6 millions de livrets de caisse d'épargne de 500 francs chacun, en moyenne.

Les cinq grandes compagnies de chemin de fer ont environ 50 % de leurs actions nominatives, la moyenne des certificats est de 15 actions.

Leurs obligations à concurrence de 69 % sont nominatives et réparties entre 636.000 obligataires dont chacun, en moyenne, possède 32 obligations, soit un capital inférieur à 15,000 francs.

Les 31.000 actionnaires du Crédit Foncier possèdent chacun, en moyenne, 11 actions; 7.129 n'en possèdent qu'une.

Il en est de même dans toutes les affaires considérables qui, généralement, s'établissent par actions.

Si le capital a augmenté, bien loin d'accroître indéfiniment la fortune de quelques individus, il s'est, au contraire, considérablement divisé; la propriété individuelle n'est pas une rare exception, l'accès n'en est pas impossible au plus grand nombre : c'est le contraire qui est vrai.

(1) Page 102.

Mais, en même temps que les capitaux augmentaient en chiffre, leur part dans le produit diminuait. C'était la conséquence logique d'une offre plus abondante.

La part du capital dans le produit est exactement représentée par l'intérêt de l'argent.

Les différents éléments qui concourent à la création du produit sont le capital et le travail; mais eux-mêmes se décomposent en diverses parties, dont chacune reçoit sa rémunération particulière.

Ces parties sont :

1° Le capital fourni sans risque, comme dans le louage des choses ou de l'argent.

2° Le risque que court le capital lorsque son propriétaire le fait lui-même travailler. C'est le cas des individus ou des sociétés qui, avec leurs propres capitaux, exercent un commerce ou une industrie.

3° Le travail de direction fourni par le capitaliste lui-même ou par les employés.

4° Le travail manuel ou main-d'œuvre, qui transforme la matière première en un produit manufacturé.

Lorsqu'un capitaliste exploite son propre capital et dirige lui-même l'exploitation, il perçoit, après avoir payé ses employés, la triple rémunération du capital, du risque et de la direction.

Mais au contraire, s'il emprunte un capital, il donne à celui-ci la seule rémunération du capital travaillant sans risque. Cette rémunération, comme le prix de toute chose, est fixée par l'usage, c'est l'intérêt de l'argent.

Or, alors que la main-d'œuvre augmentait constamment depuis cinquante ans, l'intérêt de l'argent, au contraire, suivait invariablement une marche décroissante.

Depuis cinquante ans, le taux des salaires a suivi une hausse constante; nous avons fourni des chiffres dans un autre chapitre. Par contre, il y a trente ans, tout placement se faisait couramment et sans difficulté à 5 %, aujourd'hui on est bien heureux quand on obtient 3 % de son argent. Chacun, par sa propre expérience, sait malheureusement à quoi s'en tenir sur ce point. Donc, dans cette répartition du produit en quatre parts, il en est une qui est certainement moindre qu'il y a cinquante ans, c'est celle du capital, tandis que celle du travail a notablement augmenté.

Poursuivons notre examen.

« Les premiers, » nous dit-on, c'est-à-dire ceux qui ne sont pas ouvriers, « voient l'existence de leur famille assurée sans que leurs femmes et leurs enfants soient obligés de concourir au travail, leur foyer garanti, leur vieillesse préservée. Pour les autres, rien de semblable. »

Ce portrait peut être celui du rentier, qui, plaçant tous ses fonds en rentes sur l'État, n'a d'autre souci que la lointaine banqueroute. Ce peut être aussi celui d'un propriétaire foncier, de quelque grand seigneur n'ayant d'autre embarras que de toucher le revenu de ses terres, certain que la diminution de ses fermages lui laissera toujours de quoi vivre largement, et lui permettra d'employer ses loisirs à révéler au peuple les misères qui l'accablent à son insu. Mais ce n'est certes point là le portrait d'un patron.

Celui qui assume le risque d'une entreprise industrielle commence généralement par transformer en bâtiments et machines toute sa fortune, souvent même il emprunte. Désormais, le voilà rivé à son usine ; toute sa vie il entendra incessamment retentir à son oreille : Marche, marche ! Quand on est dans l'industrie, il faut en effet marcher sans trêve ni repos ; arrêter, c'est la liquidation et la ruine.

Il aura, par une surveillance de chaque instant, à assurer la qualité de ses produits ; le premier à l'usine, il en sortira le dernier. Ce n'est pas tout de fabriquer, il faut vendre ; il devra lutter contre une concurrence formidable. La prospérité même sera un danger pour lui en lui suscitant de nouveaux concurrents.

Qu'une invention surgisse, il lui faudra renouveler son matériel. Bien plus, cette invention pourra causer sa ruine. En 1850, un Anglais inventait une nouvelle peigneuse : c'était le monopole du peignage créé à son profit, et la ruine de tous les peigneurs de la région. Ils ne durent leur salut qu'à une circonstance purement fortuite. Les brevets français avaient été pris l'un deux jours, le second onze jours, le troisième treize jours après la publicité légale donnée aux brevets anglais (1).

Cette publicité était en France une cause de déchéance; voilà à quoi tient une fortune industrielle.

Les dangers de toute nature sont continuellement suspendus sur la tête de l'industriel. Le libre échange peut l'empêcher d'écouler ses produits sur le marché intérieur; la protection lui enlever, par réciprocité, les débouchés qu'il s'était créés au dehors.

Ajoutez à cela les soucis et les tracas de chaque jour, du fait des clients, des employés et des ouvriers.

Il est vrai que sa femme ne va pas en fabrique, et que ses enfants sont en pension.

Mais quand il aura mené cette vie pendant vingt ou trente ans, sera-t-il devenu riche; ou s'il était riche, le sera-t-il encore?

Sans faire de statistique, chacun peut répondre en se rappelant ses propres souvenirs. Combien, dans une ville industrielle, trouve-t-on de maisons ayant cinquante ans d'existence? Pour quelques industriels qui arrivent à la fortune, combien végètent pendant toute leur carrière, combien se ruinent à bref délai? On pourrait poser en principe que toute industrie sombre dans la liquidation ou la faillite, au maximum, au bout de deux ou trois générations. L'industrie est une lutte de tous les

____

(1) Arrêt de Douai du 20 juillet 1859, Jurisp. de Douai, 1859, p. 330.

instants; il est bien difficile d'être toujours heureux. Or, si vous cherchez la cause qui mène un établissement à la ruine, ce ne sont pas d'ordinaire les mauvaises créances, la hausse ou la baisse des matières. La ruine vient généralement de ce que le prix de revient des produits est plus élevé que le prix de vente; c'est donc que le travail a mangé le capital.

Si beaucoup se ruinent dans l'industrie, celle-ci par contre se recrute incessamment parmi les travailleurs. Un ouvrier intelligent, rangé, laborieux, se distingue dans l'exercice de sa profession; il devient contre-maître, directeur. Un capitaliste le remarque, s'associe avec lui et le commandite; voilà l'ouvrier devenu patron. A l'expiration de la société, le commandité a économisé un capital suffisant pour marcher avec ses fonds, le voilà capitaliste à son tour.

Relevez dans une ville le nom de tous les industriels importants; deux choses vous frapperont : d'abord, la quantité de noms nouveaux. Remontez à une ou deux générations, vous trouverez que le père ou le grand-père de celui qui occupe aujourd'hui une haute situation industrielle, était un ouvrier; continuez votre examen, rappelez-vous les noms qui, il y a quarante ou cinquante ans, occupaient la tête de l'industrie. Ces noms ont disparu.

Cela prouve que l'accès de la fortune est ouvert à tous, mais que, d'autre part, rien n'est moins assuré que la situation d'un industriel.

Est-ce à dire que tous les ouvriers s'élèveront à la fortune, et que le salariat perpétuel ne sera pas toujours le lot du grand nombre? Évidemment non.

Mais tel n'est-il pas l'ordre providentiel? le grand nombre a toujours vécu et vivra toujours du travail et du salaire quotidien.

Ceux qui essaient de persuader le contraire au peuple le trompent. On sait où tendent les socialistes en exploitant les désirs et la crédulité de l'ouvrier; pour les autres, on se demande quel but ils poursuivent.

Une dernière réflexion encore sur ce sujet. Un industriel consacre sa fortune à créer un établissement considérable; il cherche son intérêt, c'est vrai, uniquement son intérêt, je l'admets; néanmoins, au risque de perdre son avoir, il donne à des centaines de familles la possibilité de vivre, de nourrir et d'élever leurs enfants, et fournit même à certaines la possibilité d'atteindre une position supérieure.

Il semble qu'on devrait lui en savoir quelque gré et l'encourager en conséquence dans cette besogne si ardue pour lui, si utile pour les autres. Il n'en est rien; au contraire, orateurs, écrivains, journalistes catholiques, prêtres même, n'ont pour lui qu'injures et malédictions.

S'il lui plaisait, au contraire, de vivre de ses rentes, de ne songer qu'à toucher régulièrement ses revenus et ses fermages, de ne penser qu'à se procurer un honnête confortable, une petite vie bien douce et bien tranquille à l'abri des hasards et des soucis, sauf à donner de temps à autre une aumône aux maheureux ou une souscription à son curé, les mêmes hommes n'auraient pour lui que des félicitations et des éloges.

On parle souvent d'injustice sociale. Cette conduite au regard de l'industrie ne mérite pas d'autre nom.

CHAPITRE XXIX

INSTITUTIONS ÉCONOMIQUES.

Économats. — Logements ouvriers. — L'ouvrier propriétaire.
— Société immobilière. — La charité travestie.

Ce n'est pas d'aujourd'hui seulement que les patrons se sont, par diverses combinaisons, efforcés de venir en aide à leurs ouvriers.

La première institution qui s'est présentée à l'esprit d'un certain nombre d'industriels est celle des économats.

L'ouvrier achète par petites quantités, par conséquent il paie cher; le marchand vend à crédit, les bons payeurs payent donc pour les mauvais.

Frappés de cette situation onéreuse pour l'ouvrier, certains patrons ont eu l'idée de se faire eux-mêmes les fournisseurs de leurs ouvriers et ont établi des économats.

Achetant en gros et livrant sans bénéfice, ils pouvaient vendre meilleur marché; garantis par les salaires, ils n'avaient pas, dans leur prix de revient, à tenir compte des non paiements.

L'établissement des économats portait cependant une atteinte directe aux intérêts des petits marchands et à ceux des cabaretiers; les clients habituels de ces derniers se trouvaient en effet empêchés de boire ce que le ménage recevait en nature.

Aussi, les économats furent-ils souvent l'occasion d'une coalition des intérêts compromis, qui se liguaient pour décrier l'institution auprès des ouvriers et la ruiner dans leur esprit. Méconnaissant les intentions du patron, on feignait de ne point croire à son désintéressement; on le représentait comme préoccupé de s'enrichir au détriment de ses ouvriers; s'il se fait marchand, disait le cabaretier, c'est qu'il y a intérêt. On mettait en doute la qualité des marchandises; l'obligation de ne plus faire de dettes paraissait une dure tyrannie et, bien souvent, l'économat devint une cause de suspicion et de mécontentement contre le patron.

Aussi, sauf les grandes compagnies qui ont pu continuer à faire fonctionner les économats, bon nombre d'industriels, qui avaient organisé chez eux ces institutions, ont dû y renoncer; tout s'est réduit à faciliter l'achat en gros de certaines denrées ou marchandises, à la condition d'abandonner complètement aux ouvriers la gestion de l'opération.

C'est ce qui se fait pour le charbon. Certains industriels livrent de temps à autre un wagon à un ouvrier de confiance et le chargent de le débiter. Celui-ci a la clef du magasin, opère lui-même la répartition, reçoit les payements des camarades et rembourse ensuite au patron le prix de son wagon.

Il est ainsi bien évident pour tous que le patron se borne à faire jouir ses ouvriers de son crédit, et à leur assurer les termes de payement et les conditions de prix que lui-même obtient des compagnies minières.

Le charbon est généralement vendu et payé avant qu'arrive pour le patron l'échéance de la facture ; c'est donc un moyen très simple et très pratique de venir, sans bourse délier, en aide aux ouvriers.

L'attention s'est aussi portée sur la question des logements.

L'habitation est pour l'ouvrier une question capitale. S'il se trouve bien chez lui, il y restera ; s'il y est mal, il cherchera tout naturellement au cabaret un bien-être qui lui manque à la maison.

Conséquence : abandon de la femme et des enfants, suppression de la vie de famille, détournement des fonds destinés au ménage, sans compter la débauche et la démoralisation que produit souvent l'habitude du cabaret.

Il est donc du plus haut intérêt de fournir à l'ouvrier, à un prix abordable, un logement sain et agréable.

Cette question a, depuis longtemps, éveillé l'attention des industriels. Nous n'avons pas à parcourir ici tout ce qui a été fait dans le but de la résoudre ; nous voulons seulement appeler l'attention sur ce qui se pratique actuellement dans les centres industriels de Roubaix et de Tourcoing.

Il est intéressant de connaître l'organisation adoptée dans chacune de ces deux villes :

Une société s'est formée pour acheter des terrains, bâtir des logements et les louer. Le 2 décembre 1894, avait lieu, à Roubaix, la bénédiction d'un premier groupe de constructions.

Les dispositions adoptées sont les suivantes : chaque ménage a sa maison ; une maison occupe 72 mètres carrés de terrain ; elle comprend un rez-de-chaussée composé de deux pièces, dont l'une décorée du nom de salon, une petite cuisine, trois chambres mansardées, un grenier, une cave, une citerne, les dépendances obligées, une cour et un jardin.

28 maisons ont coûté comme construction 64,000 fr., soit 2,310 fr. chacune ; chaque maison est louée 14 fr. 50 par mois ; en tenant compte du prix du terrain et des travaux de voirie à charge du riverain, les fonds engagés rapportent 5 %.

Au simple point de vue financier, on pourrait donc recommander l'opération.

Mais voici le caractère original que présentent ces sociétés immobilières :

Les syndicats mixtes de Roubaix et de Tourcoing ont, pour aider au placement de l'épargne ouvrière, fondé chacun une caisse d'épargne.

Lorsque les dépôts effectués par un déposant sous son nom ou sous celui de sa femme, mariée sous le régime de la communauté, atteignent la somme de cinq cents francs, la caisse, aux termes de ses statuts, peut mettre le déposant en demeure d'accepter une obligation de pareille somme de la Société immobilière, si mieux il n'aime retirer ses fonds.

La Société immobilière emploie le produit des obligations à la construction de nouvelles maisons ouvrières.

Or, la Société, comme condition du prêt qui lui est fait, reconnaît au titulaire de quatre obligations le droit d'occuper l'une des maisons construites par elle, le loyer se compensant à due concurrence avec les intérêts; de plus, la Société stipule qu'elle ne pourra expulser l'obligataire sans lui rembourser ses obligations.

On résout ainsi pratiquement le problème de l'ouvrier propriétaire.

En présence de notre législation successorale, le petit patrimoine immobilier que l'ouvrier a réussi à se constituer de son vivant, est, presque fatalement, détruit à sa mort.

L'habitation ouvrière est toujours impartageable en nature; la transmission des propriétés immobilières, pour produire effet au regard des tiers, est soumise à des prescriptions légales. Il faut, le plus souvent, faire un partage en justice; en tous cas, vendre; ce qui entraîne des frais d'acte, d'enregistrement et de transcription.

On doit donc déconseiller à un ouvrier de devenir propriétaire de son habitation, sinon le fisc, à son décès ou à celui de sa femme, en absorbera la meilleure part.

17.

Voyons, au contraire, la situation de l'obligataire :

Il a sur la maison qu'il occupe un véritable domaine utile. Le droit d'expulsion que se réserve la société immobilière, en remboursant les obligations, n'a d'autre but que de lui permettre de se débarrasser, au besoin, d'un tapageur ou d'un ivrogne.

L'ouvrier est donc véritablement chez lui; il occupe sa maison, non par faveur ou charité, mais en vertu de son droit; il se sent installé jusqu'à la fin de ses jours; il s'intéresse à son habitation, la soigne, l'orne et l'embellit comme chose lui appartenant.

L'ouvrier meurt; il laisse un nombre plus ou moins grand d'enfants, des mineurs par exemple; ses héritiers trouvent dans sa fortune, non un immeuble impartageable, mais des obligations facilement réalisables; la succession se compose donc d'une somme d'argent que, dans la pratique, les héritiers, y eût-il même des mineurs, se partageront sans frais.

Bien plus, si l'un des enfants a quelques économies, si, succession comprise, il possède à son tour quatre obligations de la société, il peut reprendre la maison paternelle et assurer ainsi la perpétuité du foyer.

Ces patrons, qu'il est d'usage, dans certains milieux, de représenter comme ne songeant qu'à jouir du travail des autres, s'occupent au contraire, on le voit, avec une grande sollicitude et une parfaite intelligence, de pourvoir aux divers besoins de leurs ouvriers. Seulement, ils le font sans bruit ni réclame, et apportent dans leurs œuvres charitables le sens pratique qui constitue également leur force dans leur industrie et la conduite de leurs affaires.

La solution qu'ils ont trouvée n'est-elle pas bien autrement sérieuse et réalisable que ces projets qui voudraient rendre tout ouvrier français propriétaire d'un immeuble incessible et insaisissable?

Nous avons cru bon d'entrer dans ces détails pour montrer ce que l'on peut faire pratiquement dans l'intérêt des ouvriers.

Ces procédés divers et bien d'autres analogues, qu'il serait trop long d'analyser ici, nous indiquent dans quelle voie doivent se porter les études et les efforts des hommes soucieux de venir en aide à la classe ouvrière.

Poursuivre un relèvement général des salaires est une chimère; arrivât-on à la réaliser, le seul résultat serait un renchérissement proportionnel de toutes choses. Aspirer à rendre les ouvriers propriétaires des instruments de travail est une utopie. Qu'on réussisse pour une usine, on aura simplement fait des ouvriers de cette usine des capitalistes, qui à leur tour prendront des ouvriers.

C'est vers un autre objectif que doivent se concentrer les efforts; il faut, à l'aide d'institutions économiques, augmenter la puissance d'achat des salaires existants.

C'est, au reste, de ce côté que se porte l'attention des hommes pratiques et des industriels soucieux du bien-être matériel et moral de leurs ouvriers. Depuis vingt ans, des efforts considérables ont été faits dans cette voie.

Il se trouve cependant des écrivains pour jeter la pierre à ces patrons, et faire précisément de leurs efforts un chef d'accusation contre eux.

Les institutions patronales, économats, sociétés coopératives, logements ouvriers, caisses de retraite, d'assurance, etc., ont toujours, pour point de départ, un acte de générosité bénévole et volontaire du patron. C'est lui qui, par une première mise de fonds ou en prêtant son crédit, les a rendues possibles. C'est lui aussi, bien souvent, qui, en leur continuant son concours, assure leur fonctionnement. Ces institutions se sont d'ailleurs établies sans diminution des salaires existants. Il est donc tout naturel et parfaitement légitime que le patron, s'il le juge utile, s'en réserve l'administration plus ou moins complète.

Si plus tard des ouvriers, trouvant ces institutions établies, supputent dans la rémunération de leur travail les avantages qu'ils en tirent, ils doivent les prendre cependant telles qu'elles sont, avec toutes leurs conditions, et notamment accepter la direction que le patron s'est réservée. En un mot, ce qui forme l'objet de la convention tacite des parties, c'est la situation totale telle que la trouve l'ouvrier au moment où il entre dans l'usine.

Or, voici ce qu'on lit dans le *Bien du peuple* du

5 mai 1895, sous la signature : Abbé Gayraud :

« Les Sociétés ou Compagnies qui se réservent l'administration entière et absolue des institutions économiques qu'elles ont fondées, commettent *une injustice odieuse*.

« En créant ces institutions, elles avouent deux faits : le premier que les salaires de leurs ouvriers sont insuffisants, le second qu'elles peuvent payer des salaires plus élevés.

« Les salaires sont insuffisants, puisqu'il est nécessaire de fonder des institutions économiques.

« Les salaires pourraient être plus élevés, puisque la Compagnie a de l'argent pour ces institutions.

« Il s'ensuit que la Compagnie *vole* les ouvriers en ne leur donnant pas un salaire suffisant, alors qu'elle peut le faire ; ou qu'elle s'attribue, *du seul droit du plus fort*, l'administration du bien d'autrui. »

De ces observations il résulterait :

1° Que le maître doit mesurer le salaire à sa propre fortune et non au travail fait, sinon il vole l'ouvrier. C'est une nouvelle théorie du juste salaire.

2° Que le patron, en se montrant charitable envers ses ouvriers, avoue par le fait même qu'il n'est pas juste à leur égard. C'est encourageant pour ceux qui veulent faire la charité.

3° Que l'on commet une injustice odieuse en faisant une donation conditionnelle.

Ce qui est souverainement odieux, n'est-ce pas de voir un prêtre travestir ainsi des actes de pur dévouement, dans le but de diviser les classes et de souffler au cœur de l'ouvrier la haine de son patron?

L'article que nous venons de dénoncer n'est point, au reste, une exception; il rentre, au contraire, dans la tactique constante de ceux qui se disent démocrates chrétiens.

CHAPITRE XXX

LE DROIT D'ASSOCIATION.

L'arbitraire du gouvernement. — L'association est un droit. —
Droit de posséder. — Syndicats. — Conseils d'usine.

Si nous repoussons l'accusation vague et indéterminée de législation capitaliste adressée à la loi française, ce n'est pas à dire que nous prétendions que tout est parfait dans nos codes, et qu'aucune réforme ne soit possible. Voyons donc celles qu'il serait utile de demander.

Ce qui manque en général à l'ouvrier, ce n'est pas le salaire. Bien employé, le salaire actuel permettrait au travailleur de mener une vie sobre et honnête dans les situations ordinaires. Mais un certain nombre d'ouvriers se trouvent dans des situations exceptionnelles, qui les privent de leur salaire ou le rendent insuffisant. Il faudrait, pour traverser les mauvais jours, posséder des économies ; or, pour beaucoup, l'économie individuelle n'existe pas et n'existera jamais. C'est ici qu'apparaît, indépendamment de la charité privée, l'utilité de l'association qui, en forçant pour ainsi dire ses membres à économiser, gère et fait fructifier au mieux de l'intérêt de chacun les économies qu'il peut faire.

Notre loi française, ayant, en principe au moins, repoussé la distinction supérieure du bien et du mal, s'est trouvée, en beaucoup de cas, fort embarrassée, et, faute d'admettre cette distinction qui domine nécessairement toute loi humaine, elle est tombée dans l'arbitraire. C'est ce qu'elle a fait notamment en soumettant toutes les associations, quel que fût leur but, à l'autorisation du gouvernement.

L'association cependant est de droit naturel; l'État ne peut donc empêcher les hommes de s'associer entre eux, pourvu que le but poursuivi soit honnête et légitime.

La première réforme qui s'impose dans l'intérêt de tous, ouvriers et patrons, est d'accorder la liberté à toutes les associations qui poursuivent une fin légitime.

L'association est pour tous les citoyens un droit que la loi a le devoir de reconnaître.

L'État n'a pas plus le droit de prohiber les associations ou de les soumettre à son autorisation, qu'il ne serait fondé à défendre la vie en famille.

Les associations ont donc le droit d'exister, de faire leurs statuts, de se gouverner et d'administrer leurs biens.

Le rôle de l'État vis-à-vis d'elles est le même qu'à l'égard des individus. L'État doit défendre et protéger les droits.

Dans ce but, il peut demander à connaître les associations, comme il demande, au moyen des actes de l'état civil, à connaître les individus. Il peut prohiber dans les associations, comme il prohibe dans les autres contrats, les clauses qui constitueraient la violation d'un droit; il peut assurer et protéger la liberté des contractants; il peut interdire les associations qui auraient pour but de violer le droit des tiers, par exemple les associations de malfaiteurs; mais il abuse de son pouvoir lorsqu'il prohibe en principe toute association, ou prétend soumettre leur existence à son bon plaisir.

De ce que l'homme a le droit de propriété individuelle, il en résulte qu il a le droit de propriété collective. L'État ne saurait donc dénier légitimement aux associations le droit de posséder, notamment celui de posséder des immeubles.

La possession immobilière est particulièrement nécessaire quand il s'agit d'un patrimoine collectif. C'est le vrai moyen d'en assurer la conservation et de le mettre à l'abri des événements multiples, qui, faute d'une vigilance suffisante, pourraient le compromettre. Ce qui est à tous, dit-on, n'est à personne; c'est un motif pour établir aussi solidement que possible la propriété collective. Or, le placement immobilier est celui qui donne la sécurité la plus complète.

Nos gouvernements modernes ont une peur irréfléchie de la mainmorte. La mainmorte est cependant nécessaire à une société, car elle constitue le patrimoine de ceux qui ne possèdent rien.

Les associations possédant pourraient venir en aide à leurs membres dans les cas de nécessité exceptionnelle. Elles pourraient créer des caisses d'assurance contre les divers dommages qui atteignent l'ouvrier et établir des caisses de retraite pour la vieillesse.

Au lieu de demander des choses impossibles ou irréalisables, au lieu de faire du socialisme d'État et de chercher ainsi à flatter leurs électeurs, les députés catholiques, ou simplement conservateurs, feraient beaucoup mieux de réclamer la liberté de toutes les associations ayant un but honnête et légitime. Mais oseraient-ils venir dire à la tribune qu'il n'y a pas de gouvernement possible et que la liberté ne sera jamais qu'un mot, si l'on ne pose à la base de la législation la distinction du bien et du mal, la reconnaissance de la fin de l'homme et la proclamation de l'existence de Dieu? Ces vérités, cependant, forment le point de départ et la seule raison d'être de toute législation humaine.

De qui doivent se composer les associations professionnelles? Question délicate et qui, dans ces derniers temps, a soulevé de vives controverses. Doivent-elles comprendre uniquement des ouvriers ou uniquement des patrons; doivent-elles au contraire être mixtes?

Nous répondrons : au point de vue de la loi, elles doivent être libres, chacun ayant le droit, si bon lui semble, de s'associer dans un but légitime, mais nul ne devant être contraint de le faire.

Le gouvernement devrait donc réprimer énergiquement les actes accomplis par des syndicats, en vue de contraindre les ouvriers à y entrer malgré eux.

On sait comment les choses se passent actuellement. Depuis la loi sur les syndicats, quelques meneurs, ouvriers de nom, organisent un syndicat; ils recrutent un certain nombre de travailleurs, mais d'autres résistent. Pour les contraindre à entrer dans le syndicat, on recourt à la pression, à la mise en interdit, aux mauvais procédés et même à la violence. Ce sont des menaces de grève à l'égard du patron qui conserve dans son usine un non syndiqué, des exclusions prononcées qui réduisent à mourir de faim l'ouvrier refusant de se soumettre à la volonté du syndicat.

L'autorité publique devrait réprimer avec la plus grande rigueur ces violations du droit qu'a tout citoyen de travailler où il veut et comme il veut. Sinon, les associations deviendront un élément d'insupportable tyrannie.

Lorsque le syndicat est organisé, les meneurs qui ne manquent pas de s'en faire attribuer l'administration, se présentent au patron comme les représentants des ouvriers et prétendent imposer leur volonté; sinon, c'est la grève. On sait ce qu'il faut penser de la plupart des grèves que nous avons vues éclater depuis la loi de 1884, et comment elles sont, non pas un effort tenté par les ouvriers pour soutenir de légitimes revendications, mais le moyen pour les chefs de s'imposer aux patrons comme aux ouvriers, en retirant pour eux seuls tout le profit de l'opération.

Il est inutile de refaire ici l'histoire des grèves qui se sont produites dans ces dernières années, elle est présente à tous les esprits.

Ces grèves ont été l'œuvre intéressée de politiciens exploitant les ouvriers; elles se sont imposées et maintenues par la terreur.

Là encore, il est du devoir de la puissance publique d'intervenir énergiquement.

La grève est un droit pour l'ouvrier comme pour le patron; nul ne peut être contraint de travailler ou de faire travailler malgré lui; mais nul, par contre, ne peut être empêché de travailler s'il le veut. Or, c'est précisément ce qui arrive dans la plupart des grèves. Que le gouvernement assure donc la pleine et entière liberté de chacun en réprimant la contrainte, les menaces et la violence, et en frappant de peines sévères ceux qui s'en rendent coupables, fussent-ils députés. On pourrait même dire : surtout s'ils sont des députés, abusant de leur mandat pour jeter la perturbation dans le pays. C'est le devoir rigoureux de l'État et le seul moyen d'empêcher les syndicats et les grèves de devenir un grave péril pour la société.

Au point de vue économique, quelle est pour les patrons comme pour les ouvriers la forme d'association donnant les résultats les plus utiles?

Il semble que ce soit le syndicat mixte : association de patrons et d'ouvriers.

Ces associations sont à leur début, elles n'ont pas encore subi l'épreuve de l'expérience; on doit donc se prononcer avec une certaine réserve. Cette forme paraît cependant la mieux appropriée au but poursuivi : l'accord entre le capital et le travail.

Les syndicats purement ouvriers ont fait leurs preuves dans ces dix dernières années; on ne peut se défendre d'y voir une arme de guerre contre le patron. Le syndicat ouvrier tombe facilement aux mains des meneurs, qui, au lieu de servir l'intérêt commun en formulant des revendications raisonnables et justifiées, ne cherchent qu'à entretenir l'irritation, à éveiller les défiances, à provoquer la lutte, sentant que leur règne est fini si la paix se rétablit dans le monde du travail.

Au syndicat ouvrier répond nécessairement le syndicat de patrons; ce sont deux armées en présence. La guerre ne peut manquer d'éclater au premier prétexte.

De plus, que feront les patrons au regard d'une institution directement établie contre eux? Ils seraient bien naïfs de donner, en lui fournissant des ressources, des armes contre eux-mêmes.

Le syndicat mixte au contraire, réunissant dans une même association patrons et ouvriers, pour la défense des intérêts collectifs, opère un rappro-

chement dont la paix et le bon accord profiteront nécessairement. Les patrons, dans le syndicat,
se trouveront en rapport avec les ouvriers; si
quelque difficulté surgit, au lieu de se déclarer la
guerre, on est tout naturellement porté à s'expliquer amiablement; s'il s'élève un conflit dans
une usine, les autres membres du syndicat, intéressés à maintenir la paix dans le métier, deviendront des arbitres officieux dont les conseils
pourront résoudre la difficulté dès sa naissance.

L'établissement des conseils d'usine a rendu
dans certaines industries des services signalés.
Le conseil d'usine consiste dans une représentation des divers goupes composant l'usine : ouvriers,
contre-maîtres, employés, choisis suivant un mode
déterminé et qui, périodiquement, se rendent
auprès du patron pour conférer avec lui de ce
qui intéresse les travailleurs.

Dans des usines considérables notamment, le
conseil d'usine paraît avoir fonctionné à la satisfaction générale.

Le conseil d'usine ne constitue pas, bien entendu,
un gouvernement représentatif. Le patron conserve toute son autorité; il ne doit jamais l'ab-
diquer, ni souffrir qu'on y porte la moindre atteinte; mais rien ne l'empêche de s'éclairer; c'est ce
qu'il fait dans le conseil d'usine. Au lieu de tenir les
ouvriers à distance, de ne voir que par les yeux

des contre-maîtres, le patron entend directement et contradictoirement les intéressés, et peut ainsi se guider, en connaissance de cause, dans le gouvernement de son usine.

Les syndicats mixtes n'excluent pas les associations de patrons dans le but de défendre les intérêts de la profession, soit en maintenant par des conventions intérieures la bonne qualité des produits et l'honnêteté de la fabrication, soit en empêchant une concurrence désastreuse, soit en prenant les mesures nécessaires pour protéger contre les tiers les intérêts professionnels.

Il s'agit là d'intérêts exclusifs aux patrons, intérêts dont l'association peut faciliter la défense.

Toutefois, les patrons ainsi associés doivent, dans la forme à donner à leur association, prendre les plus grandes précautions pour éviter ce qui serait de nature à faire croire à leurs ouvriers que cette association est une arme dirigée contre eux; ce serait la mort du syndicat mixte, et l'occasion de créer un syndicat ouvrier qui aurait pour mission de faire échec au syndicat patronal; ce serait la guerre déclarée au détriment de tous.

Nous n'avons pas la prétention de parcourir et d'indiquer tout ce que la charité chrétienne peut inspirer au patron en faveur de l'ouvrier.

Notre but, dans ce chapitre, a été surtout de montrer la puissance de l'association et l'usage que les catholiques peuvent en faire.

Aussi, au lieu de perdre le temps dans des discussions inutiles, au lieu de voyager de ville en ville pour parler au peuple de ses droits méconnus et lui faire espérer un paradis terrestre irréalisable, au lieu de promettre aux paysans que tous ils vont devenir propriétaires d'une maison et d'un champ, ferait-on beaucoup mieux de se placer sur le terrain pratique et réalisable.

Pourquoi ne pas prendre pour plate-forme électorale le droit d'association? Que voyons-nous aujourd'hui? Vingt personnes peuvent s'associer librement; mais qu'un nouvel associé, un vingt et unième arrive, le préfet, par pur caprice, parce qu'il a peur des réclamations d'un maire opportuniste ou des criailleries de la feuille radicale, dissoudra l'association.

Depuis des années, on nous menace d'une loi sur les associations, qui reconnaîtra les sociétés de francs-maçons et interdira les associations catholiques.

Pourquoi donc les députés catholiques, les hommes influents, ceux qui ont la prétention de faire les élections, ne s'adressent-ils pas au peuple, aux électeurs, à ceux qui vont applaudir les démocrates chrétiens? Pourquoi n'usent-ils pas de leur éloquence pour leur faire comprendre ce qu'est le droit d'association et le parti qu'on peut en tirer dans l'intérêt même des ouvriers?

Ce serait besogne meilleure et plus utile que d'exciter l'ouvrier contre son patron, le cultivateur contre son propriétaire , le pauvre contre le riche.

Il est au reste, pour démontrer l'utilité de cette tactique, un argument sans réplique :

Les francs-maçons qui tiennent le pouvoir, nous refusent énergiquement le droit d'association ; donc ils comprennent le parti considérable que nous pourrions en tirer pour résoudre dans le sens catholique les difficultés inhérentes à la question sociale.

CHAPITRE XXXI

DE L'ARBITRAGE.

L'arbitrage obligatoire. — Défaut de sanction. — Violation du droit.

Certaines personnes ont cru voir dans l'arbitrage le moyen radical d'empêcher les grèves, en donnant une solution aux conflits qui les occasionnent. Certains mêmes demandent qu'on établisse obligatoirement l'arbitrage par voie législative.

La loi du 27 décembre 1892 a donné un semblant de satisfaction à ces idées, en confiant au juge de paix, en cas de grève, la mission d'offrir son arbitrage.

Il eût été plus digne du législateur de repousser purement et simplement la proposition, plutôt que de donner à un magistrat un rôle ridicule, en le forçant à se compromettre par une démarche qui aboutira presque fatalement à un échec.

L'arbitrage est de droit entre les parties, non seulement pour trancher une difficulté judiciaire née ou à naître (1), mais même pour régler entre elles

(1) Code de Pr. civ., art. 1003 et suiv.

les points d'une convention sur lesquels elles ne parviennent pas à s'entendre (1).

Une loi était complètement inutile pour conférer aux parties le droit de recourir à l'arbitrage ; mais leur imposer, par une loi, l'obligation de se soumettre à la décision d'arbitres, c'est contraire au droit et, de plus, irréalisable.

Supposons en effet qu'en cas de grève, la loi nomme d'office des arbitres chargés de trancher le conflit ; quelle sera la sanction de leur décision ? Les arbitres condamneront les ouvriers à travailler à tel prix. Si la décision déplaît à ces derniers, enverra-t-on les gendarmes les prendre de force pour les mener à leur métier ? Mais comment, cela fait, pourra-t-on les contraindre à le faire tourner ? *Nemo precise potest cogi ad factum*, dit-on en droit. On ne peut forcer directement un homme à agir malgré lui ; c'est pourquoi, toute obligation de faire se résout en des dommages-intérêts.

Cette sanction des dommages-intérêts elle-même est dérisoire au regard d'ouvriers qui se mettent en grève au lieu de faire, au préalable, la quinzaine réglée par l'usage. Sur quoi exécuterait-on la condamnation ? L'ouvrier possède généralement, pour tout bien, un mobilier en grande partie insaisissable ; et quant au salaire, suspendant son travail, il n'a rien à recevoir.

Ce n'est pas seulement l'absence de sanction qui

____

(1) Art. 1592, code civil.

rend l'arbitrage condamnable; imposer aux gens une convention faite par arbitres est une injustice. L'arbitre, qui se substitue aux contractants, viole leur liberté et porte atteinte à leur droit.

Les conventions doivent être l'œuvre de la libre volonté des parties. Elles peuvent convenir de s'en rapporter à un tiers pour compléter leur convention, c'est un contrat *sui generis*, mais ni la loi, ni le juge ne sauraient le leur imposer.

Par conséquent, pas de consentement, pas de contrat.

Lorsque l'ouvrier travaille, les parties sont sous l'empire d'une convention qui règle leur situation réciproque; chacune d'elles doit exécuter la convention intervenue.

Si la convention déplaît à l'un des contractants, il doit prévenir l'autre qu'il y met fin, et se conformer pour cela aux délais d'avertissement réglés par le contrat ou l'usage.

Le délai expiré, il est libre de poser telles conditions que bon lui semble, l'autre partie ayant une égale liberté de les repousser.

C'est, au reste, ce qui se présente chaque fois qu'un ouvrier demande une augmentation ou quelqu'autre changement dans le contrat.

La grève diffère de cette situation uniquement par le nombre de ceux qui simultanément réclament la modification des conventions précédentes. Or, lorsqu'un seul ouvrier demande de nouvelles conditions sur lesquelles il ne peut s'accorder avec son patron, concevrait-on que l'autorité publique intervînt pour faire arbitrairement la convention ? L'autorité n'a pas plus de pouvoir, lorsque la difficulté surgit entre le patron et deux ou trois cents ouvriers.

Il n'y a pas, au reste, dans ces questions, véritablement matière à arbitrage. On arbitre une difficulté née ou à naître. C'est, dans certains cas, une sage mesure en vue d'éviter les frais ou l'irritation d'un procès. L'arbitre est un juge que les parties choisissent elles-mêmes et substituent à la justice ordinaire. Mais en principe, on ne fait pas ses conventions par arbitre; c'est à chacun à voir, d'après l'état du marché, d'après ses engagements, ses facultés ou ses besoins, ce que son intérêt lui commande et jusqu'où peuvent aller ses concessions.

Un patron ne confiera jamais à un tiers le droit de compromettre, peut-être, son industrie en lui imposant des conditions désastreuses.

Ajoutons que l'arbitrage constituera d'ordinaire une duperie pour le patron. Quelle sera en effet, au regard des ouvriers, la sanction de l'arbitrage? Bien plus, comment même constituer régulièrement l'arbitrage pour lui donner force obligatoire? Il faudrait, pour cela, faire signer par tous les grévistes la convention d'arbitrage.

L'expérience montre de plus que si l'arbitre admet les prétentions des grévistes, le patron est moralement forcé de s'y soumettre; dans le cas contraire, les grévistes n'en tiennent aucun compte et la grève continue.

L'idée de terminer les grèves par voie d'arbitrage
est donc une véritable utopie, irréalisable en pratique, si la liberté est laissée aux parties; contraire
au droit, si le législateur prétend les obliger à se
soumettre à des arbitres.

CHAPITRE XXXII

RÉGLEMENTATION INTERNATIONALE DU TRAVAIL. — PROTECTION. — LIBRE ÉCHANGE.

Congrès de Berlin. — Congrès de Liège. — Entente internationale. — Le Pape arbitre. — Intérêt international. — Intérêt identique. — Protection. — Libre échange.

Les partisans de l'intervention exagérée de l'État dans les choses du travail, demandent que la législation industrielle fasse l'objet d'un accord entre toutes les nations et devienne internationale.

Cette prétention s'est affirmée si bruyamment en diverses circonstances, que nous devons, pour être complets, la faire connaître et examiner ce qu'il faut en penser.

La conférence internationale de Berlin du 15 mars 1890, provoquée par l'empereur Guillaume, avait pour but cette réglementation. Elle fit grand tapage, occupa pendant un certain temps les journaux, donna à certains économistes l'occasion d'adresser à l'empereur allemand des éloges hyperboliques, et puis, on n'en parla plus.

Au congrès de Liège de 1890, la réglementation internationale du travail formait le refrain d'un bon nombre de rapports.

L'un demandait la réglementation internationale des heures de travail (1) ; un autre, celle du travail des femmes et des enfants (2). Un troisième, prévoyant que l'entente aurait quelque peine à se faire entre les nations, proposait de soumettre la question à Rome, et lisait à l'assemblée un rapport sur « l'arbitrage du Pape dans les conflits à l'occasion de la réglementation internationale du travail (3). » Il exposait que certains gouvernements voulant qu'on travaillât dans tout le monde civilisé, 10 heures par jour, d'autres 11 heures, il fallait aller demander au Pape le nombre d'heures que l'on doit chaque jour consacrer au travail, et ainsi de suite.

Enfin, un des rapporteurs, examinant les moyens pratiques de faire respecter l'entente internationale, en la supposant réalisée, proposait l'établissement d'inspecteurs internationaux chargés de s'assurer que les industriels de tous les pays respecteraient les règles établies.

Et comme, naturellement, on ne s'inspecte pas soi-même, on eût chargé un Prussien d'inspecter les usines françaises, et réciproquement.

(1) Compte rendu du congrès, 2ᵉ partie, 2ᵉ section, p. 70.
(2) Id., p. 6.
(3) Id., p. 49.

Voici comme l'un des rapporteurs prétendait justifier la nécessité d'une réglementation international (1).

« Oui, une entente internationale est désirable parce qu'un intérêt international et un danger international le demandent également.

« L'intérêt international,....., c'est l'intérêt de la santé publique, c'est l'intérêt de la moralité publique, c'est surtout l'intérêt de la restauration de la famille..... Ce triple intérêt est partout le même; il est vraiment international. »

« A côté de l'intérêt international, il y a le danger international.... Le socialisme est international. »

« ..... Le mouvement ouvrier tout entier est international. Les grèves nous le disent assez. »

Quel pêle-mêle de mots et d'idées. Tâchons de débrouiller un peu ce chaos international.

On nomme internationale une question qui intéresse les rapports des nations entre elles, ou de leurs nationaux réciproques entre eux.

Ainsi, la mer étant la grande route tous les peuples; les navires de tous les pays s'y rencontrant, on a établi entre les nations des règles pour éviter les abordages et un code international des signaux, langue universelle qui se parle à l'aide de pavillons, et que chacun lit dans son idiome maternel.

____

(1) Compte rendu du Congrès, 2ᵐᵉ partie, 2ᵐᵉ section, p. 6.

Il y a intérêt pour toutes les nations maritimes à ne pas s'aborder lorsqu'on se rencontre et à se comprendre lorsqu'on se parle. C'est un véritable intérêt international.

De même, toutes les nations sont intéressées à ne pas permettre à un criminel de se mettre à l'abri du châtiment en passant la frontière ; de là, les conventions internationales réglant les questions d'extraditions. On comprend également que l'on fasse des conventions internationales pour se protéger contre les anarchistes, véritables malfaiteurs qui combinent et préparent tranquillement dans un pays les crimes qu'ils accomplissent dans un autre.

Les nations ont encore intérêt à faire entre elles des conventions pour la protection de la propriété industrielle, littéraire ou artistique ; non pas pour fixer identiquement les droits que chacune reconnaît à ses nationaux, mais pour régler uniformément la protection que les Français obtiennent chez les étrangers et celle que la France accorde chez elle à ces derniers.

Voilà ce que sont les intérêts internationaux appelant une entente internationale.

Mais il ne faut pas confondre international et identique. Toutes les nations sont intéressées d'une manière identique à assurer chez elles le respect de la propriété. Ce n'est cependant pas un intérêt international, car la manière dont la France fait respecter chez elle la propriété de ses nationaux ne regarde pas l'Angleterre, et réciproquement.

Or, en quoi la **réglementation** du travail des Français en France intéresse-t-elle les nations étrangères?

Que le Français termine sa journée à telle ou telle heure, qu'il arrête le samedi à midi ou le samedi soir, que la femme travaille ou non, que l'enfant commence à travailler à tel âge ; en quoi cela regarde-t-il l'étranger? La législation française empêche-t-elle ce dernier de promulguer chez lui les lois qui lui paraissent utiles? Pourquoi donc, sous prétexte qu'ils ont des questions identiques à régler, obliger tous les pays à s'entendre pour édicter une législation uniforme?

On se plaint quelquefois, non sans raison, que dans certaines matières, la législation traite uniformément toutes les parties de la France, sans tenir compte des diversités d'usages, de besoins et de situations ; et l'on voudrait, dans des questions où les habitudes jouent un rôle capital, arriver à une législation uniforme entre les pays les plus dissemblables?

Le prétexte est d'éviter la concurrence ; mais pour arriver à un résultat complet, il faudrait uniformiser les salaires, assurer à l'argent dans tous les pays une puissance uniforme, créer aussi l'égalité des forces physiques, des besoins et du coût des choses nécessaires à l'existence.

On peut donc affirmer que cette législation internationale, appuyée même d'une inspection internationale, est aussi une pure utopie.

Les conditions de production dans les différents pays du monde seront toujours dissemblables. La France ne produira jamais le blé au prix auquel l'Amérique peut le livrer rendu dans nos ports. C'est pourquoi les nations, accomplissant le devoir de protection qu'elles doivent à leurs nationaux, ont le droit, le cas échéant, de fermer leurs frontières aux produits étrangers.

Est-ce à dire que nous prenons parti dans le débat entre protectionnistes et libres échangistes? Nullement. Nous reconnaissons que la question est des plus complexes.

La protection et le libre échange ne sont pas des principes, mais se réduisent à des questions d'opportunité. Quel est l'intérêt du pays? Un pays qui produit beaucoup et à bon marché, mais ne peut consommer tous ses produits, a intérêt au libre échange; il fournit plus qu'il ne reçoit. Un pays qui produit plus cher que les autres a intérêt à être protectionniste pour faire vivre le travail national.

Dans un même pays, il existe presque toujours des intérêts opposés. Les producteurs peuvent avoir profit à la protection; les intermédiaires : négociants, courtiers, armateurs, au libre échange.

Le gouvernement devra sauvegarder les intérêts du plus grand nombre; en tous cas, il trouve dans son droit de souveraineté le moyen de protéger efficacement la nation sans recourir à des mesures internationales impraticables.

Remarquons, en terminant, que les promoteurs de la législation internationale sont précisément les mêmes qui exagèrent les droits de l'État, et voudraient le voir intervenir pour imposer aux citoyens des mesures qui relèvent uniquement de l'initiative individuelle.

CHAPITRE XXXIII

Les marchands de l'eau. — Les communes. — Le livre des métiers. — Protection et réglementation. — Suppression des corporations. — Tentatives de reconstitution. — Les socialistes.

Il y a de nos jours une opinion courante, reçue et acceptée sans contrôle par beaucoup de personnes, qui fait des anciennes corporations l'âge d'or de l'industrie.

« Les corporations, lisait-on dans le numéro du 22 septembre 1894, du journal *le Dimanche,* ont été le « self government » des classes ouvrières : l'ouvrier y régnait, il suivait sa propre loi, n'obéissait qu'à ses pairs... »

« Par le régime des corporations, la classe ouvrière n'était pas exploitée, elle était son capitaliste à elle-même. Le travail se subordonnait le capital. »

Le rétablissement des corporations découle logiquement de cette manière d'envisager l'histoire.

Aussi, tout récemment, le journal *le Peuple* (1) reproduisait un discours prononcé par l'abbé Naudet à la société ouvrière Saint-Alphonse de Liège, demandant formellement ce rétablissement.

« Comment, disait l'abbé Naudet, réaliser pour tous cette protection? Par un code bien simple en trois articles :

Art. 1er. — Nul ne pourra exercer un métier que s'il l'a appris.

Art. 2. — Le patron devra s'occuper de ses apprentis.

Art. 3. — Pour assurer à l'ouvrier la protection dont il a besoin, il faut l'organisation corporative; et pour que cette organisation soit efficace, nous la voulons obligatoire. »

Cette affirmation de l'effet bienfaisant des anciennes corporations, répétée un peu de tous côtés, ces tentatives pour les rétablir piquèrent ma curiosité et me suggérèrent la pensée de les étudier, non dans les livres, mais dans les documents.

Je fus d'ailleurs forcé de me restreindre et de borner à peu près mon étude aux corporations de Paris et du nord de la France.

Les documents me montrèrent que les corporations anciennes ne ressemblaient guère à l'idéal que l'on s'en fait aujourd'hui, idéal vraiment trop beau et trop contraire à la nature humaine pour avoir jamais été réalisé.

(1) *Le Peuple*, 1er décembre 1894.

Les corporations sont nées et se sont dévelop
pées au milieu d'un état social que nous avon
quelque peine à concevoir aujourd'hui, tant l.
suite des temps a profondément modifié la situa
tion économique et, par suite, les mœurs et le
idées. Le moyen âge n'était certes pas une époqu
barbare, comme on se le figurait il y a un siècle
avant d'être revenu aux études historiques; mai
il différait essentiellement de notre temps. Vouloi
le ressusciter serait une folie égale à celle d'u
architecte que j'ai connu, qui se refusait à em
ployer le fer dans le gros œuvre d'une constructio
de style gothique, sous prétexte qu'on n'en usai
pas au treizième siècle.

Au moyen âge, ceux qui n'avaient pas le moye
d'entretenir une force suffisante pour se défendre et
au besoin, attaquer les autres, recouraient à l'asso
ciation et y trouvaient une protection très efficace

Par l'association, on acquérait une puissanc
permettant de résister aux dangers du dehors
mais on entendait bien, en même temps, être che
soi maître absolu. Le moyen âge fut avant tou
l'époque du particularisme dans l'association. D
là, pour les associations, ces privilèges nés de l'u
sage, qui, bien souvent, n'étaient que de l'arbi
traire à l'égard des étrangers.

Témoin les *marchands de l'eau de Paris*, qui
réunis en confrérie, arrêtaient toutes les marchan
dises arrivant par la Seine, seule voie de commu
nication pour les gros transports, et forçaient l

propriétaire normand ou bourguignon à prendre un *compagnon français,* c'est-à-dire un membre de la confrérie, qui avait le droit de préempter au prix coûtant la moitié de la marchandise, ou de prélever sur le tout la moitié du bénéfice; toute contravention entraînait la confiscation de la marchandise au profit du Roi et des marchands.

C'est au milieu de cette civilisation si différente de la nôtre que prennent place les corporations.

Comme toutes les choses qui sont nées spontanément pour répondre à des besoins, les corporations n'ont pas laissé le souvenir de leur origine. Elles ont cela de commun avec les premières communes, auxquelles elles se lient intimement.

Le développement des corporations et des communes semble avoir suivi, dans le nord de la France, une marche parallèle. La commune et la corporation ont dû prendre naissance sous l'empire de circonstances identiques.

La commune fut, à l'origine, une association librement contractée, entre un certain nombre d'habitants des bourgs, dans un intérêt de défense et de protection mutuelle. Tous les habitants du bourg n'étaient pas de la bourgeoisie; il fallait être reçu bourgeois; les autres étaient les *manans.*

Le lien de la bourgeoisie fut l'amitié; à Lille, un membre du magistrat en avait la garde, sous le nom de Rewart, en latin : *Respector amicitiæ.*

Si un bourgeois de Lille ayant querelle criait :

Bourgeoisie! tous les bourgeois devaient immédiatement se porter à son secours, sans rechercher s'il avait tort ou raison. Leur serment les y obligeait : « Vous fianchies et jures, disait la coutume, que vous aiderez les bourgeois, les bourgeoises et les enfants des bourgeois de la ville contre l'omme de forain. » De même, si quelque seigneur arrêtait un bourgeois, la commune, en armes et enseignes déployées, se portait à son secours, après avoir requis le représentant du seigneur de la terre de se mettre à sa tête; mais, s'il refusait, on y allait sans lui.

Le besoin de protection a dû faire entrer dans ces associations la grande majorité des habitants des bourgs. On comprend, dès lors, comment les chefs de la bourgeoisie sont devenus, par le fait même, les chefs de la cité.

Telle est, certainement, l'origine des communes dont la fondation n'a pas laissé de traces dans l'histoire; elles sont nées du besoin de se défendre contre « l'omme de forain ».

L'exemple dut être contagieux et inspira aux habitants des autres bourgs le désir de s'assurer la même protection ; ils sollicitèrent leur affranchissement de la bienveillance de leurs seigneurs, l'achetèrent à prix d'argent, ou même s'en emparèrent de vive force. Ce sont les communes, dont la date de fondation est écrite dans l'histoire.

Les corporations de métiers, nées à la même

époque, durent avoir une origine identique. L'idée dominante des corporations est aussi de se défendre contre « l'omme de forain » ; seulement, pour la corporation, le forain, c'est l'étranger au métier.

Les bourgeois étaient en très grande majorité des artisans, les seigneurs habitaient leurs châteaux. Le besoin de protection réciproque, qui a réuni dans la bourgeoisie les habitants du bourg, a dû réunir dans la corporation les membres du métier, et de même qu'ils défendaient dans la bourgeoisie les intérêts généraux des bourgeois, de même dans le métier ils défendaient ceux de la profession.

Les maîtrises n'ont, d'ailleurs, jamais existé que dans les villes, quoique certains arts mécaniques fussent exercés à la campagne.

La réunion de chaque industrie dans une même rue, qui était pour ainsi dire la règle au moyen âge, facilitait cette entente réciproque en vue de la défense des intérêts communs.

L'histoire nous apprend peu de choses de l'origine des corporations. Elles existaient lorsqu'au treizième siècle Étienne Boileau, dans son *Livre des métiers,* recueillit leurs usages. C'est le plus ancien document de ce genre que l'on connaisse.

Une rapide analyse de ces usages nous montrera quel était à cette époque le but et l'esprit des corporations.

La corporation comprenait :

Les maîtres.

Les valets ou sergents.

Les apprentis.

Le maître est celui qui exerce le métier à titre de patron.

L'apprenti celui qui l'apprend.

Les valets ou sergents travaillent du métier.

Il y avait, semble-t-il, deux classes de valets : les uns, leur apprentissage terminé, travaillaient avec la possibilité de s'établir comme maîtres; les autres étaient de simples ouvriers destinés à rester tels toute leur vie. On lit, en effet, dans les statuts des *Forcetiers* (fabricants de faux et autres gros ouvrages) de Paris, datant de 1288.

« Que nus forcetier ne puet ne ne doit a ses autres vallez que a son aprentiz et a son aloueiz (valet loué) qui saura du mestiez et qui aura esté aprentiz si comme il est dit dessus, fère chaufer, limer, ni meudre, ni nulle autre chose appartenant au mestiez de forceterie, fors que tant seulement batre, tourner la mole et ferir par devant. » (*Collection de documents inédits sur l'Histoire de France, première série. Histoire politique, règlements des arts et métiers de Paris*, p. 357.)

On doit donc apprendre le métier à son apprenti, le faire exercer à son ouvrier qui a été apprenti et fait partie du métier; aux autres, c'est défendu. L'apprentissage étant de dix ans, on était à l'abri de la concurrence. Il semble, d'après ce texte, qu'au treizième siècle il existait une classe d'ouvriers, sorte d'hommes de peine, ne faisant pas partie de la corporation et incapables, par suite, de jamais s'élever à une situation meilleure.

Cette qualification de valet ou sergent disparut dans la suite ; mais, en place, apparaissent les dénominations de compagnon et d'ouvrier ; compagnon n'était pas, comme on le croit souvent, synonyme d'ouvrier.

Le Dictionnaire de Trévoux dit du *compagnon* : « C'est un garçon qui a fait son apprentissage en quelque métier et qui travaille chez les maîtres. » Le *compagnonnage*, de son côté, est défini : « Le temps que les apprentis sont obligés de servir les maîtres, en qualité de compagnons, avant de pouvoir aspirer à la maîtrise. »

Cette définition concorde avec la prescription du règlement du 15 janvier 1737, sur la teinture des étoffes de laine, confirmé par lettres patentes du 29 du même mois. On y lit en effet :

« Article 85. — Nul ne sera reçu à la maîtrise du grand et bon teint, qu'il n'ait fait apprentissage chez un maître teinturier en grand et bon teint et qu'il n'ait demeuré à son service, comme apprenti, l'espace de quatre années, et trois années en qualité de compagnon. »

Lorsque l'apprenti a fait son chef-d'œuvre, il est, aux termes de l'art. 86, « enregistré sur le livre des compagnons » et doit, avant de passer maître, faire un nouveau chef-d'œuvre.

Or, ce même article défendait aux maîtres d'avoir plus de deux apprentis à la fois.

19.

Si compagnon eût été synonyme d'ouvrier, le maître n'aurait donc pu former que deux ouvriers en quatre ans, ce qui eût été loin de suffire aux besoins de l'industrie. On ne comprendrait pas, d'ailleurs, ce luxe d'examens pour faire un simple ouvrier teinturier à ongles bleus, comme on disait jadis.

Le tour de France, cet usage des compagnons, s'explique pour des aspirants à la maîtrise, ce qui suppose une certaine aisance, et non pour de simples ouvriers, qui n'ont que faire d'aller ainsi courir les grandes routes.

Quant à l'ouvrier, rien ne révèle qu'on exigeât de lui, à cette époque, un apprentissage ou des garanties quelconques.

Il paraît donc certain que le monde industriel se composait jadis comme aujourd'hui de deux classes bien distinctes : d'une part, les maîtres et ceux qui pouvaient aspirer à le devenir : apprentis et compagnons; de l'autre, les ouvriers.

Au treizième siècle, la grande majorité des métiers était libre; pouvait les exercer qui voulait, pourvu qu'il eût fait son apprentissage.

Quelques métiers, cependant, s'achetaient du roi ou de ses officiers; par exemple, le maître panetier vendait celui de boulanger; le maître chambrier, celui de fripier.

L'obligation du chef-d'œuvre pour passer maître n'existe, à cette époque, que dans deux corporations, les *Chapuiseurs de selles* (fabricants d'arçons)

(Titre 79) et les *Ouvriers de drap de soye* (Titre 40).

Dans la moitié à peu près des métiers, le nombre des apprentis est illimité.

Certains statuts, en limitant ce nombre, en donnent la raison : « car qui plus et qui plus d'aprentices prendrait que 1 ne serait pas le profitz aux mestres ni aux aprentices mesme, car les mestreises sont assez charchiees en aprendre en bien une. » (Titre 57, *des Liniers*.)

Cette seconde raison pourrait bien n'être qu'un prétexte, si l'on en juge par la disposition d'un certain nombre de statuts qui défendent au maître, lorsque son apprenti s'est racheté, d'en prendre un nouveau avant la fin du temps fixé par les statuts pour l'apprentissage. (Titre 29, *des Patenotriers d'ambre et de geste* ; Titre 36, *des Faiseurs de tapis sarrazinois*.)

L'apprentissage varie de deux à douze ans.

L'apprenti doit payer au maître une somme d'argent, à moins qu'il ne veuille prolonger son apprentissage d'un temps déterminé.

Les statuts des *Boucliers de fer* fixent le temps à huit ans et la somme à quarante sous au minimum (Titre 21), ou dix ans sans argent, et ajoutent en parlant du maître :

« Mès plus argent et plus service peut il bien prendre. »

De même des *Filaresses de soie à grans fuseaux* (Titre 35), des *Crépinières de fil de soie* (Titre 37), dont les statuts disent :

« Mais plus services et deniers peut-il bien prendre si avoir le puet. »

On empêchait les maîtres de prendre des apprentis au rabais et de faire, par ce moyen, concurrence aux confrères.

Le contrat d'apprentissage comprend, comme aujourd'hui, l'obligation, pour le maître, d'enseigner le métier à l'apprenti; pour ce dernier, celle de servir gratuitement le maître.

Cette nécessité d'un long apprentissage écartait nécessairement et à tout jamais de la profession ceux qui n'y entraient pas dès leur jeune âge; c'était, sous prétexte d'assurer l'éducation professionnelle, le moyen de restreindre la concurrence.

La corporation était administrée par des jurés, dont la mission consistait à faire observer les statuts et à vider certaines contestations peu importantes.

Des statuts contiennent quelques prescriptions pour assurer l'honnêteté de la marchandise.

D'autres interdisent le travail de nuit « quar la clarté de la nuit, n'est pas suffisante à faire leur mestier bon et loial ». (Titres 12, 16, 18, 19, 33, 34, 44, 51, 65, 72, 74.) Deux seulement (Titre 20, *des Batteurs d'Archal*, Titre 22, *des Boucliers d'Archal*) motivent cette défense sur ce que le métier est trop pénible. La plupart ne disent rien ou autorisent formellement le travail de nuit. (Titres 8, 14, 15, 23, 26, 32, 41, 46, 54, 55, 56.)

Sur la corporation venait souvent se greffer la

confrérie, institution purement religieuse, qui semble, au moins au début, avoir été la conséquence et non l'origine de la corporation.

Les femmes travaillaient généralement comme les hommes à tous les métiers qui pouvaient être de leur compétence. Seuls, les statuts des *Faiseurs de tapis sarrazinois* (titre 36) interdisent aux femmes de travailler du métier « pour les periz qu'il i ont, car quant une femme est grosse et le mestier despiece elle se pourroit blechier en telle maniere que son enfant seroit peris et pour mout d'autres periz qui y sont et pucent avenir ».

La corporation fut, et resta toujours, une institution économique destinée à protéger des intérêts économiques.

Naturellement quelques institutions charitables s'y ajoutèrent, mais il ne faut pas en exagérer l'importance. C'étaient les œuvres qui naissent tout naturellement entre personnes rapprochées par l'exercice de la même profession, alors qu'un lien corporatif les réunit; par exemple : secourir les pauvres du métier ou élever les enfants des confrères décédés sans fortune.

De même, l'on rencontre dans les statuts des corporations certaines prescriptions touchant la moralité de leurs membres.

Ainsi, une fille ne pouvait exercer la maîtrise de corroyeuse de ceintures (Titre 87), ni prendre apprentis.

« Et ce establirent les preudome anciennement

parce que les garces lesoient leur peres et leur meres et commençoient le mestier et prendaient aprentis et ne faisaient se ribauderies non et quant elles avaient ribaudé... elles revenoient avec leur peres et leur meres a mains d'avoir et a plus de pechiez. »

Ces habitudes ne sont pas particulières aux anciennes corporations : on les retrouve, même de nos jours, dans bon nombre d'associations, qui ont leur fête patronale, viennent au secours de leurs membres dans le besoin, et excluent ceux dont la conduite déshonorerait l'association.

L'ordre des avocats, la seule corporation qui ait survécu à l'ancien régime, a encore sa messe du Saint-Esprit. Le conseil de l'ordre est chargé, par l'article 14 de l'ordonnance de 1822, de surveiller les mœurs et la conduite des avocats stagiaires. L'ordre secourt pécuniairement les confrères dans le besoin, leurs veuves et leurs enfants.

Quant aux salaires, les statuts n'en disent rien. D'où l'on peut conclure que le salaire, alors comme aujourd'hui, se discutait librement entre patrons et ouvriers.

On lit cependant dans les statuts des *Tailleurs de robes* (Titre 56) : « Li valet tacheur (tâcheron) aus tailleurs ne puent demander autre louier de leurs mestres que le droit pris que ils ont usé de pieça ».

Avec de pareils statuts, les maîtres étaient à l'abri des demandes d'augmentation.

L'esprit protectionniste qui, dès leur origine,

animait les corporations, se développa de siècle en siècle, et finit par engendrer ces abus intolérables qui amenèrent leur suppression dans tous les pays où elles s'étaient établies.

Après s'être protégés contre les étrangers, les maîtres s'ingénièrent à se protéger contre les membres mêmes du métier qui aspiraient à la maîtrise. La grande préoccupation de chacun fut de transmettre le métier à son fils, en écartant tout nouveau venu.

Dans ce but, les statuts se modifient, la limitation du nombre des apprentis apparaît désormais comme une règle générale, le chef-d'œuvre également; dans certaines professions il en faut même deux, un après l'apprentissage, un après un certain nombre d'années de compagnonnage.

Des dépenses considérables s'imposent à celui qui veut passer maître; par contre, devant les fils de maîtres, toutes les barrières s'abaissent. Ils sont tenus pour francs et exempts de chef-d'œuvre, ils ne paient que demi-droit ou même sont reçus gratis à la maîtrise. Le métier devient donc une sorte de patrimoine familial, qu'on se transmet de père en fils, après en avoir exclu non seulement les étrangers, mais même quiconque n'est pas né dans le métier.

En même temps, les portes des villes se ferment aux produits du dehors.

Une ordonnance du Magistrat de Lille, du 26 mai 1688, prohibe l'entrée en ville de toutes

les marchandises foraines, dépendantes de la saïet-
terie (saïette : laine peignée).

Une autre ordonnance, du 10 octobre 1602, prohibe la sortie de tout instrument servant à l'un
ou l'autre des styles de saïetteur ou bourgetteur
(fabricants de certaines étoffes de laine venant
primitivement de Bourges).

Le privilège appelait la réglementation.

Elle ne fit pas défaut.

La bonne confection de l'ouvrage était avant
tout, pour les maîtres, une question d'intérêt personnel; ils craignaient de gâter le métier. Aussi
tout est réglé; point d'innovations, point de procédés particuliers, point de perfectionnements; la
fabrication doit être uniforme, il faut une autorisation pour faire un nouveau produit.

Nous en trouvons à chaque instant la preuve
dans les ordonnances du Magistrat de Lille.

En 1741, on invente de nouvelles étoffes; par
ordonnance du 25 février, le Magistrat de Lille
statue en ces termes :

« Permettons de fabriquer des satins à fleur,
etc. ;

« Permettons également de fabriquer des gri-
settes fines ;

« Permettons de fabriquer des camelots super-
fins ;

« Faisons défense de fabriquer lesdits camelots
à trame simple ;

« Permettons de fabriquer les camelots carrelés

façon d'Angleterre », et pour chaque article, l'ordonnance règle les conditions de la fabrication.

. Le 27 septembre 1742, nouvelles permissions pour d'autres étoffes.

Les camelots devaient avoir la lisière blanche; le 8 août 1766, le Magistrat autorise les lisières noires.

Dans le règlement de 1737, sur la teinture, nous trouvons de véritables recettes.

« Art. 31. — L'écarlate rouge, communément appelée écarlate de Venise, sera teinte avec la graine de kermès sans aucun mélange de brésil. »

Puis vient la formule de l'écarlate ordinaire, des demi-écarlates rouge et ordinaire, du rouge de garance, du cramoisi, et ainsi de suite pour toutes les couleurs de l'arc-en-ciel.

Il en était de même dans toutes les professions; c'était une réglementation à outrance, ennemie déclarée de toute innovation, de tout progrès qui eût troublé les maîtres dans la paisible possession de leur état.

Au quatorzième siècle, l'emploi de la carde était défendu à Troyes, sous prétexte qu'elle permettait des mélanges de matières nuisibles à la qualité du produit; de 1361 à 1377, cette interdiction est maintenue; on l'abolit seulement en 1377, alors que l'industrie de Troyes est à peu près ruinée par celles des villes concurrentes, où la carde était depuis longtemps en usage.

Les batteurs en cuivre de Namur et de Bouvignes

travaillaient au marteau à bras ; ceux de Dinant, qui dépendaient de l'évêque de Liège, se servaient de moulins, ce qui abaissait le prix de la main-d'œuvre. De 1589 à 1642, la prohibition fut maintenue dans le comté de Namur ; elle ne fut levée que le jour où l'industrie de Dinant eut tué sa rivale (1).

Cette réglementation était, au reste, la conséquence naturelle et forcée de la législation prohibitive formant la base du système. Du moment où, pour exercer le métier, il fallait avoir fait ses preuves, on ne comprenait pas que l'on pût ensuite travailler à sa guise.

La paix cependant était fréquemment troublée par le désir d'éteindre la concurrence étrangère, non pas la concurrence de pays à pays, mais celle de ville à ville, de la campagne avec la ville, de métier à métier.

Les maîtres étaient essentiellement et énergiquement protectionnistes.

On connaît les luttes incessantes entre les membres des diverses corporations d'une même ville au sujet de la délimitation du métier. Dès qu'un nouvel article apparaît, c'est à qui se l'attribuera.

On connaît peut-être moins la lutte contre la concurrence foraine.

Les corporations n'existaient que dans les villes ; dans les campagnes, l'industrie était libre.

____

(1) *Le Socialisme d'État*, par Claudio Jannet, p. 29.

Les gens des villes essayèrent d'abord de faire interdire aux habitants des campagnes l'exercice de l'industrie, sous prétexte que les produits de la fabrication ne pouvaient être contrôlés. En 1536, Lille, Tournay et Lannoy formèrent une ligue dans ce but (1).

Deux siècles plus tard, les mêmes prétentions s'étant renouvelées, un arrêt du 7 septembre 1762 maintint les habitants des campagnes dans le droit de filer toute espèce de matières, de fabriquer toutes sortes d'étoffes et de leur donner tous les apprêts, en se conformant aux règlements.

Lille et Lannoy s'unirent immédiatement pour empêcher en Flandre la publication de l'arrêt de 1762. Le succès couronna leurs efforts. Les comptes de la ville de Lannoy révèlent qu'il lui en coûta 1,200 florins.

C'était alors à qui empêcherait son voisin de travailler.

En 1553, un procès avait éclaté entre Lille et Roubaix (2).

Lille prétendait interdire à Roubaix de fabriquer certaines étoffes et donnait (pour raison que « depuis que dans les villages de la châtellenie on s'ingère d'ouvrer et mettre en œuvre les filés de sayette, on en apporte beaucoup moins au marché de Lille, ce qui cause un grand renchérissement

---

(1) *Précis de l'histoire de Lannoy*, par Th. Leuridan, p. 82.

(2) *Histoire de la fabrique de Roubaix*, par Th. Leuridan, p. 22.

desdits filés au gros préjudice et intérêt d'icelle ville. » De plus, disait le Mémoire, « Les manans de Lille se retireront audit Roubaix pour ouvrer sans égards, à leur plaisir, jour et nuit, sans être soumis à apprentissage, chef-d'œuvre et autres charges ».

Le 6 novembre 1553, une sentence déclare les habitants de Lille « non fondés sous ombre de leurs octrois de troubler les manans et habitants de Roubaix en leurs ouvrages de tripes de velours et bourgetterie ».

Libres du côté de Lille, les fabricants de Roubaix s'érigent immédiatement en corporation avec apprentissage, chef-d'œuvre et droit de maîtrise pour les étrangers, mais non pour les fils de maître, et aussitôt le Magistrat ferme sa porte aux forains, en prescrivant qu'à l'avenir le métier se fera « dans le bourg et enclôture des haies ».

Les difficultés que nous avons vues surgir entre Lille et Roubaix, existaient aussi avec Lannoy. Six arrêts maintiennent la ville de Lannoy dans le droit de fabriquer toutes étoffes inventées et à inventer, ce qui n'empêcha pas, en 1741, l'intendant de Flandre de faire saisir et confisquer à Lannoy, au profit des saïetteurs de Lille, des étoffes en blanc de pure saïette.

Ce petit coin d'histoire locale se reproduit dans tous les pays où existe la même organisation de l'industrie.

Les corporations, d'après tous ces documents,

apparaissent comme des syndicats de patrons très soucieux de sauvegarder leurs intérêts, en éteignant autant que possible la concurrence.

Quant au menu peuple, quant à l'ouvrier, il ne semble pas qu'à aucune époque on s'en soit occupé comme on le suppose aujourd'hui.

Je vois bien l'intérêt des patrons énergiquement protégé et défendu; mais je cherche, par contre, ce que l'ouvrier gagnait à voir ainsi restreindre le nombre de ceux qui pouvaient l'employer.

Les corporations avaient pour résultat, en diminuant la concurrence, d'empêcher la hausse des salaires, témoin ce que nous lisons dans les Documents inédits sur l'histoire de France (Ire partie, *Histoire politique, correspondance administrative sous le règne de Louis XIV*, t. III, p. 698).

« En septembre 1668, Jacquesson se plaint (à Colbert) du désordre qui règne dans l'industrie manufacturière de Sedan : « Ce peuple d'icy, écrit-il, qui ne subsiste que par les manufactures, qui est industrieux et ardent au profit, se porte avec une passion inconsidérée en l'endroit où il y a apparence de gain et s'y applique sans garder aucune mesure.

« Quand le point coupé va bien, chacun s'érige en maître et maîtresse de point; quand la draperie a cours, tout le monde se fait drapier, et chacun ainsi prétend avoir droit de prendre part à l'avantage qui se présente.

« Il arrive, de là, que l'on se prend les ouvriers les uns aux autres, on leur donne le double du juste salaire, on les rend insolents et ivrognes, et l'on a mille peines à les faire travailler. »

En d'autres termes, Sedan usait alors de la liberté commerciale, d'où, quand la fabrique était prospère, la hausse des salaires; avec la corporation, on était à l'abri de ce danger; deux ouvriers pouvaient courir après un maître, jamais deux maîtres après un ouvrier.

D'après ce que nous venons de voir, on peut définir la corporation : une arme, défensive à l'origine, qui, lorsque le danger eut disparu, dégénéra en un instrument d'oppression, pesant lourdement sur le monde industriel au profit de quelques-uns.

Un fait cité par M. Hubert Valleroux, au congrès de Lille de 1894, montre combien était dur pour les autres l'égoïsme corporatif.

Les compatriotes d'Eustache de Saint-Pierre, chassés de leur ville de Calais par les Anglais, vinrent se réfugier à Rouen.

Là, ils crurent vivre de leur profession; mais, au nom de leur privilège, les maîtres des arts et métiers de Rouen s'y opposèrent. Il fallut l'intervention du roi de France pour lever cette résistance. Le Roi recourut, toutefois, à un expédient. La permission de travailler de leur état ne fut accordée aux Calaisiens que pour un an, sauf renouvellement ultérieur, mais toujours annuel.

Il ne faut donc pas s'étonner que les corporations aient disparu de tous les pays qui avaient admis cette organisation de l'industrie.

L'Angleterre fut la première à s'en débarrasser. A dater du règne d'Élisabeth, la jurisprudence considéra que les lois restrictives s'appliquaient uniquement aux métiers alors existant dans les villes de marché.

Ce fut la liberté pour toute nouvelle industrie; ainsi s'explique le rapide développement de l'industrie anglaise et la prospérité des villes libres, telles que Manchester, Leeds, Birmingham. On remarquait même qu'il y avait dans ces dernières villes moins de pauvres que dans les villes incorporées (1).

En France, les corporations furent supprimées, une première fois, par l'édit de février 1776, qui, tout en maintenant les anciens règlements de fabrication, proclama la liberté pour toute personne d'exercer toute espèce de commerce et telle profession d'arts et métiers que bon lui semblerait.

Le préambule de l'arrêt pose des principes que l'on croirait extraits de l'encyclique *Rerum novarum* :

« Nous devons à tous nos sujets, dit le Roi, de leur assurer la jouissance pleine et entière de leurs droits; nous devons surtout cette protection à cette classe d'hommes qui, n'ayant de propriété que leur travail et leur industrie, ont d'autant plus le besoin et le droit d'employer dans toute leur

____

(1) Dalloz, v. *Industrie et commerce*, n° 13.

étendue les seules ressources qu'ils aient pour subsister (1). »

Et plus loin (2) :

« Dieu, en donnant à l'homme des besoins, en lui rendant nécessaire la ressource du travail, a fait du droit de travailler la propriété de tout homme; et cette propriété est la première, la plus sacrée et la plus imprescriptible de toutes. »

Voici comment le préambule de l'édit expose la question économique (3) :

« Dans presque toutes les villes de notre royaume, y est-il dit, l'exercice des différents arts et métiers est concentré dans les mains d'un petit nombre de maîtres réunis en communauté, qui peuvent seuls à l'exclusion de tous les autres citoyens, fabriquer ou vendre les objets du commerce particulier dont ils ont le privilège exclusif; en sorte que ceux de nos sujets qui, par goût ou par nécessité, se destinent à l'exercice des arts et métiers, ne peuvent y parvenir qu'en acquérant la maîtrise, à laquelle ils ne sont reçus qu'après des épreuves aussi longues et aussi nuisibles que superflues, et après avoir satisfait à des droits ou à des exactions multipliées, par lesquelles une partie des fonds dont ils auraient eu besoin pour monter leur commerce ou leur atelier, ou même pour subsister, se trouve consommée en pure perte. Ceux dont la fortune ne

____

(1) *Œuvres de Turgot*, par Eugène Daire, t. II, p. 302.

(2) P. 306.

(3) P. 303.

peut suffire à ces pertes, sont réduits à n'avoir qu'une subsistance précaire sous l'empire des maîtres, à languir dans l'indigence ou à porter hors de leur patrie une industrie qu'ils auraient pu rendre utile à l'État. »

Une réforme aussi considérable lésait trop d'intérêts pour passer sans difficultés. Les parlements, gardiens par tempérament du *statu quo*, et les maîtres, qui se voyaient privés de leurs privilèges, firent entendre des réclamations tellement violentes, que Louis XVI céda et, par un édit d'août 1776, rétablit les corporations, en y apportant cependant quelques réformes.

Les corps de marchands furent réduits à six, les communautésd 'arts et métiers, à quarante-quatre. Quelques métiers peu importants furent libres.

Néanmoins, l'heure de la liberté avait sonné pour l'industrie. Les anciens règlements n'avaient plus leur raison d'être L'opinion publique exerçait une poussée irrésistible; ce n'était plus qu'une question de temps.

L'édit du 5 mai 1779 fit un premier pas vers la liberté, en laissant aux industriels la faculté « de suivre, dans la fabrication de leurs étoffes, telles dimensions ou combinaisons qu'ils jugeront à propos, ou des'assujettir à l'exécution des règlements. »

Il y aura désormais deux plombs, l'un pour la fabrication réglementaire, l'autre pour la fabrication libre. La fabrication libre était, nécessairement et à bref délai, la mort des corporations. Les maîtres ayant désormais le droit de fabriquer comme bon leur semblait, on ne tarderait pas à se demander à quoi servait la maîtrise.

Néanmoins, les réformes radicales s'opèrent difficilement aux époques de calme et de tranquillité, et l'on voit de vieux abus persister longtemps encore par la force de l'habitude ; pour les faire disparaître, il faut d'ordinaire un orage qui les enlève violemment. C'est ce que fut la Révolution française pour les privilèges des maîtres, comme pour ceux de la noblesse. La loi du 2 mars 1791 supprima définitivement les maîtrises et jurandes et proclama la liberté du travail.

La loi du 2 mars est uniquement une loi de liberté ; elle ne contient aucune prohibition pour les gens de même profession, de s'assembler ou de s'associer.

Il est à croire que les anciennes corporations, privées de l'existence légale, tentèrent de se perpétuer en fait et de reprendre, à l'aide de conventions menaces ou interdictions, le monopole que la lo venait de supprimer. Car, le 14 juin 1791, un décret de l'Assemblée nationale prohiba toute association entre les citoyens de même état ou profession, et édicta des peines contre tous actes ayan pour but d'entraver la liberté du travail.

Les corporations furent supprimées par le pap Pie VI dans les États pontificaux, le 16 décembr 1801.

Les griefs qu'il relève contre elles sont exacte

ment ceux invoqués par Turgot, dans le préambule de l'édit de 1776 :

« Une institution, dit le Pape, qui entrave à un aussi haut degré le génie de l'industrie et qui tend, par elle-même, à diminuer et, à restreindre le nombre des fabricants, des artisans et des vendeurs, ne paraît pas pouvoir entrer dans le plan de réformes auquel, pour le bien public, nous avons soumis l'ancienne législation économique de nos États. »

On a dit que Pie IX avait rétabli les corporations supprimées par Pie VI. Ce n'est point tout à fait exact.

Pie VI, en supprimant les corporations dans ses États, avait interdit l'association libre des gens de métier.

Pie IX, par son *motu proprio* du 14 mai 1852, permit à ceux qui exercent une branche quelconque de commerce ou une industrie, de se constituer en universités libres. Les diverses dispositions du *motu proprio* montrent que ces universités affectent surtout le caractère des congrégations religieuses; elles n'ont, d'ailleurs, aucun des caractères essentiels des anciennes corporations.

La Hongrie fut le dernier pays qui conserva le régime corporatif; les corporations y furent abolies en 1872.

Si l'on rétablissait, aujourd'hui, les corporations obligatoires, elles retourneraient immédiatement à leur ancien esprit.

L'expérience a été faite en Autriche; une loi du

15 mars 1883 les a rétablies pour la petite industrie. Immédiatement, la corporation est devenue oppressive. A Linz, la corporation des peintres en bâtiments intente un procès à un marchand qui avait fait badigeonner, par son garçon, la devanture de son magasin; à Salzbourg, la corporation des cordonniers réclame l'interdiction du travail à domicile (1).

En 1887, à Vienne, diverses corporations se réunissent en congrès.

La *Réforme sociale*, dans son numéro du 16 mars 1891, page 462, sous le titre : « Courrier d'Autriche », nous rend compte de leurs réclamations.

Dans leurs réunions particulières, les bottiers-cordonniers demandent qu'il soit défendu aux merciers de vendre des chaussures, aux fabricants en gros de travailler autrement que pour l'exportation, ou tout au moins de tenir boutique ouverte.

Les tailleurs demandent que les magasins de confection ne puissent travailler sur mesure.

En réunion générale, on demande qu'il soit défendu de faire travailler des compagnons en dehors de l'atelier; qu'un industriel se renferme dans les travaux rentrant exactement dans son brevet, qu'un entrepreneur de bâtiments, par exemple, ne puisse exécuter lui-même ni la serrurerie, ni la ferblanterie.

______

(1) Claudio Jannet, *le Socialisme d'État*, p. 61.

Ne se croirait-on pas reporté à deux siècles en arrière ?

Les ouvriers socialistes poursuivent, dans un but identique la constitution de corporations ouvrières fermées :

« Reconstituons les corporations sur de nouvelles bases, disait un orateur au congrès socialiste de Lyon, le 31 janvier 1878; faisons-les servir à une juste répartition des forces ouvrières dans chaque métier, et alors un grand progrès aura été réalisé (1). »

En d'autres termes, limitons le nombre des ouvriers pour que les patrons courent après eux.

Il y aura des ouvriers non employés, qu'en fera-t-on ?

« Si, après la répartition générale, continue l'orateur, il est des ouvriers non casés, ouvrons-leur libéralement les portes de nos colonies. »

Pour les ouvriers sans place, il y aura donc la relégation.

Mais la découverte de nouvelles machines peut à tout moment bouleverser la répartition :

« Il ne faudra accepter les machines nouvelles, dit encore l'orateur, qu'avec beaucoup de circonspection et exiger une indemnité pour tout ouvrier qui se verra éconduit par suite d'un progrès quelconque dans une industrie. »

Et il termine par cette réflexion que déjà l'on a

______

(1) Claudio Jannet, *le Socialisme d'État,* p. 59.

dû lire bien certainement dans quelque revue catholique :

« C'est par les corporations que tous les abus disparaîtront et que le travail sera honoré. »

Les abus auront disparu pour ceux qui, entrés dans la place, auront réussi à en fermer la porte et seront devenus les privilégiés; mais se figurent-ils que ceux qui resteront dehors ne verront pas un abus révoltant dans ce privilège même qui leur enlève à le moyen de travailler?

Est-il besoin maintenant de longues réflexions pour arriver à une conclusion?

Les corporations ont pu, à l'origine, avoir leur raison d'être. Il serait téméraire de penser qu'une institution a surgi tout à coup sans motif; mais depuis longtemps les besoins auxquels les corporations répondaient ont disparu, et, pendant de longs siècles, elles ont constitué un véritable abus, et une atteinte manifeste au droit qu'a tout homme de gagner librement son pain en travaillant honnêtement.

Laissons donc le passé, ne cherchons pas à ressusciter des institutions qui ont fait leur temps. Revenir aux principes des anciennes corporations serait non seulement un anachronisme, mais, au point de vue économique, un véritable danger, ce serait détruire les bienfaits de la liberté du travail.

La concurrence, comme toute chose en ce monde, a ses inconvénients, que voient d'ordinaire exclusivement ceux qui en souffrent. A l'ancien danger de la famine a succédé le danger moderne de la surproduction; mais il est incontestable cependant que, dans tous les pays où la liberté de l'industrie s'est établie, elle a eu pour résultat la multiplication des produits, correspondant à la diminution des frais de production.

Le peuple a pu se procurer à meilleur marché, et par suite en plus grande abondance, bon nombre des choses dont il fait usage; le bien-être matériel s'en est accru, ce qui est toujours un bienfait de la Providence.

On ne saurait trop louer ceux qui s'efforcent d'améliorer encore la situation même matérielle de l'ouvrier; mais le bien-être matériel ne suffit pas.

Doublez les salaires : si le travailleur triple ses besoins, il se croira et sera, dans la réalité, plus malheureux qu'avant.

Il faudra toujours en revenir à la conclusion qui résume toute l'encyclique *Rerum novarum* et contient seule la solution véritable de la question sociale :

« La première condition à réaliser, dit le pape Léon XIII, c'est la restauration des mœurs chrétiennes, sans lesquelles même les moyens suggérés par la prudence humaine comme les plus efficaces seront peu aptes à produire de salutaires résultats. »

CHAPITRE XXXIV

LE PÉRIL SOCIAL.

Socialisme athée. — Son origine, ses causes, son développement. — Seul moyen de le combattre.

Nous venons d'étudier, en nous plaçant au point de vue de la raison et du droit, les diverses questions que l'on réunit d'ordinaire sous la dénomination générique de question sociale. Nous leur avons fait subir le contrôle des enseignements de l'Église. Nous avons vu défiler sous nos yeux beaucoup de nouveautés. Examen fait, il a été facile de reconnaître que la plupart de ces innovations sont simplement des erreurs contraires à la doctrine de l'Église, au bon sens et à la justice.

Il n'y a point à s'en étonner. La situation présente, si elle offre certains aspects nouveaux, ne diffère en rien, quant au fond, des époques antérieures; toujours il y a eu des riches et des pauvres, des capitalistes et des travailleurs, toujours les uns ont eu besoin des autres et se sont trouvés dans l'obligation de contracter ensemble. Il serait donc étrange que, tout à coup, un droit nouveau eût surgi ou que l'on découvrît que, jusqu'à ce jour, les peuples chrétiens et l'Église elle-même s'étaient trompés sur ce que la justice exige dans les relations des hommes.

Il est cependant incontestable qu'à l'époque actuelle de nouveaux courants d'idées se produisent, dont la force, qui parfois semble irrésistible, menace de tout bouleverser.

Il est intéressant, en terminant ce travail, d'en étudier l'origine, d'en suivre la marche, de voir ce qu'il faut en penser et de rechercher en même temps s'il est quelque barrière à leur opposer.

Ces courants peuvent se diviser en trois branches, distinctes dans leur origine, dans leur marche et dans leur but, mais qui, toutes, créent un égal danger pour la société :

Le socialisme athée.

Le socialisme catholique.

Le socialisme d'État.

Ces trois formes du péril social feront l'objet de chapitres distincts.

Le socialisme proprement dit est le fruit direct. naturel et nécessaire de la perte de la foi.

Les théories socialistes, comme toutes les erreurs, s'enveloppent de formules plus ou moins habiles.

Pour séduire les esprits, il faut nécessairement leur présenter un mélange de vrai et de faux, éveiller des sentiments légitimes. exciter en même temps les passions, tirer du tout des conséquences fausses et conduire ainsi les esprits à l'erreur, en donnant aux convoitises qui bouillonnent au fond de tous les cœurs, une sorte de vernis, de justice et d'honnêteté, qui sert de prétexte et d'excuse aux actes les plus condamnables.

C'est exactement là la tactique du socialisme. Il fait d'abord appel au sentiment de justice qui est gravé dans la conscience de chaque homme, et, s'adressant à l'ouvrier, il excite et irrite ses convoitises en lui persuadant que rien ne justifie la hiérarchie sociale, et en lui présentant ceux qui sont au-dessus de lui par leur fortune comme jouissant injustement du fruit de son travail.

Pour le socialisme, quiconque possède est un exploiteur; il s'est enrichi en dévorant la substance du travailleur. D'où la conséquence que celui-ci, en dépouillant le riche, ne fait que rentrer en possession d'un bien qui est à lui.

L'organisation sociale, avec ses tribunaux et ses gendarmes, se dresse comme un obstacle arrêtant la main de l'ouvrier lorsqu'elle se tend pour reprendre le bien qu'on lui a volé; il faut briser l'obstacle et détruire l'organisation sociale; c'est le programme anarchiste, c'est l'œuvre urgente. On verra plus tard comment remplacer ce qu'on aura détruit.

L'Église, avec son septième commandement, apparaît comme un autre obstacle à la réalisation de ces projets; il faut le détruire également.

Si l'on va au fond du socialisme, on y trouve d'abord l'orgueil. *Non serviam*, dit l'ouvrier socialiste; ni Dieu ni maître! Pourquoi suis-je obligé de travailler pour un autre et d'obéir à un patron?

On y trouve ensuite la convoitise. Pourquoi donc, se dit l'ouvrier socialiste, y a-t-il de par le monde des gens qui ont des chevaux et des voitures, des hôtels et des rentes, quand moi je travaille sans relâche, suant et peinant, pour obtenir seulement le pain quotidien? Moi aussi je veux jouir, et s'il faut pour cela faire sauter la société : eh bien, saute société! Mais je veux avoir mon tour.

Le socialisme est né de la perte de la foi. Il est le châtiment des bourgeois qui ont ruiné dans l'âme du peuple la croyance à une autre vie.

La guerre à la religion catholique n'est point chose nouvelle. Au siècle dernier, la noblesse applaudissait aux impiétés de M. de Voltaire. De là, le mal est descendu dans la bourgeoisie. Le bourgeois voltairien, trouvant que Dieu le gênait, l'a supprimé. Il l'a d'abord enfermé dans ses églises, prohibant toute manifestation extérieure qui pouvait rappeler au peuple la pensée d'une autre vie; il a chassé Dieu de l'école sous prétexte de neutralité; il l'a poursuivi dans toutes les manifestations de la vie chrétienne en même temps qu'il le démodait et le ridiculisait par ses journaux, ses revues et ses livres. Ses efforts ont été couronnés de succès : il a réussi à faire officiellement de la France une nation sans Dieu.

Le bourgeois cependant ne voulait pas tout détruire; il est, par tempérament et par intérêt, conservateur; il tient à maintenir les grands principes d'ordre public qui sont la sauvegarde de sa fortune; il compte sur le gendarme pour en faire la base d'un état social dans lequel, Dieu ne le gênant plus, il n'aurait cependant rien à craindre des revendications d'en bas.

Le peuple a cru le bourgeois, lorsque celui-ci lui disait : Il n'y a pas de Dieu ! Mais, faisant ce que le bourgeois n'avait pas prévu, il a logiquement déduit toutes les conséquences de cette négation.

Il n'y a pas de Dieu, s'est dit le peuple, il n'y a donc pas d'autre vie ; mais alors le monde est bien mal organisé. Pourquoi tout aux uns, rien aux autres? On nous avait jusqu'ici bercés d'une vieille chanson qui nous faisait accepter la souffrance comme le chemin le plus sûr pour parvenir à une éternité de bonheur ; s'il faut y renoncer, s'il n'y a que le temps présent, arrangeons-nous pour en jouir.

Qu'est-ce que la justice? la conformité à la loi divine, dit-on ; mais s'il n'y a pas de Dieu, il n'y a pas de loi divine. Le droit n'est qu'un mot, un vieux préjugé dont il faut savoir se défaire, une vieille guitare inventée par ceux qui possèdent pour jouir tranquillement de leur avoir, en berçant les autres d'espérance.

Jouissons donc ; et puisque l'argent donne toutes les jouissances, emparons-nous de l'argent. Nous sommes le nombre ; organisons-nous, nous serons la force ; et quand nous aurons réussi, nous serons l'expression de la volonté générale, par conséquent la loi, règle suprême du bourgeois.

Telle est la genèse du socialisme, il est né de

l'oubli de Dieu : voilà pourquoi la législation des hommes est impuissante à l'arrêter dans sa marche. On pourra plus ou moins retarder son développement ; on ne l'arrêtera pas. Le socialisme gagnera dans les masses tout ce que perdra la foi catholique. Une seule chose peut l'arrêter en le détruisant dans sa cause, c'est le retour à la religion.

Que les gouvernements, au lieu de traiter l'Église en ennemie, de méconnaître ses droits, d'entraver son action, de ruiner ses œuvres, d'arrêter le recrutement de son clergé, d'écarter systématiquement des dignités ecclésiastiques les hommes que recommandent la noblesse de leur caractère et l'élévation de leur intelligence (1) ; que les gouvernements, disons-nous, reconnaissent qu'ils ont fait fausse route, qu'ils entrent dans une voie diamétralement opposée, qu'ils aident au contraire, de toute leur puissance, l'Église à refaire la conquête des âmes, et ils verront immédiatement le socialisme reculer de tout le terrain que recouvrera la foi catholique.

C'est la vérité qu'affirmait Léon XIII quand, résumant à la fin de l'encyclique *Rerum novarum* les enseignements qu'il venait de donner au monde, il disait : « Puisque la religion seule est capable de détruire le mal dans sa racine, que tous se rappellent que la première condition à réaliser, c'est la restauration des mœurs chrétiennes. »

---

(1) C'est la tactique ; mais de récents événements viennent encore de prouver que Dieu assiste toujours son Église, et déjoue bien souvent les prévisions de ses ennemis.

CHAPITRE XXXV

SOCIALISME CATHOLIQUE

Ses origines. — L'œuvre des Cercles ouvriers. — Ses débuts. —
Les doctrines. — Les démocrates chrétiens.

Nous venons d'étudier le péril de gauche ; nous pourrions l'appeler : *periculum latronum*. Examinons maintenant le péril de droite que nous serions tentés de nommer : *periculum ex falsis fratribus* (1).

Le péril de droite, c'est le socialisme catholique, dont les adeptes se désignent depuis quelque temps sous le nom de : chrétiens sociaux ou démocrates chrétiens.

On a nié qu'il y eût un socialisme catholique. Ce sont, dit-on, choses incompatibles. C'est vrai : on ne peut être socialiste et catholique, mais on peut, par

(1) Beaucoup certainement de ceux que nous désignons ainsi agissent inconsciemment et se révolteraient à ce nom, si l'on prétendait qu'ils jouent ce rôle en connaissance de cause. Ils n'en font pas moins très activement et, sans s'en douter, le jeu des ennemis de l'Église et de la société.

erreur, avoir la prétention d'accommoder les principes catholiques. et certaines théories socialistes. De là est venu le nom. de : socialistes catholiques ou de : chrétiens sociaux, donné à ceux qui tentent cette conciliation impossible.

De même, on appela catholiques libéraux ceux qui essayèrent de concilier les principes catholiques avec les idées libérales, bien que ce fût tenter l'impossible.

Le socialisme catholique est la déviation d'un mouvement généreux, digne au plus haut point de respect et d'admiration, mouvement dont le principal agent en France fut l'œuvre des Cercles catholiques d'ouvriers.

On se souvient de l'émotion profonde qui s'empara du monde catholique, lorsque l'on vit un capitaine de cuirassiers faire, dans des conférences publiques, un chaleureux appel à la charité en faveur des populations ouvrières. Sa parole vibrante et claire remua toutes les âmes et fut le signal d'un réveil véritable de la charité chrétienne dans le monde industriel.

Les patrons chrétiens firent leur examen de conscience et se demandèrent s'ils accomplissaient tout leur devoir envers les ouvriers que la Providence avait confiés à leurs soins.

Ce fut la belle période de la vie de M. le comte de Mun ; il eut le mérite incontestable et qui ne sera jamais oublié, d'éveiller l'action patronale et de créer un mouvement qui n'a cessé de grandir depuis lors et produira certainement, avec le temps, les fruits les plus précieux.

Les comptes rendus des réunions d'études sociales de Notre-Dame du Haut-Mont nous permettent de suivre le développement de l'action des patrons chrétiens et d'admirer aujourd'hui les résultats obtenus. Ces travaux formeront un jour un document des plus importants, pour écrire l'histoire de l'action catholique dans le monde du travail.

Malheureusement, l'œuvre des Cercles catholiques crut devoir enseigner.

Le Conseil des études se livra à des travaux théoriques, les résuma sous le nom *d'avis* et en fit la doctrine de l'œuvre, hors de laquelle il n'y eut point de salut.

On en était en 1893 à l'avis n° XVIII.

Ces avis, véritables définitions doctrinales, renferment les thèses les plus étranges. Ils montrent que la bonne volonté ne supplée pas à la science, et qu'il ne suffit pas d'un cœur généreux pour résoudre des questions dont on ignore les premiers éléments.

Nous avons, dans le cours de notre travail, donné quelques échantillons de ces avis; nous n'y reviendrons pas.

Ces avis, commentés par les adhérents de l'œuvre furent en France et en Belgique le point de départ du socialisme catholique.

Il serait injuste cependant de rendre les membres de l'œuvre responsables de toutes les thèses que défend aujourd'hui le socialisme catholique; il en est certainement beaucoup qu'ils répudieraient énergiquement. Il arriva ce qui se produit souvent en pareil cas : les principes étaient posés, des esprits ardents et irréfléchis s'en emparèrent et en déduisirent des conséquences qui, pour n'être pas dans la pensée de ceux qui avaient posé les principes, en découlaient cependant par une pente naturelle.

Voici quelques extraits qui nous montreront à quels excès en arrivent aujourd'hui les démocrates chrétiens :

On lit dans *le Patriote*, journal catholique belge, du 7 novembre 1892 :

« Vous qui êtes propriétaire, comme nous disons dans le langage courant, de qui tenez-vous ces droits de propriété, sinon de la société, par suite de ses lois positives, *muables, suivant les pays, fixant un droit de convention*, établi pour le bien général de ses membres? »

« Or, cette société peut-elle vous donner un droit qu'elle ne possède pas? Quand elle n'a *vis-à-vis de Dieu et vis-à-vis des autres sociétés* qu'un titre de *possession*, est-elle à même de vous transmettre un droit de *stricte propriété?* »

« Quand elle ne possède que pour assurer le bien de tous ses membres, peut-elle vous donner un titre de *propriété absolue,* d'après lequel vous seriez déchargé du devoir de procurer le bien de ces membres de la société? »

Le 31 décembre 1893, on lisait ce qui suit dans le

Bien du peuple, journal officiel des démocrates chrétiens de Liège (1) : « Qui donc a en premier lieu le droit de vivre des produits de la terre? Est-ce le propriétaire qui la possède légitimement sans l'exploiter? Est-ce le locataire?

« A mon avis, c'est celui qui arrose la terre de ses sueurs, qui la féconde, qui peine pendant toute l'année en vue d'en tirer sa subsistance. Le fermier a le droit de tirer de la terre qu'il exploite ce qu'il lui faut pour subsister honorablement. *Si après cela il lui reste de quoi payer son propriétaire, il le doit*, et en conscience, conformément au contrat. »

Que ces théories se répandent, et le fermier ne manquera pas de vivre d'une manière tellement honorable qu'il ne lui restera jamais rien pour payer son propriétaire.

Voici ce qu'on lisait dans le même journal, le 12 novembre 1893 :

« Comment, je ne suis pas libre de travailler tant que je veux?

« — Non, monsieur, vous n'êtes pas plus libre de travailler tant que vous voulez, que vous n'êtes libre de manger ni de vous enrichir tant que vous voulez.

« Le travail, comme toute richesse, est une propriété départie à l'humanité par l'auteur de la nature, afin que tous puissent en tirer leur subsistance, et nul ne peut s'en servir sans avoir égard aux au-

_____

(1) *Recueil des citations*, Liège, 1894.

tres qui doivent puiser leur vie à la même source. »

De ce programme au socialisme il n'y a qu'un pas. Les démocrates chrétiens se donnent, au reste, pour mission de réformer l'injuste répartition des richesses (1).

C'est leur formule ; et l'on peut se demander, en voyant le développement que prennent ces théories, si l'on n'assiste pas à la naissance d'une véritable hérésie sur le droit de propriété.

Ces idées, malheureusement, ont séduit un certain nombre de membres du jeune clergé, qui les propagent dans les masses et y entretiennent l'irritation, la défiance et l'envie contre tous ceux que leur position sociale met au-dessus de l'ouvrier. Ils croient ramener le peuple à la religion, parce qu'en propageant ces idées ils se font applaudir ; en réalité, ils frayent la voie au socialisme. Il est facile de recueillir les applaudissements en flattant les passions de ses auditeurs ; mais ne semble-t-il pas que les démocrates chrétiens, y compris les prêtres qu'ils comptent dans leurs rangs, aient perdu la notion de la vie chrétienne?

« Nous n'avons jamais placé notre idéal, dit la *Justice sociale*, journal de l'abbé Naudet (2), dans une société qui se contenterait de mettre la résignation à sa base et la charité au sommet. »

Si cette pensée exprime seulement qu'entre la charité et la résignation s'étend le vaste domaine

(1) Le *Bien du peuple*, 27 novembre 1892.
(2) La *Vérité*, 10 août 1893.

de la justice, l'observation est parfaitement justifiée. Une organisation sociale basée uniquement sur la charité et la résignation, serait absolument incomplète; il y manquerait la justice. Mais telle n'est pas la portée de cette affirmation; elle entend au contraire restreindre dans les limites les plus étroites le rôle de la résignation et de la charité, et agrandir, par contre, démesurément le domaine de la justice.

La résignation n'est-elle pas cependant la base et le fondement de la vie chrétienne?

Converte te supra, dit l'Imitation (1), *converte te infra, converte te extra, converte te intra, in his omnibus invenies crucem et necesse est te ubique tenere patientiam si internam vis habere pacem et perpetuam promereri coronam.*

« Le premier principe à mettre en avant, dit Léon XIII dans l'encyclique *Rerum novarum*, c'est que l'homme doit prendre en patience sa condition. »

La résignation est indispensable à tout homme en ce monde; c'est la vie même du chrétien. Or, les démocrates chrétiens ne veulent plus de la résignation; ce qu'ils prêchent au peuple, c'est la jouissance; ce qu'ils excitent en lui, c'est le désir du bien d'autrui.

Une société chrétiennement résignée serait à moitié une société parfaite; elle le deviendrait absolument si la charité guidait toutes les actions

____

(1) Lib. II, c. xi, 4.

de ceux qui peuvent venir en aide à leurs semblables, car la charité et la résignation produi-
raient en outre, par une conséquence nécessaire,
la parfaite application de toutes les règles de la
justice.

CHAPITRE XXXVI

SOCIALISME D'ÉTAT

Les impôts. — Les monopoles. — L'État fabricant. — Les assurances obligatoires. — L'État assureur.

Le socialisme proprement dit peut causer dans le pays des désastres épouvantables; mais il est tellement contraire à la nature humaine, que jamais il ne réussira à s'établir d'une manière durable et permanente. Si les socialistes doivent parvenir un jour au pouvoir, ce sera une vaste orgie, un bouleversement général, une ruine universelle; mais ils passeront avec la rapidité de la trombe, ne laissant de leur passage que des débris accumulés.

Il n'en est pas de même du socialisme d'État qui constitue la forme véritablement dangereuse et pratique du socialisme.

Déjà, nous avons eu à plusieurs reprises l'occasion de le dénoncer. Il s'agit maintenant d'en faire une étude complète, de le saisir dans son origine, de le suivre dans ses développements et de montrer à quelles conséquences il nous conduit.

Le socialisme consiste à prendre le bien de ceux qui en ont, pour le donner à ceux qui n'en ont pas.

C'est là le dernier mot de toute doctrine socialiste : prendre le bien d'autrui.

Le socialisme proprement dit aspire à le faire violemment, brutalement, d'un seul coup et par une vaste liquidation sociale.

Le socialisme d'État le fait lentement, successivement, en détail et par la force de la loi.

Le socialisme, à raison de la violence même de ses procédés, se heurte à la coalition de tous les intérêts également menacés par ses prétentions.

Le socialisme d'État, au contraire, se glisse inaperçu. Il prend l'argent tantôt d'un côté, tantôt de l'autre, procède par petites sommes, se couvre de prétextes et gagne successivement du terrain, sans exciter aucun de ces grands mouvements d'épouvante qui souvent sont le salut des sociétés.

Le socialisme d'État se développe en suivant trois voies parallèles :

L'exagération des impôts.

Les monopoles d'État.

Les assurances obligatoires.

Son développement correspond à une diminution successive de l'indépendance des citoyens au regard de l'État.

Impôts. — Les impôts sont un prélèvement annuel sur le revenu des citoyens pour subvenir aux frais annuels de l'État.

Les impôts sont une nécessité ; un gouvernement est indispensable à toute société, or, on ne gouverne pas sans argent. Il faut donc que les citoyens payent cet instrument nécessaire à la défense de leurs droits et à la protection de leurs intérêts.

Les impôts doivent se prélever sur le revenu ; destinés à faire face à des dépenses annuelles, ils ne peuvent légitimement se prendre que sur les sommes renouvelées tous les ans, sinon ils épuiseraient la source même des revenus.

De plus, ils doivent correspondre rigoureusement à la somme dont l'État a besoin pour accomplir sa mission ; appliqués à d'autres objets, les impôts cessent d'être légitimes.

Si l'on veut examiner à la lumière de ces principes les impôts qui nous grèvent et ceux dont on nous menace, on verra que presque tous violent les règles que nous venons de tracer.

Qu'est-ce que le droit de mutation perçu par l'État lorsqu'un bien passe d'un propriétaire à un autre ? Un prélèvement sur le capital.

Que sont les droits de mutation par décès ? Également un prélèvement sur le capital, prélèvement qui, actuellement, s'élève quelquefois à 11 fr. 25 centimes pour cent francs.

Or, on propose d'augmenter les droits de mutation par décès et de les porter dans certains cas jusqu'à 25 pour cent.

C'est tout simplement exproprier le propriétaire du quart de sa propriété.

Que sont les frais de justice, sinon un nouveau prélèvement sur le capital?

Un homme a le malheur d'avoir un débiteur peu solvable ou de mauvaise foi. Il se voit contraint de le poursuivre en justice pour obtenir contre lui un titre exécutoire; il est forcé de payer à l'État, rien que pour l'enregistrement du jugement, des droits qui s'élèvent à 3,95 pour cent francs de condamnation.

Quel emploi l'État fait-il de ces sommes de plus en plus considérables prélevées chaque année non seulement sur le revenu, mais sur le capital des particuliers? Pourquoi les impôts de toute nature ont-ils doublé depuis vingt ans? Est-ce pour doubler le traitement des fonctionnaires et le mettre en rapport avec l'augmentation du coût de l'existence? Les traitements n'ont pas augmenté sensiblement.

Mais on crée chaque année de nouvelles fonctions; on fait de nouvelles dépenses, en sorte qu'un nombre toujours grandissant de citoyens français s'habitue à compter sur l'État pour recevoir de lui le pain quotidien.

Au lieu de vivre de sa vie propre, de compter sur son travail, de déployer son énergie, de conserver son indépendance, d'être, en un mot, son maître après Dieu, on se fait fonctionnaire.

Le salaire est maigre, il est vrai; par contre, on en donne à l'État pour son argent; le collier dont on est attaché laisse bien quelque trace, la dignité de l'homme, l'indépendance du caractère ont bien, au début, quelques sacrifices à faire, mais, avec le temps, on s'habitue à tout.

C'est ainsi que la fortune des citoyens sert à nourrir une armée de fonctionnaires, souvent inutiles à l'expédition des affaires publiques, mais qui, vivant, par l'entremise de l'État, aux dépens des autres, deviennent autant de serviteurs aux ordres du gouvernement.

Monopoles. — Les monopoles exploités par l'État sont une seconde forme sous laquelle se développe le socialisme d'État.

L'idéal des socialistes est de concentrer aux mains de l'État tous les instruments du travail. Les monopoles sont un acheminement vers cet idéal.

Les monopoles se sont établis sous forme d'impôts. L'État a dit : J'ai besoin d'argent, et sous ce prétexte il s'est emparé de la fabrication et de la vente de certaines marchandises.

Pour faire accepter l'idée et habituer le public à cette innovation, on a mis d'abord la main sur une matière dont l'usage peut être considéré comme de pur agrément, bien que l'habitude en fasse souvent une nécessité. Nous voulons parler du tabac.

Une déclaration du 29 septembre 1694 réserva au roi la fabrication et la vente exclusive du tabac. Ce monopole, après diverses vicissitudes, fut supprimé par décret de l'Assemblée constituante du 20 mars 1791.

Mais quand le fisc a touché à une source de revenu, il est bien rare qu'il y renonce.

C'est ce qui arriva pour le tabac. Le monopole fut rétabli par décret du 29 décembre 1810. Il s'est conservé depuis lors. L'État est, en France, le seul fabricant et le seul débitant de tabac.

La loi du 2 août 1872 créa un nouveau monopole, celui des allumettes chimiques. Monopole d'autant plus lucratif que la mauvaise qualité du produit pousse énormément à la consommation.

Depuis un certain nombre d'années, un autre monopole nous menace : celui de la fabrication ou de la rectification de l'alcool.

D'autre part, on demande le rachat des chemins de fer ; en sorte que ce ne seraient pas seulement quelques lignes accessoires, mais tout le réseau français avec ses 500,000 employés et ouvriers qui seraient aux mains de l'État.

D'autres songent à attribuer à l'État le monopole des assurances.

En un mot, il passe en ce moment sur la France un vent de monopole qui doit faire trembler ceux qui réfléchissent et se préoccupent de l'avenir. Où s'arrêtera-t-on, en effet, dans cette voie du monopole ? Les besoins de l'État vont toujours grandissant ; la dette publique est un gouffre qui s'élargit chaque année. Rien n'est lucratif comme de faire un commerce, sans concurrents. Quelle tentation en présence d'un budget en déficit ! Si quelque salutaire réaction ne se produit, on verra périodiquement les monopoles s'ajouter aux monopoles.

Or, l'État fabricant, c'est le socialisme d'État.

Réfléchissons un peu aux conséquences des monopoles.

L'État a une mission fixe et déterminée; son rôle consiste à défendre les droits et à assurer la prospérité publique. Il peut demander aux citoyens de couvrir, par une contribution annuelle, les dépenses faites dans ce but; il n'a, en thèse générale, aucun droit de se faire fabricant.

S'il le peut exceptionnellement, c'est pour répondre à un intérêt public; c'est ainsi que se justifierait la fabrication par l'État de la poudre de guerre, des explosifs, des armes de guerre. On peut, à la rigueur, admettre que l'État entretienne certains établissements, comme la manufacture des Gobelins ou de Sèvres, qui, sans constituer dés monopoles, sans même faire concurrence à l'industrie privée, contribuent à la magnificence d'un pays. De même on ne saurait condamner, lorsqu'elles restent dans des limites raisonnables, les dépenses que fait une grande ville pour orner ses places publiques ou ses promenades de fontaines ou de statues.

Un certain luxe sied bien à un grand pays.

Mais, sauf ces cas exceptionnels, l'État n'a aucun droit de s'emparer d'une industrie, sous prétexte qu'on y gagne de l'argent.

De nos jours, le mal ne se fait pas encore beaucoup sentir, parce qu'il est à ses débuts. La population des manufactures de tabac est peu de chose, comparée à la population ouvrière de la France.

Qu'un ouvrier ait une difficulté avec son directeur, il trouve à se placer dans l'industrie privée.

Mais supposons le développement des monopoles, supposons qu'en présence de nouveaux besoins l'État se soit emparé de nouvelles industries; supposons que l'on se rapproche de plus en plus du rêve socialiste, on verra se produire en même temps les effets désastreux qui en sont la conséquence.

Les instruments de travail se trouveront concentrés aux mains de la collectivité. Il faudra, bon gré mal gré, accepter un emploi de l'État, vivre de lui et par lui.

Que deviendra alors la liberté individuelle? Que deviendra la liberté de la conscience?

Ce sera l'État anonyme et omnipotent, maître souverain des corps et des âmes.

Nous n'en sommes pas encore là, mais nous y allons. C'est évident pour quiconque réfléchit.

Espérons que l'on ouvrira les yeux, que l'on verra le danger, et qu'une réaction énergique nous fera sortir de la voie fatale dans laquelle, malheureusement, nous nous engageons chaque jour davantage.

Assurances obligatoires. — La troisième voie qui nous conduit au socialisme d'État est l'assurance obligatoirement imposée par l'État.

Le contrat d'assurance se résume dans l'opération suivante : Un événement calamiteux atteindra un nombre restreint d'individus, mais tous en sont menacés. Chacun verse une petite somme pour s'assurer une indemnité en cas de sinistre; chacun prend donc dans sa fortune pour indemniser la victime. On s'impose cette dépense, parce que l'on peut soi-même être cette victime.

C'est, si l'on veut, du communisme, mais un communisme libre, ce qui est toujours légitime. Ajoutons que l'assurance, lorsqu'elle consiste à verser une petite prime pour se garantir d'un gros risque, est, comme nous l'avons précédemment signalé, un acte de sage administration.

Mais l'assurance doit être libre; chacun en effet, patron comme ouvrier, est propriétaire de sa fortune, maître de l'admininistrer comme bon lui semble, l'État n'a rien à y voir; il n'est pas le tuteur universel.

Or, l'une des tendances précisément de l'époque actuelle est de rendre l'assurance obligatoire. Nous avons vu en Allemagne et en Suisse imposer l'assurance contre les accidents; on prétend l'établir aussi en France. Nous avons la retraite obligatoire des ouvriers mineurs, que l'on peut considérer comme une véritable assurance contre les effets de la vieillesse.

Dans cette voie aussi il n'y a pas de limite. Qui donc empêcherait d'imposer l'assurance contre le chômage, l'assurance contre le grand nombre des enfants, et ainsi de suite? S'assurer contre tous les événements de la vie, ce serait mettre son patrimoine dans une bourse commune pour en toucher ensuite une quote-part proportionnée à ses besoins.

Imposée par l'État, l'assurance devient du pur socialisme.

De l'assurance obligatoire à l'État assureur, il n'y a qu'un pas, nous l'avons vu, qui sera rapidement franchi. Moi seul, dira l'État, donne une sécurité complète. N'ai-je pas à mon service la caisse des contribuables? Que l'on me verse donc les primes; je me charge de régler les sinistres.

Et les fonds des assurés iront s'engouffrer dans les caisses de l'État qui payera les sinistres quand et comme bon lui semblera; car, si l'État ne fait généralement pas banqueroute, il n'est pire débiteur que lui; il paye quand il veut.

Le socialisme d'État conduit moins vite, mais par une voie plus sûre, parce qu'elle est moins effrayante, à tous les résultats du socialisme proprement dit. C'est pourquoi les socialistes appuient de leur influence et de leurs votes toutes les lois qui, sans correspondre à l'intégralité de leur programme, sont un premier acheminement vers sa réalisation.

On ne saurait trop mettre en garde contre le péril socialiste ceux qui, séduits par des idées généreuses, proposent ou patronnent les projets que nous venons de signaler. Ils ne sont pas socialistes, ils répudieraient énergiquement cette qualification si on la leur attribuait, et cependant, bien souvent, ils font inconsciemment et sans réflexion le plus dangereux des socialismes.

CONCLUSION

L'étude que nous venons de terminer n'est-elle
pas de nature à rappeler à notre esprit l'observation
que Léon XIII place au début de son encyclique
Sapientiæ christianæ.

« Il s'est fait sans doute, dit-il, un progrès considérable quant à ce qui regarde les jouissances
et le bien-être du corps, mais la nature sensible
tout entière avec les ressources, les forces et les
richesses qu'elle met à notre disposition, tout en
multipliant les commodités et les charmes de la
vie, ne suffit pas pour rassasier l'âme créée à des
fins plus hautes et plus glorieuses. Regarder vers
Dieu et tendre à lui, telle est la loi suprême de la
vie de l'homme. »

N'est-ce pas l'histoire de notre siècle ? Nous avons
dans cette étude suivi et constaté les progrès matériels accomplis. Des machines d'une puissance
inconnue sont désormais mises au service de l'humanité ; les forces naturelles, mieux étudiées, dimi-
nuent la fatigue de l'ouvrier ; le travailleur, cessant

d'être une force motrice, devient de plus en plus
un agent de direction ; le bien-être général s'en
accroît ; on arrive à une prospérité matérielle bien
supérieure à celle des siècles précédents, prospérité
qui rejaillit sur tous les membres de la société.

Et cependant, si l'on se place au point de vue
moral, on constate une inquiétude générale, un
mécontentement grandissant, des désirs inassouvis
qui menacent de bouleverser la société jusque
dans ses fondements.

Comment expliquer cette apparente contradiction? Comment se fait-il que le malaise moral
semble en raison inverse du bien-être matériel?

L'encyclique nous explique ce mystère. Le bien-
être matériel, quel qu'il soit, quelque considérable
qu'on le suppose, ne suffit pas à rassasier l'âme.

Si l'homme ne regarde que la terre, il aura toujours quelque nouvelle passion à satisfaire, un
désir assouvi engendrera un nouveau désir. Jouir
toujours, jouir davantage, jouir par tous les moyens
sera sa seule devise. Pour jouir, il écrasera s'il le
peut l'humanité tout entière.

Un seul frein est capable de modérer cette passion
de jouissance qui est au cœur de chaque homme :
c'est le souvenir que l'on est créé pour des fins
plus hautes et plus glorieuses ; c'est de regarder
vers Dieu et de tendre à lui comme à sa fin suprême.

Or, c'est précisément là ce qui de plus en plus faisait défaut à l'humanité, pendant que, d'autre part,

augmentait incessamment son bien-être matériel.

De là est née la question sociale faite d'égoïsme en haut, et d'envie en bas; égoïsme et envie qui procèdent d'une même cause : le désir de jouir.

A la question sociale il n'y a qu'un remède, c'est de revenir en haut comme en bas, chez le riche comme chez le pauvre, à l'Église catholique qui seule, en tournant vers Dieu les regards de l'humanité, possède la vertu nécessaire pour maintenir la paix en ce monde et rétablir l'harmonie entre les hommes.

FIN.

TABLE DES MATIERES

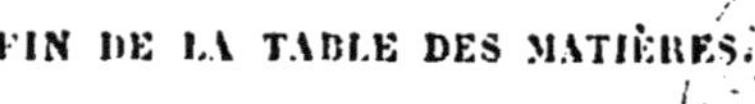

FIN DE LA TABLE DES MATIÈRES.

www.ingramcontent.com/pod-product-compliance
Ingram Content Group UK Ltd.
Pitfield, Milton Keynes, MK11 3LW, UK
UKHW021005140726
13695UKWH00001B/98